体育课程一体化丛书

TIYU KECHENG YITIHUA CONGSHU

篮球教程

LANQIU JIAOCHENG

于素梅　郭永波 等　编著

教育科学出版社
·北 京·

出 版 人　郑豪杰
责任编辑　万海刚
版式设计　锋尚设计　王　辉
责任校对　翁婷婷
责任印制　叶小峰

图书在版编目（CIP）数据

篮球教程 / 于素梅等编著. —北京：教育科学出版社，2023.6
（体育课程一体化丛书）
ISBN 978-7-5191-3290-3

Ⅰ. ①篮… Ⅱ. ①于… Ⅲ. ①篮球运动—教材 Ⅳ. ① G841

中国版本图书馆 CIP 数据核字（2022）第 210155 号

篮球教程
LANQIU JIAOCHENG

出版发行	教育科学出版社		
社　　址	北京·朝阳区安慧北里安园甲 9 号	邮　　编	100101
总编室电话	010-64981290	编辑部电话	010-64989179
出版部电话	010-64989487	市场部电话	010-64989009
传　　真	010-64891796	网　　址	http: //www.esph.com.cn
经　　销	各地新华书店		
制　　作	北京锋尚制版有限公司		
印　　刷	河北鹏盛贤印刷有限公司		
开　　本	787 毫米 ×1092 毫米　1/16	版　　次	2023 年 6 月第 1 版
印　　张	15	印　　次	2023 年 6 月第 1 次印刷
字　　数	266 千	定　　价	88.00 元

编委会

丛书序

2021年6月23日，教育部办公厅印发了《〈体育与健康〉教学改革指导纲要（试行）》，明确指出体育课程教学长期存在繁（项目繁多）、浅（蜻蜓点水）、偏（缺乏系统）、断（学段脱节）的现象，要求体育课程要“教会、勤练、常赛”，努力教懂、教会健康知识、基本运动技能和专项运动技能。

为什么体育课程教学存在繁、浅、偏、断的现象呢？这是因为我们对体育学科特性理解不深、对体育课程研究不透。当充满自发性、自主性、尽兴性、专一性和非功利性的游戏（play）和运动（sports）走进学校，变成了在班级上课，教学强调基础、主张全面，课时短、人数多、器具有限的体育（physical education）的时候，我们遭遇了“体育课学习蜻蜓点水、低级重复、浅尝辄止、半途而废”“小学篮球是胸前传球，大学篮球还是胸前传球”“上了12年体育课却什么运动技能都没很好地掌握”“喜欢体育，但不喜欢体育课”的体育课程教学困局，而在“什么都教，什么都教一点”“短、平、快”的体育教学中，体育教师也逐渐丢失了自己的运动专长，成了日日重复平庸教学的“万金油”。

要解决这一难题，比较好的办法就是瞄准大中小（幼）体育课程一体化，构建“跨学段体育课程教学递进模式”和“跨学段体育学业评价方法”，同时创新实现上述体育课程改革的教学形式，构建“可选择的专项化体育教学”，即“体育选项走班”的教学模式。这一直面体育课程教学“真问题”的系统性改革，可促进体育的要求与游戏和运动的特性相融合，让掌握运动技能的客观规律回归到体育课堂的教学过程中，让“教会、勤练、常赛”在学生运动学习的参与自发性、过程自主性、时数充足性、内容连续性、教学专项性的特性中得以切实保障。

于素梅博士率领的研究团队长达4年的“一体化”课程研究与教学创新，其本质就是围绕这一重要基本理论问题与方法论进行的学术攻关。今天，我们又高兴地看到，该研究在推出了系列研究论文与报告之后，又推出了更为系统、对课程建设和一线教学更具指导意义的研究成果：以各项运动项目的学理、排列理论、教程、评价为内容的系列成果，并以丛书形式出版。这是一件非常可喜可贺的事情，因为这是一项“硬核”的研究成果，它无疑是学校体育课程建设的一件具有里程碑意义的大事，是值得众多体育课程教学研究专家热情关注的事情。

我建议，在面对这项新的而且可能还有些不适应甚至不理解的研究成果时：第一，应有“真问题解决”的视角，即从体育课程教学的真问题去看待这项研究成果，看它对解决体育课程教学真问题是否有效；第二，应有“学科学理性”的视角，即从游戏、运动、体育的特性去看待这项研究成果，看它对体育课程教学的规律是否有更深入的剖析和阐释；第三，应有“实践可行性”的视角，即依据我国学校体育教学及体育教师的基本状况去看待这项研究成果，看它能否符合基层体育教改的需要与实际的状况；第四，应有“研究阶段性”的视角，即从一项宏大且困难的阶段性成果的角度去看待这项研究成果，我们既要看到它的局限性和存在的不足，也要看到它的深远意义和未来深入研究的可持续发展性。

衷心祝贺这套丛书的出版，我坚信，它的出版对新时代中国体育课程教学的科学化发展，对推进以“教会、勤练、常赛”为核心的体育课程教学改革，对实现《“健康中国2030”规划纲要》提出的“基本实现青少年熟练掌握1项以上体育运动技能”的目标，都有重要贡献。

是为序。

北京师范大学教授、博士生导师

全国学校体育联盟（教学改革）主席

2022年11月23日

前言

大中小（幼）体育课程一体化（简称“一体化”）是受教育部课程教材研究所委托，由中国教育科学研究院于2018年深入贯彻全国教育大会精神启动建设的系统工程、使命工程，是体育学科的教育教学工作者一直期盼的体系化建设，是解决长期遗留的体育课程在实施过程中“蜻蜓点水、低级重复、浅尝辄止、半途而废”等问题的突破性研究。

以上这些长期遗留的问题难以解决，但并非绝对不能突破。为了彻底改变现状、解决疑难问题、建立科学体系，一体化项目组首先面向全国建立了一体化研究团队，包括理论研究团队和实验团队。为确保理论研究成果具有科学性、权威性和实用性，一体化项目组成立了由全国知名专家学者组成的顾问团队，由86个小组1486名符合学过、练过、教过、研究过“四过”要求的教师组成的专业研究团队，由33个实验区500余所实验校参与实验工作的实验团队。研究团队的建立为确保突破难题、创建一体化体系提供了强有力的保障。

习近平总书记在全国教育大会上强调“要树立健康第一的教育理念，开齐开足体育课，帮助学生在体育锻炼中享受乐趣、增强体质、健全人格、锤炼意志”。一体化研究紧紧围绕这个精神，以学生终身体育和身心健康发展需求为逻辑主线，建构纵向衔接、横向一致、内在统一、形式联合的课程总体框架；依据学生的生长发育规律、动作发展规律、认知发展规律、运动技能形成规律以及体育学科特点等，系统确立各学段的学习方式，即幼儿启蒙期游戏化、小学基础期趣味化、初中发展期多样化、高中提高期专项化、大学应用期自主化；为促进一体化有效开展，建立了理念“生本化”、目标“层次化”、内容“结构化”、实施“多样化”、评价“多元化”的五大联动机制；为科学精准地确定体育学习的起点和提升内容的适宜性，提出了动作技能学习“窗口期”理论、运动需求理论；为全面而有效地实施体育课程一体化改革，创建了“幸福体育课程模式”等。在内容设置方面，通过系统研究，划分为必修必学、必修选学，其中，必修必学设置的是哪个学段学什么、怎么学、学到什么程度的基本运动技能、体能、健康教育、安全教育等内容体系，必修选学是按照模块进阶式设置各专项运动的内容体系。必修选学的专项运动均划分为六个模块，每个模块对应一个运动能力等级，每学完一个模块用对应的运动能力等级标准评价，达到该等级后，进入下一模块的学习，以此类推，充分体现学习衔接性。在课程实施方面，打破原有常规化的“行政班级授课制”（或自然班级授课制）形式，为更好地激发学生运动兴趣，满足学生运动需求，促进1—2项运动技能掌握，实现运动能力的形成，经过在全国6个实验区的实验后，提出从小学五年级开始，有条件的学校可以增加“体育选项走班制”教学组织形式。在课程评价方面，提出围绕体育学科培育核心素养，体育学业质量评价聚焦知识、能力、行为、健康四个方面，运动能力评价突出“技能与运用”，划分为基本运动能力评价和专项运动能力评价，分别都设六个等级。专项运动能力一级、二级为夯实基础期，三级、四级为提高能力期，五级、六级为发展特长期。基于区域差异、学校差异和学生兴趣爱好的不同，对专项运动能力提出了“定级不定项”的学段评价原则，小学毕业需要达到专项运动能力二级，初中毕业需要达到专项运动能力四级，某专项运动凡是达到四级就相当于掌握了该项运动。

体育课程一体化丛书，是我国体育课程一体化研究的首套教程，能为广大一线教师基于学生的发展需求科学系统地把握教什么、怎么教和教到什么程度提供重要依据。这套教程包括按学段编写的《K12基本运动技能教程》《K12体能教程》《K12健康教育教程》《K12安全教育教程》，按模块编写的《篮球教程》《足球教程》《五人制足球教程》《排球教程》《羽毛球教程》《乒乓球教程》《网球教程》《田径教程》《体操教程》《健美操教程》《啦啦操教程》《排舞教程》《团体操教程》《蹦床教程》《武术教程》《中国式摔跤教程》《游泳教程》《速度滑冰教程》《滑雪教程》《冰球教程》《冰壶教程》《五体球教程》《高尔夫球教程》《软式棒垒球教程》《英式橄榄球教程》《腰旗橄榄球教程》《轮滑教程》《滑板教程》《攀岩教程》《定向运动教程》《舞龙教程》《舞狮教程》《竹竿舞教程》《花样跳绳教程》《毽球教程》《藤球教程》《跆拳道教程》。每个教程按模块设计，分单元按学、练、赛、评一体化的思路创建教程内容体系。

本册《篮球教程》共包含三大部分，第一部分是篮球一体化设计，第二部分是篮球教学策略，第三部分是篮球教学资源。每个部分又分为若干个章节。其中，第一部分包含三章，即篮球的发展与价值、篮球的模块设计、篮球的单元设计；第二部分包含六章，每一章都是对应模块的教学策略；第三部分包含三章内容，分别为篮球教学准备与放松活动案例、篮球专项体能锻炼、篮球教学规范教案与课例。

《篮球教程》特点具体体现在以下五个方面。（1）系统连贯。该教程将篮球运动的相关知识、技战术等内容按照六个模块的方式，由简到繁、由易到难递进呈现，既体现系统性，又有明显的衔接性。（2）以学定教。该教程从学生的角度出发，从学、练、赛、评四个维度展开各单元的教学指导活动，注重创新设计，充分考虑该教程服务于教师指导学生有效学习与促进学生发展。（3）全面具体。该教程内容较为全面，既有模块与单元设计，又有各单元的教学策略，还有为一线教师提供的必备教学资源，如准备与放松活动、专项体能、规范教案等，便于教师操作和有效利用。（4）生动直观。该教程中有大量的运动图片，较为生动直观，有助于一线教师对教程的理解、把握和有效应用。（5）应用广泛。该教程适宜各个学段，如果小学阶段只学习模块一、模块二，学习结束达到篮球运动能力一级、二级水平的话，小学学段的老师则只需要参照前两个模块组织教学活动即可。如果初中学校学生已经有了一级二级水平，就可以从模块三学起，所以，依然是这本《篮球教程》，可以在教程中选择学习模块三以及后续学习模块四等部分的内容。高中和大学在教授篮球的时候，依然可以采用该教程进阶式组织学生学习。

该套教程的撰写，得到教育部课程教材研究所、中国教育科学研究院领导，以及北京师范大学毛振明教授等的指导。《篮球教程》一书的图片由北京印象视界传媒有限公司绘图团队绘制。整套书的出版得到了教育科学出版社的大力支持和专业指导。在此一并表示感谢。

真诚地希望这套一体化教程能够帮助广大一线教师有效提升教学质量、提高教育教学能力与水平，为全面推进一体化改革，为贯彻落实好《〈体育与健康〉教学改革指导纲要（试行）》，以及为体育课标的具体而有效的落实发挥重要作用。本书如有不当之处，也请各位老师和读者批评指正，我们后续再做进一步完善。感谢大家对体育课程一体化项目的关心和对这套教程的厚爱。

于素梅

2022年11月10日

目录

第一部分
篮球一体化设计

第二部分
篮球教学策略

第三部分

篮球教学资源

第一部分

篮球一体化设计

基于篮球课程一体化的总体设计，本教程以篮球基本技术、战术为主要内容，根据篮球运动技能的形成规律及不同学段学生身心发展特点，设计涵盖移动、投篮、运球、传球、突破、篮板球、防守、攻防基础配合、区域联防（进攻）、人盯人防守（进攻）等技术、战术在内的六大模块教学内容。本教程对各模块内容进行科学的划分，使学生能够循序渐进地了解篮球运动的发展历程，掌握篮球运动的基本技术、战术及专项体能训练方法，从而在整体上提升学生的篮球运动能力。篮球一体化课程呈现科学性、系统性、衔接性、适宜性等基本特征。为了便于一线体育教师合理有效地组织篮球教学，使不同学段学习内容能够上下过渡及前后衔接，全面系统地提升学生的体育素养，激发敢于吃苦、勇于拼搏及团队合作精神，真正实现“以体育人”的一体化教学目标，本教程设计的六个模块对应于相应的运动能力等级，比如模块一对应等级一，模块二对应等级二，以此类推。随着模块难度的上升，学习内容、练习方式、竞赛办法均随之改变。其中，每个模块根据内容难度和数量又划分为若干个单元。每个单元按照学、练、赛、评一体化组织教学。

第一章 | 篮球的发展与价值

篮球（basketball）是三大球项目之一，以长28米、宽15米的球场为比赛场地，双方各5人通过移动、运球、传球、突破、投篮等技术和战术配合把球投入到对方的篮圈里，并通过防守等技术和战术配合设法阻止对方把球投入到本方篮圈，最终以得分多少决定比赛胜负。篮球运动使用的球，用羊皮或人造革做壳，橡胶做胆，大小有7号、6号、5号和3号。7号球为男子比赛标准用球，重量600—650克，圆周75—76厘米；6号球为女子比赛标准用球，重量510—550克，圆周70—71厘米；5号球为青少年比赛用球，重量470—500克，圆周69—71厘米；3号球为儿童比赛用球，重量300—340克，圆周56—57厘米。每加大一个尺寸，就会加重2盎司（约56克），直径增长1英寸（约2.5厘米）。

篮球运动具有技术的全面性、高度的技巧性、严密的集体性、激烈的对抗性、高雅的休闲性、轻松的娱乐性以及适宜的健身性等特点，深受广大群众喜爱。篮球比赛时间相对较长，强度较大，对运动员的体能要求相对较高。篮球运动非常适合于人们在闲暇时间里进行，它的开展可因地制宜，因人而异。

第一节　篮球的发展特点

篮球运动是一项高强度的对抗性运动项目，参与者需要将快速跑动能力、连续弹跳能力、急停急起能力和力量对抗能力有效结合。作为同场对抗性项目，篮球运动涉及不同位置，一般为中锋、前锋、后卫。场上的战术行动需要队员之间默契配合，具有较强的集体性。因此，运动员不仅要具备一定的个人技术能力，还应具备能够集体作战的团队战术能力。此外，运动员还应具备顽强拼搏的斗志及团队协作精神。篮球运动自发明伊始，便在世界范围内广泛传播与发展，是当前世界上非常普及的运动项目之一。本节着重从篮球运动的发展着手，梳理篮球运动发展的历史脉络，并同时探讨篮球运动项目的价值。

一　篮球运动的起源

19世纪中叶后期，伴随着欧洲产业革命的迅猛发展，生产力水平持续提高，社会劳动产品比以往任何一个时期都丰富。生产效率的提高使人们闲暇时间增多，人们开始追求各种各样的户外练习和竞技运动，篮球就是在这样的背景下产生的。

图1-1-1　篮球运动的创始人詹姆士·奈史密斯

篮球运动的创始人是美国国际基督教青年会训练学校（现今春田学院）的体育教师詹姆士·奈史密斯（图1-1-1）。1891年的冬天，为了帮助学生度过漫长无聊的严寒，詹姆士·奈史密斯受投掷石块游戏的启发，在体育课中发明了最早的“篮球”游戏。他将两只桃框分别钉在健身房内看台的栏杆上，并使用足球作为比赛工具，形成了最早的篮球运动的雏形。此外，詹姆士·奈史密斯还为其制定了13条规则，其中大部分仍沿用至今。因为这项运动涉及篮（Basket）和球（Ball），遂取名篮球（Basketball）。

此后，随着场地、设施、规则的不断完善，篮球游戏的趣味性大大增加，很快普及至全美。1908年，美国制定了全国统一规则，并用多种文字出版，发行到全世界。詹姆士·奈史密斯先生于1939年去世，终年78岁。为了纪念他的伟大构想，春田市修建了美国篮球名人堂——詹姆士·奈史密斯纪念馆。全世界所有对篮球运动具有重大贡献的球员、教练等都将在此接受“退役”的殊荣。

二　篮球运动的传播

篮球运动在美国诞生后，迅速向世界传播。1892年传入墨西哥，1893年传入法国，1895年传入中国和英国，1896年传入巴西，1897年传入捷克斯洛伐克，1898年传入菲律宾等国家和地区。

在篮球运动迅速向世界传播的同时，其市场化发展也在悄然进行。1898年，美国新泽西州特伦顿的一支球队用25美元租用了当地一家礼堂进行比赛并向观众售票。1932年6月18日，在瑞士日内瓦成立了“国际业余篮球联合会”（FIBA，简称“国际篮联”），由葡萄牙、阿根廷等欧美8个国家组成，目前该协会会员遍布五大洲。同年，国际篮联设立了规则研究机构，并以美国大学生篮球规则为蓝本，略加修改，正式出版了《国际篮球规则》。

1936年，第十一届奥运会将男子篮球列为正式比赛项目。

1950年和1953年，分别举行了第一届世界男、女篮球锦标赛。

1976年，第二十一届奥运会将女子篮球列为正式比赛项目。

为了使奥运会比赛更加精彩和有吸引力，1992年，西班牙巴塞罗那第25届奥运会开始允许职业球员参赛，美国“梦之队”首次参加奥运会。

随着男子篮球的职业化的发展，女子篮球也在向职业化的方向努力。美国于1995年率先组织女子职业俱乐部（WNBA），举办女子职业联赛。在欧洲、亚洲等地也陆续出现女子职业俱乐部，举办女子职业联赛。

三 篮球运动的演变

篮球运动的发展主要受其规则变化的影响，它的发展演进大约经历了五个时期。

（一）初创试行时期（19世纪90年代—20世纪20年代）

该时期，篮球运动的规则不全面，对场地大小、人员构成、比赛时间都没有严格的规定，只要求人数相等的两队分列场地两端。比赛开始时，由竞赛主持者在边线中心点把球向中心区抛出，两队便奔向场地抢球，随后进行攻守对抗。球进篮记一分，累计分多者胜。1892年，比赛场地按照进攻方向分为后场、中场和前场，同时明确了比赛的要求，对悬空的篮筐装置也做了明确规定。不久之后，又提出了13条简明比赛规则。1894年，规定每次中篮后，由中圈跳球再进行比赛。

（二）完善推广时期（20世纪30—40年代）

20世纪30年代以后，篮球运动迅速向欧洲、亚洲、非洲、大洋洲四大洲的许多国家推广发展。随着个人技术水平的不断提高，基础配合也逐渐登上篮球的历史舞台。国际篮联成立后，初步制定了国际统一的竞赛规则。随后，篮球运动在1936年第11届奥运会上被定为正式竞赛项目。篮球运动技战术的演化、竞赛水平的提高使得众多高大球员涌入这项运动。为了更好地执裁，保障篮球竞赛的公平性，国际篮联进一步充实、修改、明确了若干规则，如侵人犯规罚则、违例罚则等。至此，更为规范的篮球战术行动如快攻、掩护、策应、联防等被各个国家球队所运用。

（三）普及发展时期（20世纪50—60年代）

该时期，篮球运动进一步发展，在全世界范围内得到普及。随着技术、战术的不断发展、创新，规则与技术、技术与战术、规则与战术相互之间的关系变得日益紧密，相互影响、相互制约。由于篮球运动对于空间高度的极致追求，国际上开始有了“得高大中锋者得篮球天下”的说法。攻守区域扩大，高度与速度相互交融、渗透，使比赛的速度、技巧、准确性、争夺篮下优势成为竞赛胜负的重要保证，有力地推动了攻守技术、战术的全面发展。直至60年代末期，篮球运动在各个国家地区形成了自身的独特风格，如以美国为代表的将高度、速度、个人技术相结合的美式打法和以苏联为代表的将高度、力量、团队协作相结合的欧式打法，以及以中国为代表的小、快、灵的亚式风格。

（四）全面提高时期（20世纪70—80年代）

20世纪70年代以后，2米以上的队员大量涌现，篮球场上的空间争夺变得愈加激烈，高度与速度的矛盾更加尖锐，篮球竞赛名副其实地成了巨人的“空中游戏”。

为了限制高大球员，调动身高处于劣势队员及队伍的积极性，一种攻击性防守——全场及半场范围内的区域紧逼人盯人防守和混合型防守战术登上历史舞台。此外，国际篮联规则委员会又多次对犯规数、追加罚球数等进行调整，使得篮球运动不仅仅是体能、身体素质的比拼，更是智慧、技巧的较量。因此，全面化、整体型、综合性、频繁移动中穿插掩护的运动打法逐渐取代了机械的传统打法，防守更具破坏性和威胁力。

（五）创新攀登时期（20世纪90年代至今）

进入20世纪90年代，随着职业球员的加入，以美国“梦之队”中的超级球员乔丹、约翰逊等为代表的现代篮球技巧表演，把这项运动技艺表现得更加充实完善，战术打法更为简练实用。与此同时，一些欧美国家的篮球竞技水平迅猛提高，形成美、欧两大洲对抗的格局。无论男子还是女子都向着“智”“高”“快”“全”“准”“狠”“变”和技术、战术运用技艺化的方向发展，形成高度技艺性、高度文化性、高度观赏性、高度商业性的发展趋势。

第二节　篮球的育人价值

篮球运动在综合育人、推动教育现代化、体育强国、健康中国等方面，有着非常重要的现实意义，它具有一定的立德、增智、育美、促劳作用，具有独特的育人价值。

一　增强学生的身体素质

古希腊格言说：“如果你想强壮，跑步吧！如果你想健美，跑步吧！如果你想聪明，跑步吧！”篮球运动具有竞技与娱乐并存的特点，不同年龄、不同性别、不同技术水平的人都能参与，或学习、比赛或娱乐。作为一种运动项目，篮球能很好地将“跑”“跳”“投”等人体基本运动能力结合在一起，具备非常高的身体锻炼价值。经常参加篮球运动不仅能改善人体中枢神经系统和内脏器官的功能状况，提高参与者的力量、速度、弹跳、灵敏、柔韧、协调、耐力等专项身体素质和运动能力，还可以使血液循环加速，提高人体免疫力，使人体更强健。

二 提高学生的智力水平

作为体育运动中趣味性强、复杂性高的项目之一，篮球运动对于球员的智力水平一直有着较高的要求。经常参加篮球运动能够改造大脑，使学生的注意力、观察力、理解力、记忆力等有不同程度的提高，完善大脑机能，促进智力发展。篮球运动对人的智力水平的提高主要体现在身体智力、交流智力和自知自省智力等，同时对语言智力、逻辑智力和空间智力也有一定的促进作用。篮球运动能够有效激活大脑活跃度，促进大脑细胞彼此间的连接，从根本上增强大脑功能，提高学习效率。

三 促进学生的思维发展

篮球运动技术、战术种类繁多、变化多端，有相关规则条例。学生必须在各种“条条框框”之下，通过全方位地分析场上信息，结合自身能力和瞬时判断，决定技术动作和战术配合的使用。在这一过程中，学生的观察、分析、决策等能力得到充分的锻炼。此外，经常参加篮球运动的学生也能较好地控制自己的情绪及心理，比如：连续失误时如何使自己尽快冷静下来而且不灰心；比分落后时如何做到沉着应对、不气馁；关键比分时如何充满自信、进攻不手软等。最后，篮球运动对培养学生的优良体育道德作风和团结协作的集体主义精神能发挥出独特的功能。

四 提高学生的审美能力

篮球是健与美相结合的产物。篮球运动的“游戏性”带给人们活跃、兴奋的身心体验。在运动中，人们不仅锻炼了身体，也从体验中感受到美的存在。篮球场上球员有高矮胖瘦，有力量型、速度型、弹跳型、灵活型等各种身体类型。肌肉之间的碰撞、风驰电掣般的速度、游走在缝隙中的灵活、扣篮的暴起、投篮的柔和等，这一切把人类身体的美感表达得淋漓尽致，让观众欣赏到近乎完美的身体素质和形态。

第二章 篮球的模块设计

所谓一体化体育课程，就是“纵向衔接、横向一致、内在统一、形式联合”的系统化体育课程。这一理念为我国校园篮球课程的一体化指明了方向，明确了目标。一体化课程体系建设，不仅要认真研究、理顺内容之间的逻辑关系，而且要依据学生的动作与认知发展、身体发育等基本规律，建构一套融科学性、专业性、引领性、适宜性于一体的完整体系。这项研究不仅是必要的，而且是紧迫的。一体化课程体系建设更加关注与强调各运动项目的特点、规律及体育教学的本质，从实际出发，是综合考虑多方面因素的一次彻底的课程改革措施。

第一节 篮球模块划分的缘由

基于一体化体育课程的总体设计思路，根据篮球运动的项目特点及构成要素，本教程以篮球技术、战术为主线，将个人技术、组合技术、基础配合、全队配合相融合，设计出由低到高的六大模块。其中，模块一、模块二为夯实基础期，模块三、模块四为提高能力期，模块五、模块六为发展特长期。通过不同模块的层层划分，使学生对篮球运动从初步认识到基础学习，从有效提高到发展特长，循序渐进地增强篮球技能，能主动参与或开展篮球竞赛。具体而言，本教程从知识技能学习、体能素质锻炼、情感品格培养三个维度划分每个模块内容，其划分关键是篮球技能学习内容的纵向衔接。

篮球一体化教程的纵向衔接主要体现在学习内容上。本教程以螺旋递进的思路，按照技术动作或战术行为的数量多少、难易程度、攻防特点等设计了具有层次感的纵向内容，解决了以往教程存在的蜻蜓点水、浅尝辄止的问题，也解决了学生难以掌握运动技能的根本问题。本教程内容在不同学段有机自然地过渡，这也是按照发展规律从简单到复杂、从初级到高级逐步熟练与完善的过程。教程内容的衔接既体现在上下学段之间，也体现在各年级中。本教程内容及其难度、进度的设定基于学生的身心发展特点、规律和需求，真正体现了一体化的功能定位。本教程模块的划分充分考虑了各个学段的具体学情，使模块化教学成为可能。此外，本教程对每个模块内容学习的评价都有与之对应的运动能力等级标准，一线教师可结合学生实际情况对其篮球技能进行评价。

课程内容体系的构建与衔接，可通过运动技能等级的划分得以实现。在课程内容体系构建之前，应首先确立其逻辑起点——“窗口期”。确立“窗口期”，创设完整的课程内容体系，有助于提高全面发展人才的培养质量。动作技能学习“窗口期”理论，包含存在形式、本质特征、内部规律三层结构体系。“窗口期”需通过实验验证与专家论证得以确立。在此基础上，依据不同学段及运动项目的特点，将篮球运动能力等级设定为“三期六级”，即将运动能力划分为六级，并将其归为三个发展期——一、二级为夯实基础期，三、四级为提高能力期，五、六级为发展特长期。这一划分模式不仅遵循了运动技能形成规律、学生身心和认知发展特点等，同时又兼顾了不同层次学生需求，切实贯彻了“以人为本”的教学理念，可有效避免因划分跨度较大导致等级的模棱两可，或划分过细而难以操作等现象。

首先，将篮球技战术划分为1—6六个等级。其次，以各学段学生身心和认知发展特点、规律以及运动技能形成规律为理论依据，再将六个等级划分为三个不同的发展期。（图1-2-1）将篮球技战术内容划分为“六级三期”，既能充分考虑学生的实际情况，又可有效避免篮球课教学中内容的“低级重复”现象，以等级的延续实现教学内容的有机衔接。

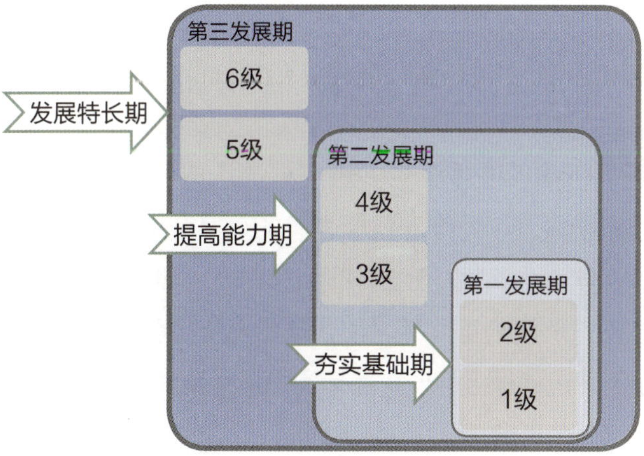

图1-2-1 篮球能力等级划分

第二节　篮球模块目标的设置

2016年，国务院办公厅印发《关于强化学校体育促进学生身心健康全面发展的意见》，指出我国学校体育的总体目标旨在促进学生身心健康全面发展。通过学校体育教学，培养学生具有健康的身体和心理、良好的体育道德风尚和较强的社会交往能力。其中，健康的身体是全面发展的基础，健康的心理是全面发展的保证，良好的体育道德风尚是全面发展的重要支撑，较强的社会交往能力是全面发展的重要体现。

一体化篮球课程目标的设置要综合考虑多方面因素，实现课程目标、内容的有效衔接，最终服务于学生全面发展的总目标。首先，保证一体化篮球课程目标的全面性。一体化篮球课程应转变课程理念与模式，在课程目标设置上要充分考虑学生的实际需要，根据各学段学生身心和认知发展特点，制定与之相符的包含多方面综合发展的课程教学目标，以实现学生全面发展。其次，建立有机衔接的层级目标体系。学生在各个年龄段的身心特点是设计各学段体育课程的根本依据。在制定篮球课程教学目标时，应据此划分不同层级，并建立相互衔接的层级目标体系。在这一体系中，每一个低一级目标可以视为高一级目标的巩固性目标，而高一级目标可以视为低一级目标的发展性目标，且相互之间并非完全孤立，而是循环叠加，最终达到最高层级。最后，目标描述要更加精准和可操作。依据层次目标体系，分别对达成不同层级目标所需要的条件和要求进行精准的描述，不能含糊不清，应避免以往课程对目标达成描述的模糊现象。同时亦要兼顾目标的客观性和可测量性问题，以保证教学实践过程中的可操作性。

一体化篮球课程目标体系注重学生多维目标的达成和全面发展，建立层级目标体系，能够正确处理各个学段、不同维度目标之间的有序衔接，使目标的描述精准、可操作性强。学生在篮球课学习中掌握一定篮球运动技能，同时养成良好的锻炼习惯，从而达到培养终身体育意识，形成终身体育习惯，使自己终身受益的目的。据此，结合实地调研与访谈，确定了篮球运动项目各模块目标的设置，具体描述见表1-2-1。

表1-2-1　篮球模块目标设置一览表

模块系列	目标设置
模块一	1. 学生对篮球运动基本知识、基本技术有初步的认知。 2. 学生的体能逐步增强。 3. 学生对篮球运动逐步产生乐趣，能身心愉快地参与篮球运动，初具观察能力、判断能力以及竞争意识。

续表

模块系列	目标设置
模块二	1. 学生初步提高篮球核心技术动作熟练程度，学会投篮、运球与突破、传接球技术，形成攻守和比赛的整体认知。 2. 在基本运动能力的基础上，学生的篮球专项素质得到提高。 3. 学生产生主动参与篮球运动的兴趣，能自觉地参与篮球练习，初步建立与同伴合作的概念，产生团队合作意愿。
模块三	1. 学生能在高速或正常对抗的情况下运用所学的篮球技术，形成基本的篮球运动知觉；初步学会阅读情境，能运用相应技战术知识进行自我分析，从而进行简单的决策。 2. 学生的灵敏性、力量、速度和心肺耐力得到提升。 3. 学生能在教师的指导下主动参与篮球学习和锻炼，能体验成功与运动的乐趣，形成合作意识，建立团队荣誉感。
模块四	1. 学生能在高速或强对抗的情况下运用篮球技术，逐步发展篮球运动知觉；能阅读比赛并运用知识分析对手战术，进行比赛决策；能积极地组织、参与篮球运动训练及比赛，并能预防、处理训练或比赛中简单的突发伤病。 2. 学生的灵敏性、力量、速度和心肺耐力得到提升。 3. 学生能在练习和比赛中体验成功与运动的乐趣，展现出团队互助精神及领导力。
模块五	1. 学生能在强对抗的正式比赛中完成相应技术动作或战术行为，逐步形成自身的技术特点；能合理地运用篮球战术，具有一定的比赛应变能力。 2. 学生的各项身体素质得到全面提升，篮球专项体能储备充沛。 3. 学生能较为准确地感知身体竞技状态并自觉调节，合理地管理、控制自身情绪与情感，自觉做到尊重对手及裁判员。
模块六	1. 学生能在强对抗或正式比赛中，自如地完成相应技术或战术行为。 2. 学生的篮球专项体能始终保持在高水平竞技状态。 3. 学生能在真实的比赛情境下，以稳定的心理素质应对复杂的比赛问题。

第三节　篮球模块内容与实施

根据六个模块的目标设置，可对模块内容及其实施进行具体划分。如表1-2-2所示，分别呈现了每一模块“学”“练”“赛”“评”的内容。其中“学”指主要的学习内容，具体是以篮球技战术名称表示；“练”指具体的练习方法；“赛”指该模块建议使用的比赛形式；“评”指教师对于学生的学业要求。六个模块的“学”“练”“赛”“评”四大要素依据篮球运动技能发展及篮球运动能力形成规律而设，其安排循序渐进，从而促进一体化教学的实现。

表1-2-2　篮球模块内容与实施一览表

模块与单元		学		练	赛	评
模块	单元数量	知识	技战术	主要练习方法	教学比赛方法	学业要求
模块一	3	1. 初级技术动作分类和概念 2. 篮球比赛的基本常识和简单比赛规则 3. 运动与练习的基本常识	1. 近距离投篮、行进间投篮 2. 原地、直线、曲线运球 3. 双手胸前传、接球 4. 防守对手的基本技术动作 5. 简单的攻守移动脚步动作 6. 传、接球与运球组合 7. 运球与投篮组合	1. 分组找线 2. 各线萝卜蹲 3. 抛接球 4. 移动步法 5. 拨地滚球 6. 原地运球 7. 运球看信号 8. 原地体前变向运球 9. 行进间运球 10. 运球急停急起 11. 行进间体前变向运球 12. 运双球 13. 双手传接球 14. 五角传球 15. 双人传两球 16. 行进间传接球 17. 三角传球 18. 摆脱接球 19. 移动换位传接球 20. 三人绕“8”字传接球	1. 篮球知识竞答比赛 2. 接球跑接力赛 3. 地滚球接力赛 4. 抢球大战 5. 保龄球游戏 6. 农夫与伐木工游戏 7. 口香糖游戏 8. 传球抓人游戏 9. 传球耍猴游戏 10. 环环相扣游戏 11. 原地投篮比赛 12. 组合技术接力比赛	学生能清晰地认识篮球运动及其基本规则、概念；能体会到篮球运动的乐趣；能初步建立篮球体感及篮球运动知觉，初步掌握该模块篮球基本技术；达到篮球一级运动能力标准。

续表

模块与单元		学		练	赛	评
模块	单元数量	知识	技战术	主要练习方法	教学比赛方法	学业要求
模块二	3	1. 篮球核心技术动作要领 2. 基础配合的概念和方法 3. 半场人盯人防守战术的概念和初级方法 4. 小篮球比赛方法	1. 结合各种技术方法的脚步移动 2. 加大距离的投篮 3. 起动—直线跑—急停与运球结合，曲线变向与运球结合 4. 运球结合传球，运球结合投篮 5. 持球突破 6. 防守对手技术与防守脚步结合 7. 抢篮板球技术动作与跳结合	1. 曲线运球 2. 运球绕杆变向 3. 对抗运球 4. 自抛自接持球突破 5. 两人传接球持球突破 6. 全场组合技术 7. 二攻二运球对抗 8. 一攻一脚步移动 9. 防投篮 10. 移动选位 11. 近球区、远球区防守 12. 挡抢篮板球 13. 冲抢篮板球 14. 掩护 15. 传切配合 16. 挤过配合 17. 补防配合	1. 全场变向运球比赛 2. 组合技术运用比赛 3. 半场二对二、三对三比赛	学生能产生主动学习的兴趣并自觉地参与篮球活动；逐渐提高篮球核心技术动作熟练度，建立相应篮球运动知觉，形成攻守和比赛的整体认知；发展篮球专项素质；在小篮球比赛中初步建立与同伴合作的意识，展现团队合作意愿；达到篮球二级运动能力标准。

续表

模块与单元		学		练	赛	评
模块	单元数量	知识	技战术	主要练习方法	教学比赛方法	学业要求
模块三	3	1. 篮球基本技术的动作要领和运用 2. 基础配合的方法和配合运用的应变 3. 进攻半场人盯人战术的概念和初级方法 4. 半场区域联防的概念和方法 5. 快攻战术的学习与练习	1. 加大投篮距离和多点投篮练习，在逐步增加防守难度的情况下投篮 2. 多种运球结合行进间投篮 3. 行进间运球结合传球 4. 在有防守的条件下持球突破练习 5. 抢篮板球技术结合快攻训练 6. 防守技术组合	1. 行进间传接球 2. 接球/运球急停投篮 3. 防守有球/无球队员 4. 抢篮板球 5. 行进间低手投篮 6. 人盯人情况下传切配合 7. 突分配合 8. 掩护配合 9. 四点一防一（有球） 10. 无球、有球防守选位 11. 防持球突破 12. 进攻半场人盯人防守 13. 快攻	1. 半场三对三比赛 2. 半场四对四比赛	学生能主动参与篮球学习和锻炼，体验成功与运动乐趣；基本掌握篮球基本技术，并能在正常对抗的情况下运用，形成基本的篮球运动知觉；学会阅读情境，并在比赛中进行决策；提高灵敏性、力量、速度和心肺耐力等；在比赛中能积极应对各种困难，形成合作意识，建立团队荣誉感；达到篮球三级运动能力标准。
模块四	3	1. 位置技术 2. 半场攻防战术 3. 全场人盯人紧逼防守	1. 中强度防守情况下的投篮组合技术 2. 在攻守对抗中多种组合技术的运用 3. 攻守半场人盯人战术 4. 攻守半场区域联防战术 5. 全场人盯人紧逼防守战术 6. 快攻战术	1. 组合技术运用 2. 三人四传全场传接球跑篮 3. 高位内线配合 4. 外变内配合 5. 防守脚步组合 6. 防突破步法组合 7. 全场一攻一 8. 关门配合 9. 强弱侧四人防守	1. 运球投篮组合技术比赛 2. 无球跑动、接球投篮比赛 3. 变向运球接投篮比赛 4. 无球跑动、接球、持球突破、投篮组合比赛 5. 一对一、二对二、三对三、四对四比赛	学生主动参与、组织班内和校内的篮球比赛；能在正常或中强度对抗的情况下运用篮球技术；能运用人盯人攻守战术和进攻区域战术制定简单的比赛策略；全面提升体能；能处理简单的伤病；达到篮球四级运动能力标准。

续表

模块与单元		学		练	赛	评
模块	单元数量	知识	技战术	主要练习方法	教学比赛方法	学业要求
模块五	4	1. 不同位置组合技术 2. 攻守全场人盯人紧逼防守	1. 高强度防守下的投篮组合技术 2. 攻守对抗中多种组合技术 3. 攻守半场人盯人战术 4. 攻守半场区域联防战术 5. 攻守全场人盯人紧逼防守战术	1. 进攻基础配合 2. 防守基础配合 3. 半场一对一进攻 4. 半场二对二攻防 5. 进攻人盯人防守 6. 进攻区域联防 7. 快攻多打少 8. 全场人盯人防守紧逼（进攻）	1. 半场多打少比赛 2. 全场多打少转换进攻比赛 3. 全场四对四、五对五比赛	学生能主动开展篮球训练或参与篮球竞赛；能在强对抗的正式比赛中完成相应技术动作或战术行为；篮球专项体能储备充沛；能合理地运用篮球战术，具有一定的比赛应变能力；能管理、控制自身情绪与情感，自觉做到尊重对手及裁判员。
模块六	5	1. 不同位置的组合技术 2. 攻守全场人盯人紧逼防守	1. 高强度防守情况下的投篮组合技术 2. 在攻守对抗中多种组合技术及战术配合 3. 攻守半场人盯人战术 4. 攻守半场区域联防战术 5. 攻守全场人盯人紧逼防守战术 6. 快攻战术	1. 组合技术运用 2. 进攻与防守基础配合 3. 全场多打少快攻 4. 追防快攻 5. 快攻 6. 四点一防一（有球） 7. 防守选位 8. 绕前防守 9. 半场人盯人防守（进攻） 10. 区域联防防守（进攻） 11. 全场人盯人紧逼防守（进攻）	1. 组合技术比赛 2. 抢球全场一对一比赛 3. 半场三对三、四对四比赛 4. 半场多打少比赛 5. 全场多打少转换进攻比赛 6. 全场四对四、五对五比赛	学生将篮球训练和比赛作为日常生活、锻炼的一部分；能在真实的比赛情景下应对复杂的比赛局面；能在强对抗或正式比赛中，自如地完成相应技术或战术行为；篮球专项体能和心肺功能保持在最佳水平。

第三章 篮球的单元设计

单元作为一体化篮球课程体系中的最小单位，是对模块更为细致的划分与阐释，同时也是指导教学实践最为直接的依据。一体化篮球课程体系依据运动技能形成规律和学生身心发展规律，并结合篮球运动项目特点分别对每一模块中的单元进行科学、合理的设计。本章着重阐述了篮球单元划分的理论与实践依据，并科学设定了单元目标，最后在此基础上对每一单元的内容进行了设计。

第一节 篮球单元划分的依据

一 技术动作的构成要素

技术动作教学内容的单元划分以其构成要素为主要依据，遵循先“单一”后“组合”、先“静”后“动”、先“徒手”后“对抗”的逻辑顺序进行安排。比如，在教授行进间单手肩上投篮时，必须按照以下逻辑顺序设计单元内容：首先是单一“静止”技术，包含原地运球、原地单手肩上投篮等；其次是组合“移动”技术，包含行进间运球投篮、移动投篮等。在具体教学时，前者是后者的基础，相对较为简单；后者是前者的延伸，相对较为复杂。因此，必须按照技术动作的构成要素对单元内容进行具有逻辑顺序的划分。

二 战术配合的攻守属性和人员需求

战术配合教学内容的单元划分以其攻守属性和难易程度为主要依据，遵循先防守后进攻、先联防后人盯人的顺序进行安排。篮球比赛中，往往防守率先落位，随后进攻才发动。因此，进攻战术行为必须以防守落位为前提。此外，从难易程度来看，区域是固定的，而人是活动的。因此，应先教授针对固定区域的联防，后教授针对活动个人的人盯人防守战术。

第二节 篮球单元目标的设置

单元目标是依据知识技能学习、体能素质锻炼、情感品格培养三个维度确定的，按照小学、中学、大学各学段学生的身心发展规律，将篮球运动的理论知识、技战术内容和学生的素质提高、情感培养充分融合在一起，使学生分阶段进行学习和掌握。具体目标见表1-3-1。

表1-3-1 篮球单元目标一览表

模块	单元	单元目标
模块一	单元一	1. 知识技能学习目标：学生了解篮球的起源等知识，知道篮球运动的攻守目的，并能模仿做出运球、传球、投篮的动作。 2. 体能素质锻炼目标：学生的协调性和灵敏性得到发展。 3. 情感品格培养目标：学生初具观察能力、判断能力以及竞争意识。
	单元二	1. 知识技能学习目标：学生能掌握原地运球的动作要领，能做出行进间运球、后退跑和侧滑步等技术动作。 2. 体能素质锻炼目标：学生的协调性、转身速度、变向跑速度得到提升。 3. 情感品格培养目标：学生对该项运动逐步产生兴趣，提升观察能力、反应能力、竞争意识。
	单元三	1. 知识技能学习目标：学生能够掌握投篮、传球技术动作的要领，能做出行进间传球、运球急停等组合技术动作。 2. 体能素质锻炼目标：学生的协调性、灵敏性、速度素质得到提升。 3. 情感品格培养目标：学生对篮球产生强烈的兴趣，进一步提升观察能力、反应能力、竞争意识。
模块二	单元一	1. 知识技能学习目标：学生知晓各种变向运球、投篮及持球突破的技术方法，能模仿做变向运球、投篮及持球突破。 2. 体能素质锻炼目标：学生的灵敏素质、四肢协调性、速度素质得到提高。 3. 情感品格培养目标：学生提升观察能力、判断能力，初具团队意识。
	单元二	1. 知识技能学习目标：学生了解各种防守技术动作方法并能模仿做出相应动作。 2. 体能素质锻炼目标：学生的灵敏素质、四肢协调性、速度素质得到提高。 3. 情感品格培养目标：通过三对三比赛，学生提高观察能力、判断能力、竞争意识，进一步增强团队合作能力。
	单元三	1. 知识技能学习目标：学生知晓掩护与防守掩护配合的方法，能做出相应的掩护配合。 2. 体能素质锻炼目标：学生的灵敏素质、四肢协调性、速度素质得到提升。 3. 情感品格培养目标：通过三对三比赛，学生提高观察能力、判断能力、竞争意识，强化团队合作精神。
模块三	单元一	1. 知识技能学习目标：学生能熟练地掌握篮球的投、突、传、运单项技术及多项组合技术的方法与要领。 2. 体能素质锻炼目标：学生的灵敏素质、四肢协调性、速度素质、力量素质、反应速度和整体心肺耐力得到提高。 3. 情感品格培养目标：学生形成积极向上的竞争意识和团队观念，能体验拼搏的乐趣与运动的舒畅感觉。

续表

模块	单元	单元目标
模块三	单元二	1. 知识技能学习目标：学生能掌握基础进攻配合的方法并在运用时进行临场应变，能掌握行进间投篮技术。 2. 体能素质锻炼目标：学生的速度、灵敏、弹跳、力量以及耐力素质得到全面提高。 3. 情感品格培养目标：学生逐渐显露坚韧不拔的意志，具备简单的决策能力，进一步增强团队合作意识和能力。
	单元三	1. 知识技能学习目标：学生能掌握半场人盯人防守战术并在比赛中运用。 2. 体能素质锻炼目标：学生的灵敏、速度、力量、反应和耐力素质得到提高。 3. 情感品格培养目标：学生逐渐表现出果敢、担当、坚韧不拔的意志品质。
模块四	单元一	1. 知识技能学习目标：学生能在正常或强对抗的情况下运用篮球技术，形成基本的篮球运动知觉。 2. 体能素质锻炼目标：学生的速度、灵敏、弹跳、力量以及耐力素质得到进一步提高。 3. 情感品格培养目标：学生能在比赛中以战术为基础进行篮球运动，显示团队合作的行为，能鼓励和帮助同伴。
	单元二	1. 知识技能学习目标：学生能掌握各种防守脚步的技术，具备一定的单防能力，初步具有“关门”配合的防守战术意识和能力。 2. 体能素质锻炼目标：学生的速度、灵敏、弹跳、力量以及耐力素质得到进一步提高。 3. 情感品格培养目标：学生能在防守活动中表现出积极的团队合作精神，能提醒和帮助同伴。
	单元三	1. 知识技能学习目标：学生能掌握人盯人防守战术基本原则，形成整体防守意识。 2. 体能素质锻炼目标：学生的无氧耐力和爆发力素质得到提升。 3. 情感品格培养目标：学生有强烈的团队合作意识，在活动中与同伴互帮互助。
模块五	单元一	1. 知识技能学习目标：学生能较为准确地感知身体竞技状态并自觉调节，能合理地运用篮球基础配合及整体战术，具备一定的比赛应变能力。 2. 体能素质锻炼目标：学生的无氧耐力和爆发力素质得到提升，篮球专项体能储备充沛。 3. 情感品格培养目标：学生在练习和比赛中团结协作、积极思考，能尊重对手与裁判，进一步提升自信心、专注力、意志力。
	单元二	1. 知识技能学习目标：学生能较为准确地感知身体竞技状态并自觉调节，能合理地运用篮球战术，具有一定的比赛应变能力。 2. 体能素质锻炼目标：学生能在中对抗的正式比赛中完成相应技术动作或战术行为，逐步形成自身的技术特点；篮球专项体能储备充沛。 3. 情感品格培养目标：通过各种战术练习和篮球比赛，学生能团结协作、积极思考，尊重对手及裁判员。
	单元三	1. 知识技能学习目标：学生能掌握进攻联防防守的战术方法，能准确地感知身体的竞技状态并自觉调节，能非常合理地运用篮球战术，具有比赛的应变能力。 2. 体能素质锻炼目标：学生能在强对抗的正式比赛中完成相应技术动作或战术行为，逐步形成自身的技术特点；篮球专项体能储备充沛。 3. 情感品格培养目标：通过以联防攻守为主的比赛，学生能培养团结协作、积极思考、克服困难以及尊重对手和裁判员的意志品质。

续表

模块	单元	单元目标
模块五	单元四	1. 知识技能学习目标：学生能知晓快攻的基本形式，能够正确地执行快攻战术。 2. 体能素质锻炼目标：通过快攻练习和比赛，学生提高无氧耐力。 3. 情感品格培养目标：通过快攻与防守快攻练习及比赛，学生培养观察能力、预判能力、竞争意识、大局观等。
模块六	单元一	1. 知识技能学习目标：学生能熟练地完成篮球基本技术组合动作，具备一定技术创新能力。 2. 体能素质锻炼目标：学生的篮球专项体能充沛，速度、耐力、力量素质得到全面提高。 3. 情感品格培养目标：通过基本技术组合练习及比赛，学生进一步增强观察能力、预判能力、竞争意识。
	单元二	1. 知识技能学习目标：学生能知晓进攻与防守技术的运用常识，能在真实的比赛场景中运用进攻及防守基础配合。 2. 体能素质锻炼目标：学生的篮球专项体能充沛，速度、耐力、力量素质得到全面提高。 3. 情感品格培养目标：通过进攻与防守基础配合练习及比赛，学生提升决策能力、领导能力以及培养大局意识、竞争精神。
	单元三	1. 知识技能学习目标：学生能知晓快攻的基本形式，能高效率地执行快攻战术。 2. 体能素质锻炼目标：通过快攻练习和比赛，学生提升无氧耐力。 3. 情感品格培养目标：通过快攻与防守快攻练习及比赛，学生提升观察能力、预判能力、竞争意识、大局观。
	单元四	1. 知识技能学习目标：学生能知晓人盯人及区域联防的形式，能高效率地执行防守及进攻战术。 2. 体能素质锻炼目标：通过人盯人与区域联防的练习和比赛，学生具备充沛的篮球专项体能，全面提高速度、耐力、力量素质。 3. 情感品格培养目标：通过以人盯人与区域联防为主要方式的练习及比赛，学生提升观察能力、预判能力、决策能力、竞争意识、大局观。
	单元五	1. 知识技能学习目标：学生能了解人盯人紧逼攻守的形式，能高效率地执行防守及进攻战术。 2. 体能素质锻炼目标：通过人盯人紧逼攻守的练习和比赛，学生具备充沛的篮球专项体能，全面提高速度、耐力、力量素质。 3. 情感品格培养目标：通过以人盯人紧逼攻守为主要方式的练习及比赛，学生提升观察能力、预判能力、决策能力、竞争意识、大局观。

第三节 篮球单元内容与实施

篮球课程体系六个模块又划分为若干个单元，每个单元都有具体的课时建议。各单元学习内容按照“以学定教”的理念，根据篮球技战术的脉络、难易程度和学习规律确定，重点围绕学动作、练技能、赛成绩、评效果一体化的思路进行整体规划，为教师提供学、练、赛、评的具体教学设计思路和实施建议。

篮球单元内容与实施，详见表1-3-2。

表1-3-2 篮球单元内容与实施一览表

单元与课时			学		练	赛	评
模块	单元	课时	知识	技（战）术	主要练习方法	教学比赛方法	学业要求
模块一	单元一	2	篮球基本理论知识与规则	篮球基本球性	1. 分组找线 2. 球场线萝卜蹲 3. 抛接球 4. 步法移动 5. 拨地滚球 6. 保龄球游戏	1. 篮球知识竞答 2. 抱球跑接力赛 3. 地滚球接力赛	学生能清晰地认识篮球运动及其基本规则与概念。
	单元二	8	攻守基本技术理论	1. 移动 2. 原地运球基本姿势 3. 高运球 4. 低运球 5. 体前变向换手运球	1. 步法移动 2. 运球基本姿势 3. 原地运球 4. 看信号运球 5. 一手托球一手运球 6. 原地换手运球 7. 行进间运球 8. 运球急停急起 9. 行进间运球组合技术 10. 运双球	1. 抢球大战 2. 保龄球游戏 3. 农夫与伐木工游戏 4. 口香糖游戏	学生能运用所学知识，对自身技能进行客观评价；能在练习中与同伴相互观察，提高发现问题、分析问题和解决问题的能力。
	单元三	10	技术组合方法与要领	1. 双手接球 2. 双手胸前传球 3. 击地传球 4. 体侧传球 5. 双手胸前投篮 6. 单手肩上投篮 7. 行进间单手肩上投篮 8. 行进间单手低手投篮	1. 双手击地传接球 2. 双手传接球 3. 五角传接球 4. 体侧传接球 5. 原地投篮 6. 行进间传接球 7. 三角传球 8. 传球组合技术 9. 三人绕“8”字传球 10. 组合技术	1. 传球抓 2. 传球耍“猴” 3. 环环相扣 4. 原地投篮比赛 5. 运球接力比赛	学生能掌握篮球传接球技术与投篮技术的主要内容，并能在实践中融合运用；能运用两种发展下肢力量的练习方法；能通过与同伴相互激励和协助，体会合作的价值，提升技术和能力水平；能在竞争中养成吃苦耐劳、顽强拼搏、积极进取、永不言弃的精神品质。

续表

单元与课时			学		练	赛	评
模块	单元	课时	知识	技（战）术	主要练习方法	教学比赛方法	学业要求
模块二	单元一	10	变向运球与持球突破技术动作方法与要领	1. 变向运球 2. 持球突破	1. 曲线运球 2. 绕障碍物运球 3. 运球对抗 4. 自抛自接持球突破 5. 两人传接球连续突破 6. 组合技术	1. 全场变向运球比赛 2. 组合技能比赛	学生能清晰地表述篮球各种变向运球技术的动作方法，并且能抓住要领；能运用所学知识，对自身技能进行客观评价。
	单元二	8	防守技术动作方法与要领	1. 防守有球队员 2. 防守无球队员 3. 抢篮板球	1. 一攻一守脚步移动 2. 全场一攻一守 3. 防投篮 4. 防投篮、突破 5. 移动选位 6. 近、远球区防守 7. 四人断球 8. 挡抢篮板球 9. 冲抢篮板球	1. 半场二对二、三对二比赛 2. 半场三对三比赛	学生能掌握篮球各种防守技术和抢篮板球技术的主要内容；能在练习中与同伴相互观察；能通过与同伴相互激励和协助，体会合作的价值。
	单元三	12	进攻与防守基础配合战术理论	1. 掩护配合 2. 传切配合 3. 挤过配合 4. 穿过配合 5. 交换配合 6. 补防配合	1. 有球掩护 2. 无球掩护 3. 两人传球配合 4. 三人两球传切配合 5. 挤过、穿过、交换配合 6. 补防配合	1. 半场二对二、三对二比赛 2. 半场三对三比赛	学生能说出主要的进攻与防守基础配合的方法要领，能运用相应的技术与体能练习方法；能通过与同伴相互激励和协助，体会合作的价值；能在竞争中养成吃苦耐劳、顽强拼搏的精神。
模块三	单元一	8	组合技术方法与要领	1. 移动、投、突、传、运组合技术 2. 防有球和防无球技术、抢篮板球技术	1. 移动、投、突、传、运组合技术 2. 防守技术和抢篮板球技术	半场三对三比赛	学生能说出主要的运球、传接球、突破与投篮组合技术的方法要领，能够运用相应的技术与体能练习方法；能制订训练计划并进行自主训练，能对训练和自身学习内容进行评价。

续表

单元与课时			学		练	赛	评
模块	单元	课时	知识	技（战）术	主要练习方法	教学比赛方法	学业要求
模块三	单元二	10	进攻基础配合战术理论	1. 行进间低手投篮技术 2. 传切配合战术 3. 突分配合战术 4. 掩护配合战术 5. 策应配合战术	1. 行进间投篮技术 2. 进攻基础配合	半场三对三比赛	学生能熟练掌握篮球各种投篮技术与进攻基础配合的主要内容，并能在实践中融合运用；能运用三种发展下肢力量的练习方法。
	单元三	12	半场人盯人防守战术理论	1. 半场人盯人防守战术 2. 快攻战术	1. 四点一防一（有球） 2. 防守选位 3. 以外线无球掩护为主的进攻人盯人防守 4. 以运球掩护为主的进攻人盯人防守 5. 两至三人传球快攻	半场四对四比赛	学生能运用所学知识对自身技能进行客观评价；能制订相应的训练计划，进行自主练习并和同伴保持一周两次练习，在练习中相互观察，提高发现问题、分析问题和解决问题的能力；通过与同伴相互激励和协助，体会合作的价值；能在竞争中养成吃苦耐劳、顽强拼搏、积极进取、永不言弃的精神品质。
模块四	单元一	8	进攻组合技术	1. 运球+投篮的组合技术 2. 行进间传接球+投篮的组合技术	1. 运球、投篮组合 2. 三人四传全场跑动传接球 3. 内外线配合	半场四对四比赛	学生能熟练掌握运球、行进间传接球与投篮组合技术的动作方法，能够运用相应的技术与体能练习方法。
	单元二	10	防守组合技术	1. 防守脚步组合技术 2. 防守基础配合一关门	1. 防守组合技术 2. 关门配合	半场四对四比赛	学生能熟练掌握篮球防守技术与防守基础配合战术的主要内容，并能在实践中融合运用；能运用三种发展下肢力量的练习方法；能清晰地表述篮球防守技术与防守基础配合战术的方法并在实践中加以运用。

续表

单元与课时			学		练	赛	评
模块	单元	课时	知识	技（战）术	主要练习方法	教学比赛方法	学业要求
模块四	单元三	12	半场人盯人防守战术理论	半场人盯人防守战术	1. 四点一防一 2. 四人强弱侧转移防守 3. 防守选位	半场四对四比赛	学生能运用所学知识，对自身技能进行客观评价；能制订相应的训练计划，进行自主练习并和同伴保持一周两次练习，在练习中相互观察，提高发现问题、分析问题和解决问题的能力；能通过与同伴相互激励和协助，体会合作的价值。
模块五	单元一	10	攻防基础配合理论	1. 进攻基础配合 2. 防守基础配合	1. 进攻基础配合 2. 防守基础配合	1. 全场四对四比赛 2. 全场五对五比赛	学生能熟练掌握进攻与防守基础配合的方法与要领；能够运用相应的技术与体能练习方法制订训练计划并进行自主训练；能对训练和自身学习内容进行评价。
	单元二	12	进攻半场人盯人防守战术理论	进攻半场人盯人防守战术	1. 半场一对一攻防 2. 半场二对二攻防 3. 进攻基础配合 4. 进攻人盯人防守	1. 全场四对四比赛 2. 全场五对五比赛	学生能熟练掌握篮球进攻半场人盯人防守战术的主要内容并能在实践中融合运用；能运用三种发展下肢力量的练习方法。
	单元三	10	区域联防战术理论	1. 学习三对二的区域联防技巧 2. 学习四对三的区域联防技巧 3. 学习五对四的区域联防技巧	1. 分解区域防守 2. 完整进攻区域联防	1. 半场三对二比赛 2. 半场四对三比赛 3. 全场五对四比赛 4. 全场五对五比赛	学生能运用所学知识对自身技能进行客观评价；能制订相应的训练计划，进行自主练习并和同伴保持一周两次练习。
	单元四	10	快攻（防守）战术理论、人盯人紧逼防守（进攻）战术理论	1. 篮球快攻战术 2. 篮球防守快攻战术 3. 防守人盯人紧逼战术 4. 进攻人盯人紧逼防守战术	1. 快攻多打少 2. 快攻多打少转阵地进攻 3. 全场人盯人防守紧逼（进攻）	1. 全场三对三比赛 2. 全场四对四比赛 3. 全场五对五比赛	学生能通过与同伴相互激励和协助，体会合作的价值；提高技术和体能；能在竞争中养成积极进取、永不言弃的精神品质。

续表

单元与课时			学		练	赛	评
模块	单元	课时	知识	技（战）术	主要练习方法	教学比赛方法	学业要求
模块六	单元一	8	基本技术及其组合	篮球的投篮、突破、传接球、运球基本技术与组合技术	组合技术	组合技能比赛	学生能说出不同技术组合的方法与要领；能运用三种组合技术的练习方法。
	单元二	8	进攻与防守基础配合	篮球进攻与防守基础配合的组合	1. 进攻基础配合 2. 防守基础配合	1. 半场三对三、四对四比赛 2. 全场五对五比赛	学生能运用技术和体能练习方法制订训练计划并进行自主训练；能对训练和自身学习内容进行评价。
	单元三	8	快攻与防守快攻战术	1. 篮球快攻战术 2. 篮球防守快攻战术	1. 快攻多打少 2. 追防快攻 3. 快攻多打少转阵地进攻	1. 半场三对三比赛 2. 全场五对五比赛	学生能做出运球、传接球、突破和投篮的组合技术的正确动作，并能在比赛中融合运用；能运用三种发展下肢力量的练习方法。
	单元四	12	人盯人防守与区域联防	1. 人盯人防守战术 2. 进攻人盯人防守战术 3. 区域联防 4. 进攻区域联防	1. 人盯人防守战术（进攻） 2. 区域联防防守战术（进攻）	1. 半场五对五比赛 2. 全场五对五比赛	学生能清晰地表述运球、传接球、突破和投篮的组合技术的练习方法，并且能抓住要领，在比赛实践中加以运用。
	单元五	8	人盯人紧逼防守	1. 人盯人紧逼防守战术 2. 进攻人盯人紧逼防守战术	人盯人全场紧逼防守战术（进攻）	全场五对五比赛	学生能运用所学知识对自身技能进行客观评价；能制订相应的训练计划，进行自主练习并和同伴保持一周两次练习，在练习中相互观察，提高发现问题、分析问题和解决问题的能力；能通过与同伴相互激励和协助，体会合作的价值。

第二部分

篮球教学策略

教学策略属于教学设计的有机组成部分，即在特定教学情境中为完成教学目标和适应学生认知需要而制定的教学程序计划和采取的教学实施措施。它具有综合性、可操作性和灵活性等基本特征。一体化篮球课程以单元为单位，分别制定了层级递进的单元与模块教学策略。本部分从教学目标、教学方法、教学组织、教学实施与教学评价等方面重点阐述了六个模块的教学策略。

第一章｜篮球模块一教学策略

模块一共分为三个单元，建议20课时左右完成。本模块以篮球基本理论知识与规则、攻守基本技术理论和技术组合方法与要领学习为主，注重情境式与游戏化设计，对于单个技术和组合技能的要求是初级的，在实施过程中应强调对学生兴趣的培养。

第一节　单元一教学策略

单元目标

1. 知识技能学习目标：学生了解篮球的起源等知识，知道篮球运动的攻守目的，并能模仿做出运球、传球、投篮的动作。
2. 体能素质锻炼目标：学生的协调性和灵敏性得到发展。
3. 情感品格培养目标：学生初具观察能力、判断能力和竞争意识。

一　学

（一）单元学习内容

1 认识篮球比赛

篮球运动是1891年由美国的一名体育教师詹姆士·奈史密斯发明的。篮球比赛分为两队，每队努力将球投进对方篮筐，同时阻止对方进球。

2 认识篮球场与器材

篮球场地：篮球场标准的大小是长28米、宽15米，长边叫边线，短边叫底线，小篮球场会按比例缩小；场地中央的线为中线，中央的圈为中圈。（图2-1-1）

篮球器材：两边底线中间分别摆放一个篮球架，标准高度为3.15米；8岁组篮筐高度为2.35米，比赛用球为4号球，场地标准为宽12米、长15米，基层比赛亦可用宽14米、长15米的场地；10岁组篮筐高度为2.75米，比赛用球为5号球，场地标准为宽12米、长15米；10岁以上篮筐高度为3.15米，男子用球为7号球，女子用球为6号球。

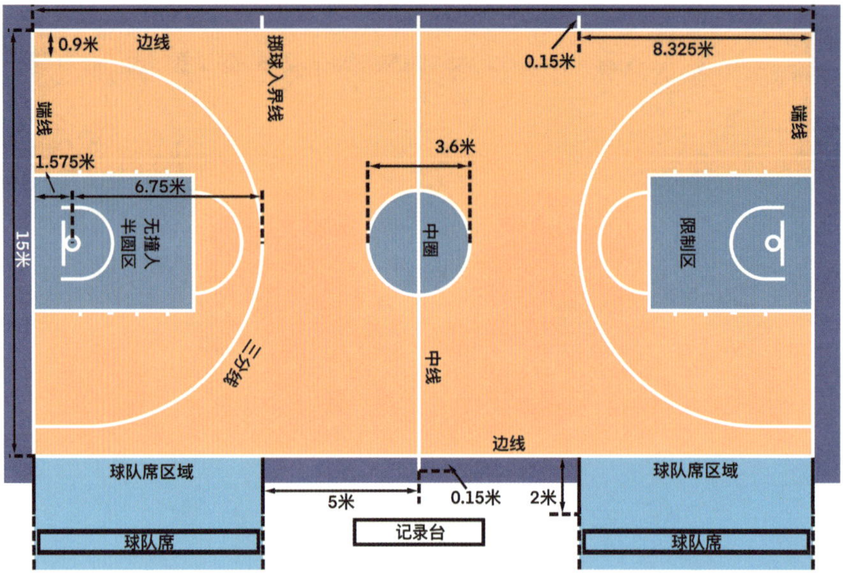

图2-1-1　标准篮球场尺寸图

③ 初识篮球比赛规则

比赛时间：国际篮球比赛分为四节，每节10分钟，前两节为上半场，后两节为下半场；小篮球比赛也可以分为上下两节，10岁及以下每节10分钟，11—12岁每节12分钟，也可以根据实际灵活调整。

得分：三分线以外进球为3分，三分线以内进球为2分，罚球进球为1分。

出界：持球队员任何部位、篮球触及界线或界线外。

运球违例：运球过程中，不得双手同时拍球，不得翻转手腕托球。

走步违例：球出手前不得移动中枢脚（例如不得抱球跑）。

3秒违例：进攻方控球时，进攻队员不得在对方限制区停留超过3秒。

回场：进攻方将球推进至前场后，不得再使球回到后场。

防守犯规：防守人通过推、拉、撞等方式阻碍进攻人员。

进攻犯规：进攻队员通过推、撞等不正当途径获得利益。

双方犯规：攻守双方同时发生接触犯规。

技术犯规：在球场上出现的一些不礼貌行为。

违反体育运动精神的犯规：防守队员去抢球时发生过分的接触。

④ 体验感知篮球

双手转动球；左右手拨动球；抛接球。

⑤ 抛接球

原地抛、接不同高度的球；在不同高度接球；击掌、转身等动作后接球。

6 原地拨球

原地左右、胯下、绕标志桶等拨动地滚球。

（二）单元学习方法

观察示范动作的方法：教师通过视频、图片以及实物讲解演示篮球、篮球场以及篮球比赛。

体验感知动作的方法：教师组织学生进行动作模仿和体验，注重让学生体验原地抛接球、地滚球等，增进对球的感知。

二 练

（一）练习方法设计思路

本单元的练习方法设计遵循循序渐进原则，练习设计由易到难，应采用不同方式设计练习方法，例如通过场地绘图、快速找线、萝卜蹲三种设计，让学生在趣味中掌握篮球场地知识，从而提高学生的练习积极性，进而将基础知识和基本技能掌握得更加扎实。练习应具有趣味性，尽可能地将基本技术和基础技能融入其中，潜移默化地提高学生的技能水平。练习的难度应适当，既不能太难使学习失去趣味性，也不能太简单使学生失去练习热情。

（二）练习方法与组织

1 单个技术练习

单个练习1：画篮球场

【练习目的】提高学生对篮球场的认识。

【练习方法】老师介绍完篮球场后，学生自己拿笔画出场地，并标注名称。

【场地器材】笔；纸。

【练习要求】根据观看讲解记忆绘画。

【拓展建议】绘画完成后讲给同伴听。

单个练习2：分组找线游戏

【练习目的】提高学生对场地的认识。

【练习方法】学生在场地中间集合，老师喊边线、底线、三分线或者罚球线，学生快速抢占对应的线。

【场地器材】篮球场。

【练习要求】必须双脚踩在线上才算成功，注意安全，避免碰撞。

【拓展建议】可以让学生在跑动过程中发出口令。

单个练习3：球场线萝卜蹲

【练习目的】提高学生对篮球场地的认识。

【练习方法】将学生分为边线组、底线组、三分线组、中圈组、罚球线组，让学生集体喊口令“边线蹲，边线蹲，边线蹲完底线蹲……”，开展游戏。

【场地器材】篮球场。

【练习要求】口令必须一致。

【拓展建议】可以轮换位置。

单个练习4：抛接球

【练习目的】使学生提高球性，增加对篮球的感知，提高对球的控制能力。

【练习方法】（1）向上抛接球，落地前接住；（2）两人一组，一人平举球，另一人伸出双手准备接球，平举球人自然松开篮球，另一人快速反应接球。

【场地器材】篮球场；篮球。

【练习要求】保持间隔，避免碰撞。

【拓展建议】抛球后可以增加接球前动作，两人一组，练习抛球前可以双手放背后。

单个练习5：步法移动

【练习目的】使学生掌握侧滑步移动技术，为学习篮球基本技术做准备。

【练习方法】站在篮球场中间准备，根据教师的指令运用侧滑步移动，练习不同方向的滑步。（图2-1-2）

图2-1-2　步法移动—侧滑步移动

【场地器材】篮球场地或者平坦的练习场地。

【练习要求】双腿分开保持半蹲姿势。

【拓展建议】结合跑动进行滑步练习。

❷ 组合技术练习

组合练习1：拨地滚球

【练习目的】提高学生掌控球的能力。

【练习方法】学生呈纵队，前方摆放标志碟。学生拨地滚球出发，分别以“S”形路线绕过标志碟，到达指定位置后，再将球地滚传回。下一位学生继续，直至所有人完成。（图2-1-3）

图2-1-3　拨地滚球

【场地器材】篮球场；篮球。

【练习要求】始终保持篮球贴地。

【拓展建议】改变绕行的路线，例如绕一圈。

组合练习2：保龄球

【练习目的】提高学生掌控球的能力。

【练习方法】两人一组，相距3米，中间放置一个标志桶。一侧学生将球以地滚方式去触碰标志桶，另一侧学生负责捡球，完成后交换。

【场地器材】篮球场；篮球。

【练习要求】出手时控制篮球的方向。

【拓展建议】增设不同颜色的标志桶，根据指令以地滚篮球方式触碰。

三　赛

（一）教学比赛设计思路

本单元主要学习篮球的起源、比赛规则、场地器材以及体验基本篮球球感。篮球的起源学习主要是让学生知道篮球的发明地及篮球在我国的发展历程，并列举中国篮球各项赛事。学生还要观看比赛，初步了解篮球比赛的完整过程，能看懂比赛。在知识竞答中，主要是对篮球的基本知识进行抢答，比如说边线在哪里、在哪里投中是三分球等。在球感练习方面，主要是让学生初步感知篮球，初步体验篮球动作，学会把手指张开控球。比赛在每节课后半段进行，也可在整节课都进行。

（二）教学中的有效比赛方法与组织

❶ 单个技术比赛方法

单个比赛1：篮球知识竞答比赛

【比赛目的】使学生掌握基本的篮球知识。

【比赛方法】比赛采用基础知识竞答和画图的方式，主要测试学生对基本的篮球运动知识的掌握情况。学生通过观看比赛，了解比赛中如何进攻和防守，并能看懂比赛。在教室内比赛，学生采用举手抢答的方式，要注意表达准确清晰。本比赛适合小学低年级采用。

【注意事项】先举手再回答。

【场地器材】教室内；电脑/平板。

【拓展建议】请学生在黑板上画出篮球场地并讲解。

单个比赛2：抱球跑接力赛

【比赛目的】提高学生的持球能力及速度素质。

【比赛方法】学生分成四组，背对呈“十”字站立，各组第一位学生持两球。游戏开始后，各组第一位学生逆时针绕圈跑动，然后传给同组下一位学生。最先完成的小组获胜。（图2-1-4）

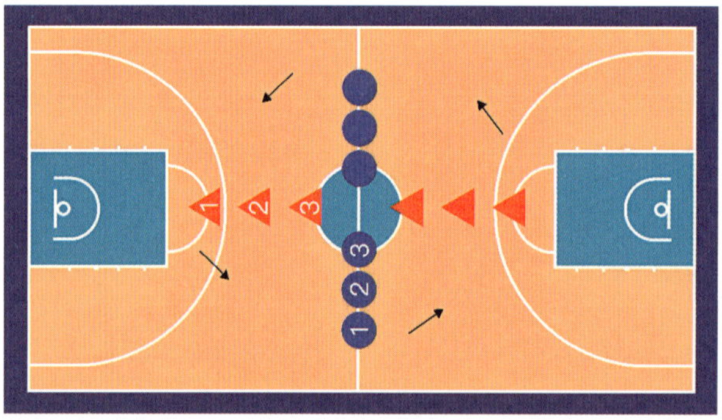

图2-1-4　抱球跑接力赛

【注意事项】交接时避免相互碰撞。

【场地器材】篮球场；篮球。

【拓展建议】可以更改为叫号跑。

❷ 组合技能比赛方法

组合比赛1：地滚球接力赛

【比赛目的】提高学生控制球的能力和滑步移动技术。

【比赛方法】学生呈纵队站立，双腿分开。第一位学生拿球，将球从胯下向后滚动，后面同学通过移动让篮球穿过每个人的胯下，最后面同学将球拿起跑至第一位，直至所有人都完成。

【注意事项】篮球必须贴地滚动。

【场地器材】篮球场；篮球。

【拓展建议】改变地滚方向，向前滚动。

组合比赛2：保护篮球

【比赛目的】提高学生保护球的意识以及横向滑步移动的能力。

【比赛方法】学生六人一组，根据篮球场中圈、罚球圈，围成近似中圈大小的圆，留一个位置开口，圆心放置一个篮球。一位学生在圈外面移动，通过开口进入圆圈抢篮球，其他学生通过移动保护篮球。

【注意事项】注意整体移动，避免摔倒。

【场地器材】篮球场；篮球。

【拓展建议】该游戏可以运用在后面单元，运球追逐。

四 评

（一）知识技能学习评价

学生能够掌握主要的篮球规则，能掌握该单元篮球基本技术，能建立对篮球运动的基本认知。

（二）体能素质锻炼评价

学生的走、跑、跳等基本运动能力得到提升。

（三）情感品格培养评价

学生能在学习和练习中表现出互助友爱的品格，能与同伴在友好的氛围下完成篮球游戏。

第二节　单元二教学策略

单元目标

1. 知识技能学习目标：学生能掌握原地运球的动作要领，能做出行进间运球，后退跑和侧滑步等技术动作。
2. 体能素质锻炼目标：学生的协调性、转身速度、变向跑速度得到提升。
3. 情感品格培养目标：学生对该项运动逐步产生兴趣，提升观察能力、反应能力、竞争意识。

一 学

（一）单元学习内容

1 起动

双脚开立，屈膝重心向下，后脚蹬地发力，快速向前迈步，同时手臂快速摆动，将身体向前方移动。（图2-1-5）

图2-1-5　起动

2 变速跑

在跑动过程中，通过步幅和步频的组合变换，改变跑动速度，形成快慢变化的节奏。

3 变向跑

在跑动过程中，向左侧变向时，通过右脚蹬地，身体重心左移，同时向左侧快速迈左脚，继续快速跑动。（图2-1-6）

图2-1-6　变向跑

4 侧身跑

在跑动过程中，脚尖与前进方向一致，同时侧身，转头观察场上情况。（图2-1-7）

图2-1-7　侧身跑

⑤ 后退跑

前脚掌向后蹬地，小腿向后摆动，同时快速摆臂，向后跑动。

⑥ 双脚跳

双脚分开，双膝微屈下蹲，双脚前脚掌蹬地，伸膝、提臀，同时双臂摆动向上跳起，双脚落地时屈膝缓冲。（图2-1-8）

图2-1-8　双脚跳

⑦ 单脚跳

单脚前脚掌蹬地，伸膝、提臀起跳，同时向上摆动双臂，双脚落地时屈膝缓冲。（图2-1-9）

图2-1-9　单脚跳

8 前转身

以一只脚为轴，另一只脚蹬地移动，向身前画弧线转身。(图2-1-10)

图2-1-10 前转身

9 后转身

以一只脚为轴，另一只脚蹬地移动，向身后画弧线转身。(图2-1-11)

图2-1-11 后转身

10 跨步

以一只脚为轴，另一只脚向身前、身侧跨步。(图2-1-12)

图2-1-12 跨步

⑪ 侧滑步

张开双臂，双脚分开，双膝弯曲。向右侧滑步时，左脚内侧蹬地，同时右脚向右横跨一步。右脚落地时左脚快速跟进，双脚保持起始距离，同时双臂协调摆动，重心保持横移。（图2–1–13）

图2–1–13 侧滑步

⑫ 原地运球

两脚分开，双膝微屈。运球时，手指自然张开，用手指指根以上部位接触球，掌心空出拍按球上方，手以肩关节为轴上下跟随拍按球，延长触球时间，把球的落点控制在身体侧前方。非运球手臂屈肘平抬，以便保护球和维持身体平衡。（图2–1–14）

图2–1–14 原地运球

⑬ 高运球

运球时，两腿微屈，双目平视，以肩关节为轴，手用力向前下方推按球，让球的落点在身体的侧前方，球的反弹高度在胸腹之间，手脚协调配合。这类运球身体重心高，速度快，便于观察场上情况，常用于快速推进和无防守队员阻挠时。（图2–1–15）

图2-1-15　高运球

⑭ 低运球

运球时，两腿深屈膝，重心迅速降低，上体前倾，用手短促地拍按球，使球的反弹高度在膝关节以下，以便更好地控制。这类运球常用于受到对方紧逼防守时。（图2-1-16）

图2-1-16　低运球

⑮ 体前变向换手运球

变向时（以右侧向左侧变向为例），右手拍按球的右侧后上方，把球从自己的右侧拍按到左侧前方，同时右脚向左前方跨出，上体左转，用肩保护球，换成左手运球并加速前进。这类运球常用于遇到对手的堵截而需要改变运球的方向时。（图2-1-17）

图2-1-17　体前变向换手运球

（二）单元学习方法

观察示范动作的方法：教师在示范原地运球之前，先告诉学生如何观察原地运球技术动作，并强调让学生重点观察教师的身体姿势、触球部位，以及手和球的运动关系。

体验感知动作的方法：教师组织学生进行动作模仿和体验，注重让学生体验起动、加速跑、侧滑步等的发力与重心的改变，感知篮球和手的相对运动。

二 练

（一）练习方法设计思路

本单元主要涉及篮球的无球移动技术。相对于“有球在手”而言，单一的移动练习较为枯燥。因此，在设计练习方法时，应注重将练习内容趣味化。教师可自主创编游戏，将无球移动技术融入游戏中，潜移默化地提高学生的移动技术。

（二）练习方法与组织

❶ 单个技术练习

单个练习1：步法移动1

【练习目的】掌握起动、变速跑、变向跑、后退跑移动技术，为学习篮球基本技术做准备。

【练习方法】学生站在篮球场边线准备，根据教师的指令开始练习起动、变速跑、变向跑、后退跑。

【场地器材】篮球场地或者平坦的练习场地。

【练习要求】蹬地迅速，后退跑时要注意回头保持平衡，跑动过程中不要与其他同学撞到一起。

【拓展建议】加大折返的距离，增加起始准备动作设计。

单个练习2：步法移动2

【练习目的】掌握侧身跑移动技术，为学习篮球基本技术做准备。

【练习方法】学生沿着篮球场三分线和底线形成的半圆轮廓跑动，脚尖指向移动方向，学生侧身转头观察三秒区老师的数字手势，并快速回答。

【场地器材】篮球场地或者平坦的练习场地。

【练习要求】脚尖与移动方向一致。

【拓展建议】设计转身向后跑的信号，增加数字跑团游戏等。

单个练习3：步法移动3

【练习目的】掌握滑步移动技术，为学习篮球基本技术做准备。

【练习方法】学生站在篮球场中线及一定间距的平行线上，两边摆放标志桶，根据教师的方向指令开始滑步，触摸标志桶后，快速滑步至起始位置。

【场地器材】篮球场地或者平坦的练习场地；标志桶。

【练习要求】一只脚跨步同时另一只脚快速滑步跟进，滑步时保持重心平稳。

【拓展建议】加大滑步的距离，增加向前、向后滑步。

单个练习4：步法移动4

【练习目的】掌握前转身、后转身移动技术，为学习篮球基本技术做准备。

【练习方法】学生每人一个呼啦圈，将一只脚放在呼啦圈内作为中枢脚，在正前方一步距离放置一个标志盘，根据教师的前后指令练习前后转身。

【场地器材】篮球场地或者平坦的练习场地；呼啦圈；标志盘。

【练习要求】转身时，重心移向中枢脚，另一只脚的前脚掌蹬地，同时中枢脚以前脚掌为轴用力碾地，上体随着移动脚转动，以肩带腰向前向后改变身体方向。在身体移动过程中，要保持重心平稳，不要起伏。

【拓展建议】增大转身幅度，增加结合护球动作的转身练习。

单个练习5：运球基本姿势

【练习目的】掌握运球的基本技术动作，为学习篮球基本技术做准备。

【练习方法】学生双手持球自然站立，以左脚或右脚为中枢脚，听到哨声后快速分腿半蹲，保持低重心，同时持球在体侧护球。

【场地器材】篮球场地或者平坦的练习场地。

【练习要求】双腿自然分开，双膝微屈，重心下移，背部挺直，双手持球在体侧护球，目视前方。

【拓展建议】根据老师的方向信号，学生快速反应变换基本姿势。

单个练习6：原地高运球

【练习目的】掌握原地高运球技术，提高控球能力，为学习篮球运球技术做准备。

【练习方法】每人一个篮球，在运球侧脚外侧放置一个呼啦圈，听到哨声后，先变换基本姿势，然后开始原地运球，保证每次运球在呼啦圈内。

【场地器材】篮球场地或者平坦的练习场地；呼啦圈。

【练习要求】运球时，两腿微屈，两目平视，以肩关节为轴，一只手用力向前下方推按球，让球的落点在身体的侧前方，球的反弹高度在胸腹之间，注意手跟随球同步移动，延长触球时间，另一只手屈肘做保护动作。

【拓展建议】增加运球时长，老师参与模拟断球，激发学生护球意识，球落点在呼啦圈内外切换。

单个练习7：原地低运球

【练习目的】掌握低运球技术，提高控球能力，为学习行进间篮球运球技术做准备。

【练习方法】每人一个标志盘，放置身前，听到哨声后，低运球绕呼啦圈转动一周。

【场地器材】篮球场地或者平坦的练习场地；标志盘。

【练习要求】运球时，两腿深屈膝，重心迅速降低，上体前倾，用手短促地拍按球，使球的反弹高度在膝关节以下，以便更好地控制。

【拓展建议】增加标志盘数量，进行低运球绕“8”字练习。

单个练习8：看信号运球

【练习目的】提高抬头运球的能力，为学习篮球运球技术做准备。

【练习方法】学生保持运球基本姿势进行原地运球，同时观看老师的数字手势，并快速回答。

【场地器材】篮球场地或者平坦的练习场地。

【练习要求】保持基本姿势进行运球，同时抬头注意老师手势信号，并快速回答。

【拓展建议】改变信号形式，可以举各种颜色的标志盘，让学生回答颜色。

单个练习9：一手托球一手运球

【练习目的】提高控球能力，为学习篮球运球技术做准备。

【练习方法】两人一组，一人练习，另一人协助。练习人一只手平托篮球，另一只手运球，然后换手。

【场地器材】篮球场地或者平坦的练习场地；篮球。

【练习要求】保持基本姿势进行运球，根据老师手势信号，快速托球和运球。

【拓展建议】学生可以一手运球三次后自行换手运球。

单个练习10：原地换手运球

【练习目的】掌握换手运球的要点，为以后学习体前变向运球突破技术做准备。

【练习方法】两人一组，一人双手持球将球平举至另一人腹部位置。练习人单手运球，听到哨声后，体前变向运球，从同伴平举球下方穿过至另一侧。

【场地器材】篮球场地或者平坦的练习场地；篮球。

【练习要求】保持基本姿势进行运球，变向时注意找准拍球位置，不能碰到同伴篮球。

【拓展建议】学生熟练后，可以连续两次或者更多变向。

② 组合技术练习

组合练习1：原地高低运球变换

【练习目的】提高控球能力，以及高低运球变换的衔接运球能力。

【练习方法】学生一只手原地高运球，身前放置一个标志碟，听到哨声后，由高运球变低运球，同时另一只手拿起标志碟，然后变高运球。

【场地器材】篮球场；篮球；标志碟。

【练习要求】高运球要大力，用手指和手掌边缘包裹球，低运球要用手指快速拍球。

【拓展建议】根据视觉信号练习，培养抬头运球的良好习惯。

组合练习2：行进间运球

【练习目的】提高在移动中的运球能力。

【练习方法】学生成四排在篮球场横向站立。教师为每一横排学生分别编号。练习开始时，学生进行原地运球，集中注意力。根据老师信号，对应编号的学生快速运球，至前面边线后，绕回至后方边线，快速回到自己位置，并举手示意。（图2-1-18）

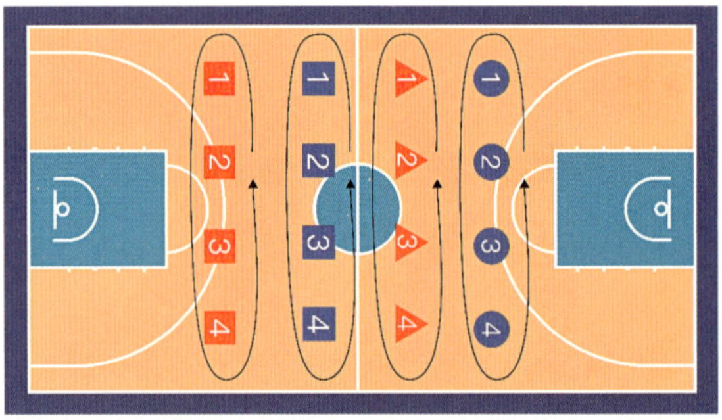

图2-1-18　行进间运球

【场地器材】篮球场；篮球。

【练习要求】拍球的后上方，将球往前运。

【拓展建议】变换声音信号、数字信号以及颜色信号，提高练习难度和乐趣。

组合练习3：运球急停急起

【练习目的】提高急停急起技术水平和运球的衔接能力。

【练习方法】学生每人一球，在前方摆放标志桶，间隔2—3米。听到哨声后，学生运球至第一个标志桶处，双脚前后开立，急停原地运球；再次听到哨声后，加速运球至下一个标志桶处。后面学生依次跟随练习。

【场地器材】篮球场；篮球；标志桶。

【练习要求】注意急停时运球位置在身体侧后方，加速运球时将球运于身体前方。

【拓展建议】待学生熟练后，改变为急停时快速运球两次，然后加速。

组合练习4：行进间体前变向运球

【练习目的】提高移动中体前变向能力。

【练习方法】两人一组，从一侧变向开始，一人双手持球慢速往后退，运球人以相同速度运球跟随。听到哨声后，运球人体前变向将球从同伴球下穿过，到达场地边线后两人互换。（图2-1-19）

图2-1-19 行进间体前变向运球

【场地器材】篮球场；篮球。

【练习要求】注意运球过程中运球侧的脚为发力脚，变向过程找准触球位置，不得碰到同伴的篮球。

【拓展建议】学生熟练后，改变为变向两次，或者自行完成变向运球。

组合练习5：快速跑、急停+运球

【练习目的】提高移动衔接运球的能力。

【练习方法】两人一组，面对站立，原地快速运球。听到哨声后，两人快速将球放在地上，从运球侧快速互换位置，然后急停转身，拿起地上的球继续运球。

【场地器材】篮球场；篮球。

【练习要求】将球放稳，快速加速跑然后急停。

【拓展建议】将球保持原地弹动，然后快速互换位置。

组合练习6：行进间高低运球

【练习目的】掌握移动高低运球技术。

【练习方法】在学生前方间隔一米分别摆放标志桶，并将标志碟套在标志桶上。第一位学生运球至标志桶后变低运球，同时将标志碟取下平稳放在地上，然后继续运球到下一个标志桶。第二位学生则依次将标志碟套在标志桶上。

【场地器材】篮球场；篮球；标志桶；标志碟。

【练习要求】将标志碟轻轻放在地上，不得扔下来。

【拓展建议】可以改变为将标志碟放下，然后再套上去。

组合练习7：看信号运球

【练习目的】提高运球能力，培养抬头运球的良好习惯。

【练习方法】全班每人一球，排成四横队，前后间隔两米距离，保持原地运球。教师根据“红灯”和“绿灯”两个信号发令。发令后，第一排学生向前运球至场地边线，后面每一横排学生向前运球，移动一个位置。再次发令后，第一排学生转身运球至后方的场地边线位置（此时学生在“高速公路”上，没有红绿灯）。依次类推，完成练习。（图2-1-20）

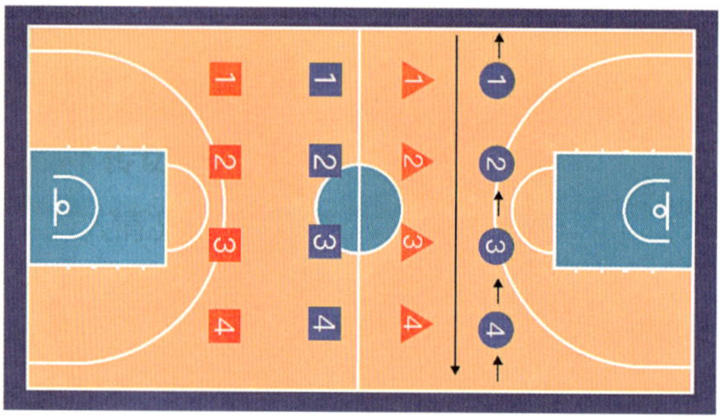

图2-1-20　看信号运球

【场地器材】篮球；信号牌。

【练习要求】抬头看信号，快速运球推进。

【拓展建议】增设黄灯，学生快速原地运球三次然后向前运球。

组合练习8：运球交换

【练习目的】提高控球能力，为之后的传接球练习做准备。

【练习方法】两人一组，面对运球，听到哨声后，将球从运球侧拍给同伴，同时接同伴球继续运球。

【场地器材】篮球场；篮球。

【练习要求】两人从各自运球的方向拍球的后上部，把球传给同伴。

【拓展建议】可以增加变向后再换球。

组合练习9：运双球

【练习目的】提高控球能力和双手协调性。

【练习方法】两人一组，一人双手运双球练习，另一人协助，然后两人互换。

【场地器材】篮球场；篮球。

【练习要求】延长双手接触球的时间。

【拓展建议】运双球高低变换练习。

三 赛

（一）教学比赛设计思路

教学比赛应以游戏的形式为主进行设计，在游戏中融入相应的运球比赛，以培养学生积极拼抢的意识。

（二）教学比赛方法与组织

❶ 单个技术比赛方法

单个比赛1：抢球大战

【比赛目的】提高移动速度，培养积极拼抢意识。

【比赛方法】比赛场四角和中央各放置一个呼啦圈，中央呼啦圈内放置若干篮球，四个学生在四角呼啦圈（图2-1-21）。比赛开始后，四角学生出发抢中央呼啦圈内的篮球，每次只能拿一个，把中央呼啦圈内篮球抢完后再去抢其他同学的篮球。规定时间内，呼啦圈内篮球最多者获胜。

图2-1-21　抢球大战

【注意事项】每次只能抢一个篮球，不能阻止其他人抢球。

【场地器材】篮球场；篮球；呼啦圈。

【拓展建议】规定时间变为规定个数。

单个比赛2：保龄球游戏

【比赛目的】提高反应能力以及控制球的能力。

【比赛方法】学生被编号，然后绕中圈慢跑。老师站在圈内抛球叫号，被叫到号的学生快速去接球，其他人快速远离中圈。当中圈学生接到球后，老师哨响，此时其他人不得移动，中圈学生通过地滚球击打其他同学，被击中的同学接受惩罚。

【注意事项】不得离开篮球场。

【场地器材】篮球场；篮球。

【拓展建议】限定学生的移动方式，例如必须采用滑步移动。

❷ 组合技能比赛方法

组合比赛1：农夫与伐木工

【比赛目的】提高运球能力。

【比赛方法】在场地内散落若干数量的标志盘，其中正反各一半，反碟翻正代表“种树”，正碟翻反代表“伐树”。学生分为人数相等的两组，担任农夫和伐木工。在规定时间内，数量多者获胜。

【注意事项】看清手势及听清口令，降低重心进行动作练习。

【场地器材】篮球场；篮球；标志碟。

【拓展建议】增加每翻一次后运球返回边线再出发的规则。

组合比赛2：口香糖游戏

【比赛目的】提高控球能力。

【比赛方法】学生在篮球场内自由运球移动。老师：口香糖，黏又黏！学生齐声：黏哪？老师：四个肩膀黏！学生快速组合。

【注意事项】注意避免碰撞。

【场地器材】篮球场；篮球。

【拓展建议】改变为手势，比如伸四个手指，然后说“肩膀”。

四 评

（一）知识技能学习评价

学生能够掌握并运用主要的移动技术和运球技术动作方法与要领。

（二）体能素质锻炼评价

学生进一步提升基本运动能力，能运用两种发展下肢力量的练习方法。

（三）情感品格培养评价

学生能在与同伴的相互激励和协助中体会合作的价值，养成吃苦耐劳、顽强拼搏、积极进取、永不言弃的精神品质。

第三节 单元三教学策略

单元目标

1. 知识技能学习目标：学生能够掌握投篮、传球技术动作的要领，能做出行进间传球、运球急停等组合技术动作。
2. 体能素质锻炼目标：学生的协调性、灵敏性、速度素质得到提升。
3. 情感品格培养目标：学生对篮球产生强烈的兴趣，进一步提升观察能力、反应能力、竞争意识。

一 学

（一）单元学习内容

1 双手接球

接球时，两眼注视来球，双臂伸出迎球，手指自然分开，两拇指呈八字形，两手成半圆形。当手接触球的瞬间，双臂随球后引缓冲来球的力量，成双手持球姿势。（图2-1-22）

图2-1-22 双手接球

2 双手胸前传球

双手持球于胸腹之间，身体按基本姿势站立。传球时，双手手腕由下向上翻转，当把球转动到胸前位置时，迅速向前伸臂，手腕翻转、拇指下压，最后通过食指、中指用力拨球将球传出。出球后，手心和拇指向下，其余四指指向传球方向。在传球的同时，脚蹬地，身体重心前移，上下肢要协调配合。（图2-1-23）

图2-1-23　双手胸前传球

③ 击地传球

持球者利用假动作吸引防守队员的手臂上举或侧举，同时将球迅速通过地面反弹给同伴。传球时向前下方伸臂，手的用力点作用在球的后上方。击地点根据防守者和接球者所站位置来确定，一般应传在距离接球者三分之一处。（图2-1-24）

图2-1-24　击地传球

④ 体侧传球

持球者传球手的异侧脚向侧前方迈出，上体也同时向异侧移动做假动作，同时将球向后侧方引出，经体侧向前作弧线摆动，手腕前屈，用食指、中指拨球，使球从防守队员的体侧空当越过。（图2-1-25）

图2-1-25　体侧传球

❺ 双手胸前投篮

双手持球于胸前，肘关节自然下垂，两脚前后或左右开立，两膝微屈，重心落在两脚之间，眼睛注视瞄准点。投篮时，下肢蹬地发力，两臂向前上方伸直，前臂内旋，拇指下压，手腕翻转变前屈，食指、中指用力拨球，通过指端将球投出。球出手时，身体随投篮出手方向自然伸展。（图2-1-26）

图2-1-26　双手胸前投篮

❻ 单手肩上投篮

以右手投篮为例。右手持球于肩上，左手扶在球的左侧，右臂屈肘，上臂与地面近于平行。两脚前后或左右开立，两膝微屈，重心落在两脚之间。投篮时，下肢蹬地发力，右臂向前上方伸直，手腕前屈，食指、中指用力拨球，通过指端将球投出。球出手时，身体随投篮出手方向自然伸展。（图2-1-27）

图2-1-27 单手肩上投篮

⑦ 行进间单手肩上投篮

以右手投篮为例。右脚跨出一大步的同时接球，接着左脚跨出一小步并用力蹬地起跳，举球至肩上，当身体接近最高点时，右臂向前上方伸直，手腕前屈，食指、中指用力拨球，通过指端将球投出。（图2-1-28）

图2-1-28 行进间单手肩上投篮

⑧ 行进间单手低手投篮

以右手投篮为例。右脚跨出一大步的同时接球，接着左脚跨出一小步并用力蹬地起跳，右腿提膝，双手向前上方举球。当身体接近最高点时，左手离球，右手外旋，掌心向上，并充分向球篮方向伸展，接着屈腕，食指、中指用力拨球，通过指端将球投出。（图2-1-29）

图2-1-29 行进间单手低手投篮

（二）单元学习方法

观察示范动作的方法：教师在示范传接球、投篮动作之前，先告诉学生如何观察传接球、投篮动作，并强调重点观察教师的腿部、手肘、手部动作以及离手后的跟随动作。

体验感知动作的方法：教师组织学生进行动作模仿和体验，注重让学生体验转动腕部发力推拨、接球收回缓冲以及手指手腕拨球投篮的运动感知。

二 练

（一）练习方法设计思路

练习设计应由易到难，由徒手练习到有球练习，由有球练习到有防守的练习。教师应充分发挥想象力，创设比赛化的情境模式，让学生学会在模拟环境中进行练习。

（二）练习方法与组织

1 单个技术练习

单个练习1：双手击地传接球

【练习目的】掌握落点位置以及接击地球的动作。

【练习方法】两人一组一球，面对站立。两人分别找出自己传球击地点，并摆放标志物进行标识，然后进行击地传球。

【场地器材】篮球场；篮球。

【练习要求】弹一次地到同伴手中。

【拓展建议】先向头上方传球一次，然后完成击地传球。

单个练习2：双手传接球

【练习目的】体验接球、收球的运动过程，固定接球的手部动作。

【练习方法】两人一球，一人双手上下持球在胸前，另一人做出双手接球动作并接近篮球。听到哨声后，持球同学慢慢向前平伸篮球，接球同学完成接球缓冲的动作。再次听到哨声后，后者将球传出，同伴配合屈肘将球收回。两人反复练习。

【场地器材】篮球场；篮球。

【练习要求】动作不要太快，正确完成动作，感知传球正确动作。

【拓展建议】待学生熟练后，更改为两人均正常持球，零距离相互传接练习，然后逐步加大距离。

单个练习3：五角传接球

【练习目的】掌握传接球基本技术。

【练习方法】五人一组，站在周围五个点，保持适当距离。一人持球，将球传给自己右手边第二位同伴，依次往下传接球。（图2-1-30）

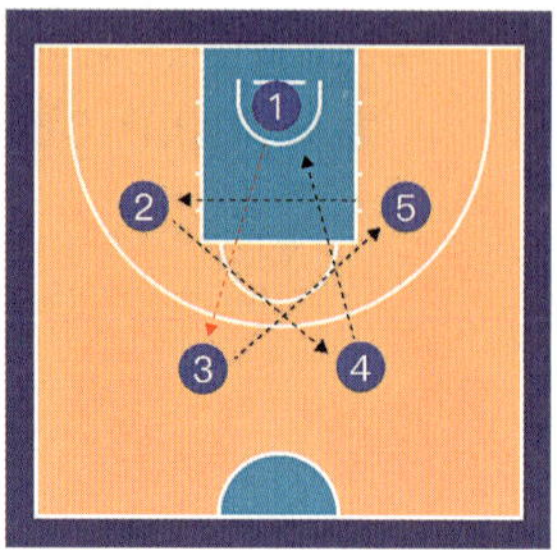

图2-1-30　五角传接球

【场地器材】篮球场。

【练习要求】传球时相互提醒，接球人提前做好接球准备。

【拓展建议】增加同时传两球练习。

单个练习4：体侧传接球

【练习目的】掌握体侧传接球基本技术。

【练习方法】两人一组，每人身前摆放两个标志桶，一步间距。传球学生通过跨步，将篮球从两个标志桶外侧传出。

【场地器材】篮球场；篮球；标志桶。

【练习要求】确定轴心脚，不能走步。

【拓展建议】增加两球同时传接球练习。

单个练习5：原地投篮

【练习目的】掌握投篮基本技术，为进一步提高投篮技术做准备。

【练习方法】两人一球，面对站立，根据老师指令分别完成持球、举球以及最后的出手。出手后保持伸肘压腕，并且将球弹地一次到同伴手中。两人交换练习。

【场地器材】篮球场；篮球。

【练习要求】两人相互提醒并纠正动作。

【拓展建议】变成连续出手投篮，动作熟练后到篮下近距离投篮。

2 组合技术练习

组合练习1：双人传两球

【练习目的】提高控球能力以及快速传接球能力。

【练习方法】两人两球，面对站立。听到老师哨声后，一人胸前传球，另一人击地传球。然后，两人同时接对面来球。

【场地器材】篮球场；篮球。

【练习要求】传球后要快速做好接球准备。

【拓展建议】一个人将球向上传出，期间完成与同伴的接传球，然后再接高抛球。

组合练习2：行进间传接球

【练习目的】提高移动传接球的能力。

【练习方法】学生三人一组，或者多人，分两队面对站立，人多的队伍持球，快速将球传出，并快速跑到对面队尾。（图2-1-31）

【场地器材】篮球场；篮球。

【练习要求】传球后快速跑动并提前做好接球准备。

【拓展建议】在跑动路线上增设标志桶，将跑动路线变成弧线跑。

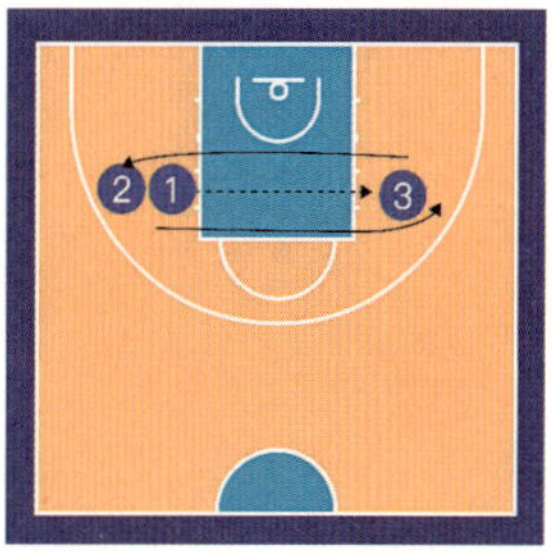

图2-1-31　行进间传接球

组合练习3：三角传球

【练习目的】提高传接球能力，为之后的基础配合做准备。

【练习方法】三组纵队间隔一定距离面对站立，一组排头先开展向右侧传球，然后快速跑至右侧队尾。依次类推，向右侧不断传球和移动。（图2-1-32）

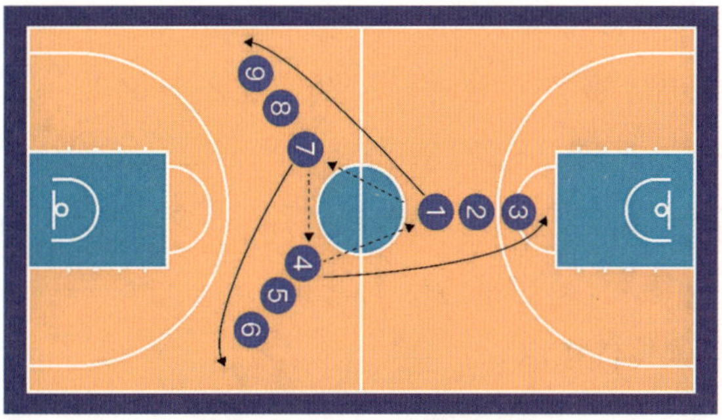

图2-1-32　三角传球

【场地器材】篮球场；篮球。

【练习要求】相互提醒，保证接球人提前做好准备。

【拓展建议】适当增加篮球或人数。

组合练习4：行进间运球+双手胸前传接球

【练习目的】提高运球技术和传球技术的衔接能力。

【练习方法】学生呈两个同心圆站位，内圈和外圈的学生两两对应。练习开始后，外圈的学生先持球绕内圈学生运球，再回到自己位置进行双手胸前传接球。内圈学生接球后，先绕外圈学生运球，再传球。（图2-1-33）

【场地器材】篮球场；篮球。

【练习要求】注意外侧手运球。

【拓展建议】增加跳步急停和跨步急停动作。

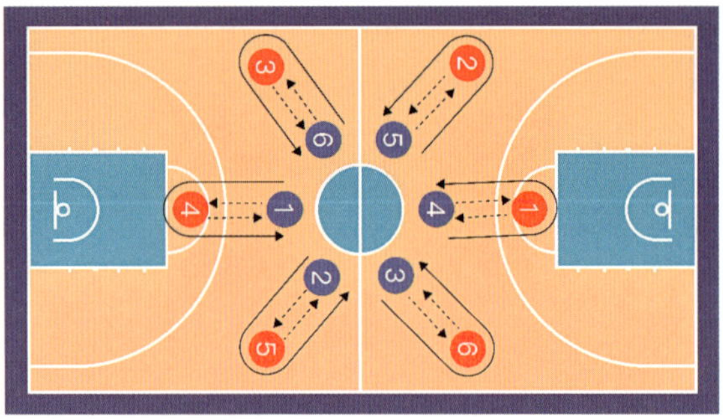

图2-1-33　行进间运动+双手胸前传接球

组合练习5：摆脱接球

【练习目的】提高移动衔接接球能力。

【练习方法】两人一球，在持球学生身后两米左右摆放标志桶，要求传球后快速向后绕标志桶跑动，然后接回传球。多次练习后两人交换。（图2-1-34）

【场地器材】篮球场；篮球；标志桶。

【练习要求】注意传球后快速跑动，接球时呼应要球。

【拓展建议】学生熟练后，两边都增设标志桶。

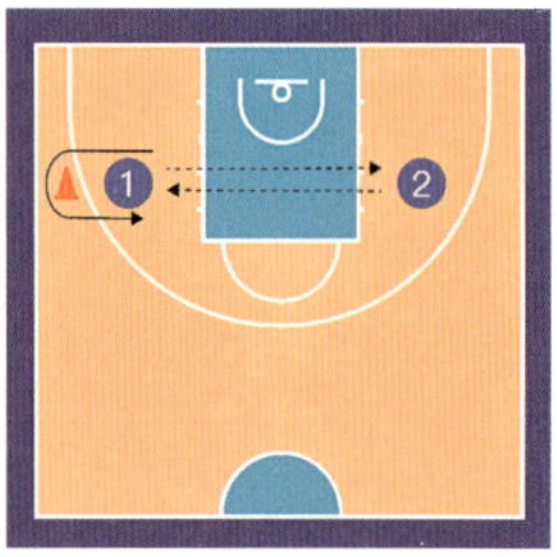

图2-1-34　摆脱接球

组合练习6：移动换位传接球

【练习目的】提高移动衔接传接球能力。

【练习方法】四人一组两球，呈方形站位，并排两人传球后快速横向换位，然后准备接回传球。多次练习后轮换。（图2-1-35）

【场地器材】篮球场；篮球。

【练习要求】强调接球时运用跨步急停动作。

【拓展建议】两边学生传球后均横向移动换位。

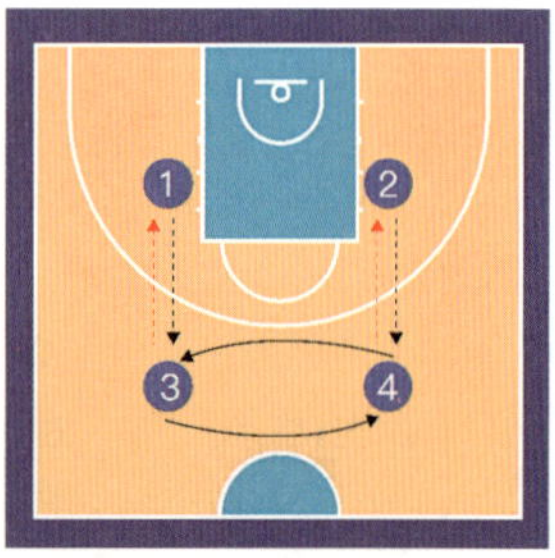

图2-1-35　移动换位传接球

组合练习7：运球急停转身传球

【练习目的】提高运球急停传接球技术衔接能力。

【练习方法】学生分组呈四路面对站立，各组间隔3米左右。每组排头持球，运球至中间急停，转身传至左侧小组。后面同学依次完成练习。（图2-1-36）

【场地器材】篮球场；篮球；标志碟。

【练习要求】传接球时两人要相互呼应，建立联系。

【拓展建议】及时改变传球方向，提高学生应变力。

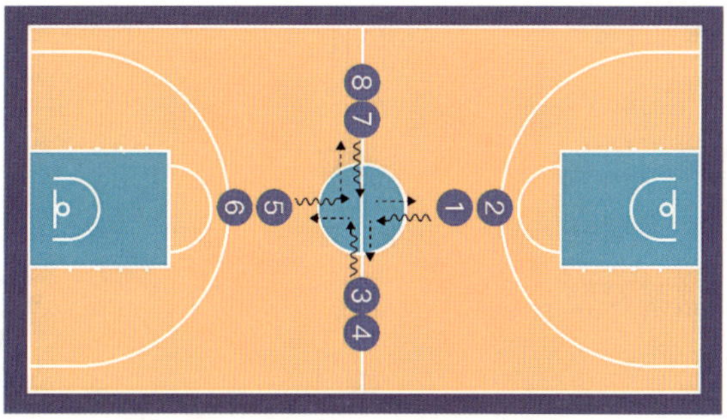

图2-1-36　运球急停转身传球

组合练习8：三人绕“8”字传接球

【练习目的】提高快速传接球能力。

【练习方法】三人一组一球，两人面对站立，间隔3米左右。持球人站在中间，传球至对面后快速跑动绕过对面同伴，此时对面同学快速传球至第三人，中间学生绕过后接第三人回传球，然后快速回传继续呈“8”字形跑动。（图2-1-37）

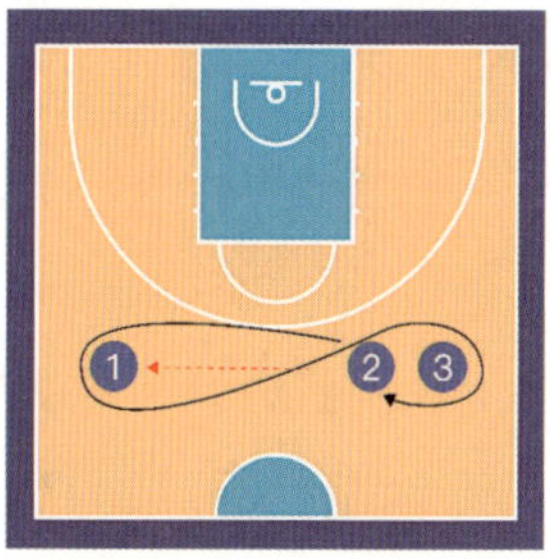

图2-1-37　三人绕“8”字传接球

【场地器材】篮球场；篮球。

【练习要求】传接球时三人要相互提醒呼应，建立联系。

【拓展建议】可以增加传接球距离。

组合练习9：行进间运球急停投篮

【练习目的】巩固投篮动作。

【练习方法】全班每人一球，排成四路纵队，在队伍前面每间隔两米距离摆放标志碟。第一组学生听到哨声后，运球至标志碟跳步急停将球投至头上方，再次听到哨声后继续运球至下一点，同时后面继续出发一组，按序完成。

【场地器材】篮球；标志碟。

【练习要求】手肘朝前，手腕后翻。

【拓展建议】动作熟练后，分组进行运球至篮下近距离投篮练习。

组合练习10：行进间投篮脚步

【练习目的】学习和巩固行进间投篮技术。

【练习方法】①小碎步走，跨出第一步后，第二步起跳。②慢跑中跨出第一步后，第二步起跳。③向前抛球，跨步接球，第二步起跳并举球。④向前直线运球过程中完成行进间收球、起跳和投球配合。

【场地器材】篮球场；篮球。

【练习要求】调整好步法，迈同侧脚时收球。

【拓展建议】提高为迈同侧脚接球上篮。

组合练习11：行进间投篮

【练习目的】学习行进间投篮基本脚步动作。

【练习方法】教师根据学生实际，以右手上篮为例，在行进间投篮的路径上摆放标志碟，明确第一个标志碟是迈左脚运球，第二个标志碟是迈右脚收球，第三个标志碟是迈左脚起跳投篮。（图2-1-38）

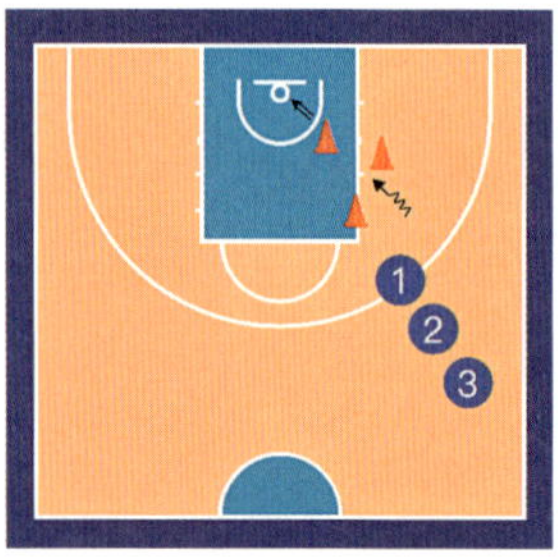

图2-1-38　行进间投篮

【场地器材】篮球场；篮球；标志碟。

【练习要求】完成各标志碟的对应动作。

【拓展建议】根据学生掌握情况，逐步减去标志碟。

组合练习12：收球行进间投篮

【练习目的】练习迈同侧步收球，提高行进间投篮技术。

【练习方法】学生排成纵队，第一位学生传球给老师后，向老师跑动，迈同侧脚收球，然后再迈一步起跳上篮。（图2-1-39）

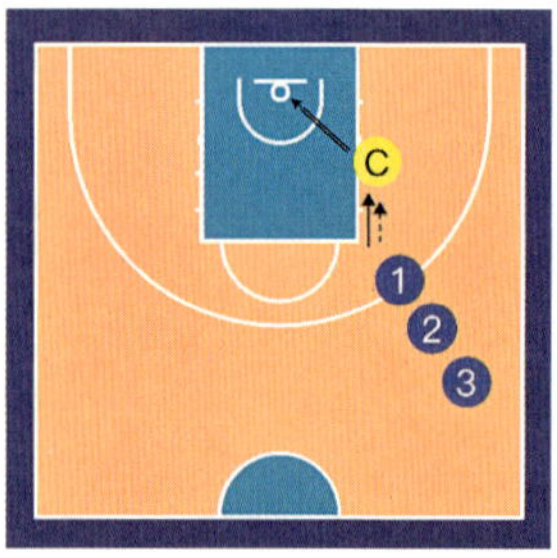

图2-1-39　收球行进间投篮

【场地器材】篮球场；篮球。

【练习要求】调整好步法，迈同侧脚收球。

【拓展建议】提高为迈同侧脚接球上篮。

组合练习13：传接球投篮

【练习目的】提高传接球衔接投篮的技术水平。

【练习方法】学生呈纵队在三分线外准备。老师在罚球线附近接传球后，将球回传至跑到篮下投篮位置的学生。学生接球投篮，自抢篮板后回到队尾。

【场地器材】篮球场；篮球；标志桶。

【练习要求】伸手主动要球，保持规范投篮动作。

【拓展建议】增加多组，安排小组担任传球人，或者采用轮转方式。

组合练习14：接球投篮

【练习目的】提高接球衔接投篮的技术水平。

【练习方法】学生呈两路纵队，分别在底线罚球分位线站位，第一位同学不拿球，其他同学人手一球。练习开始后，不拿球的同学绕合理冲撞区到另一侧接球投篮，拿球学生传球后快速跑动到另一侧继续练习。学生接球投篮，自抢篮板后回到队尾，依次反复。

【场地器材】篮球场；篮球；标志桶。

【练习要求】伸手主动要球，接球跨步急停，双脚面向篮筐。

【拓展建议】根据学生掌握情况，适当调整投篮距离。

三 赛

（一）教学比赛设计思路

本单元主要学习了篮球的传接球及投篮技术。因此，教学比赛的设计应紧扣这两项主要内容进行。教师应充分发挥想象力，创编与传球和投篮相关的游戏，使学生在游戏的情境下进行比赛。同时，可借鉴小篮球比赛规则开展小篮球比赛。

（二）教学比赛方法与组织

1 单个技术比赛方法

单个比赛1：传球抓人

【比赛目的】提高传接球能力，培养协作、竞争意识。

【比赛方法】在篮球场内，学生自由散开。几位学生在中间跑动，其余学生传接球。学生接球后双手持球，去触及跑动人。跑动人若被触及，就视为被抓住，被抓住后接受相应“惩罚”。

【注意事项】接球后可以跨一步去触碰，但不得走步。

【场地器材】篮球场；篮球。

【拓展建议】根据学生参与情况，增加传接的篮球数量。

单个比赛2：传球耍猴

【比赛目的】提高传接球能力，培养竞争意识。

【比赛方法】学生呈圆形站位，左右一臂间隔，设置一位学生负责抢球，传球失误的学生与抢球人互换位置。

【注意事项】只能抢传出来的球。

【场地器材】篮球场；篮球。

【拓展建议】增加抢球人。

单个比赛3：环环相扣

【比赛目的】提高传球能力。

【比赛方法】学生围成一圈，按顺序快速传接球，圆圈外围一名学生快速追球，追拍到持球人视为获胜，然后两人互换。

【注意事项】内圈学生快速传球，掉球亦为失败。

【场地器材】篮球场；篮球。

【拓展建议】外围学生可以通过运球追击。

单个比赛4：原地投篮比赛

【比赛目的】提高投篮能力以及培养竞争意识。

【比赛方法】根据参赛队员实际，在距离篮筐1—2米处划线确定投篮位置，参赛队员在划线后面呈纵队站立，每人手持篮球（或始终保证前三人有球）。比赛开始，第一位队员先开始投篮，投篮后自己抢篮板并到队尾排队。全队依次进行投篮，直到计时停止或者投完规定轮次，进球多者获胜。

【注意事项】保证正确的投篮动作，若参赛人数不均等，可以通过计算平均分决出胜负。

【场地器材】篮球场；篮球。

【拓展建议】适当调整投篮距离。

2 组合技能比赛方法

组合比赛1：直线、“S”形运球换球接力大赛

【比赛目的】提高技术运用能力。

【比赛方法】参赛队员在端线纵队站位（图2-1-40），各队前方中线和地面底线各放置一个呼啦圈，圈内放置篮球。比赛开始后，第一位队员运球至中线，将球放入呼啦圈并更换一个篮球，往前运球至底线，继续更换一个篮球，返回中线再继续更换，运球至队尾后将球手递手交给下一位队友，返回队尾。后面队员以此类推，直到最后一位队员将球递给第一位队员时完成比赛。通过计时的方式，最先完成组获胜。不得出现违例犯规情况，若发生，要求返回发生地。

【注意事项】运球不得违例，必须双手传接球。

图2-1-40　直线、“S”形运球换球接力大赛

【场地器材】篮球场；篮球；呼啦圈。

【拓展建议】可根据比赛精彩程度灵活调整换球距离和参赛人数；可增加绕障碍物换球接力。

组合比赛2：弱防守模式下“耍猴”游戏4传1

【比赛目的】提高控球能力。

【比赛方法】五名队员一组，四名队员手拉手围成圆圈，然后后退两步，一名队员到中间充当“猴子”。外围队员传球，不能让“猴子”碰到球。中间的“猴子”负责抢球，但只能抢传出来的球，如果触及球，就和传球者互换位置。

【注意事项】“猴子”不能抢、打手中的球，只能断传出来的球。

【场地器材】篮球场；篮球。

【拓展建议】增加防守人。

组合比赛3：运球传接球投篮接力赛

【比赛目的】提高控球能力。

【比赛方法】五名队员按照图示站位（图2-1-41）。队员5分别向四周队员传接球（可以结合运球），完成一次出手投篮，抢到篮板球后再将球传给下一位队员。五名队员按照5→1→2→3→4→5的顺序依次轮转换位。两边同时开始，规定时间（5分钟）内，得分多的队伍获胜，或者规定轮次（两轮次），用时短者获胜。

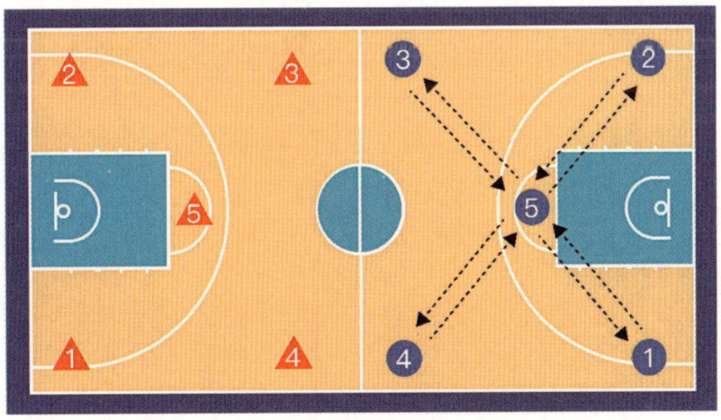

图2-1-41　运球传接球投篮接力赛

【注意事项】比赛不能出现两次运球、走步违例等情况，如果出现则按照扣分或增加时长的方式处理。

【场地器材】篮球场；篮球。

【拓展建议】可以适当调整投篮距离。

四 评

（一）知识技能学习评价

学生能够掌握并运用主要的传接球技术与投篮技术动作方法与要领，能在教师的指导下进行自主练习。

（二）体能素质锻炼评价

学生发展上肢力量，能运用两种发展上肢力量的练习方法。

（三）情感品格培养评价

学生能与同伴保持一周两次练习，能在练习中养成吃苦耐劳、顽强拼搏、积极进取、永不言弃的精神品质。

第二章 | 篮球模块二教学策略

模块二共分为三个单元，建议用30课时左右完成。本模块以篮球基本技术和进攻基础配合学习为主，注重情境式与游戏化设计，对组合技能的要求相对较低，在实施过程中应强调对学生兴趣的培养。

第一节 单元一教学策略

单元目标

1. 知识技能学习目标：学生知晓各种变向运球、投篮及持球突破的技术方法，能模仿做运球变向、投篮及持球突破。
2. 体能素质锻炼目标：学生的灵敏素质、四肢协调性、速度素质得到提高。
3. 情感品格培养目标：学生提升观察能力、判断能力，初具团队意识。

一 学

（一）单元学习内容

1 体前变向换手运球

以右手运球为例，运球队员从对手右侧突破时，先向防守左侧做变向运球的假动作。当对手向左侧移动堵截时，运球队员突然按拍球的右后上方，使球经自己体前右侧反弹至左侧前方，然后右脚向左前方跨出，上体向左转，侧肩挡住对手，同时换左手按拍球的后上方，左脚跨出并用力蹬地加速，从对手的右侧突破。

动作要点：变向时，重心降低，转体探肩，蹬跨突然有力，换手后加速运球。

2 后转身变向运球

以右手运球为例，变向时，使左脚在前为轴，左后转身的同时，右手将球拉至身体的后侧方，并按拍球落在身体的外侧方，然后换左手运球，加速前进。（图2-2-1）

动作要点：转身前最后一次运球需用力，快速转身，重心保持稳定。

图2-2-1　后转身变向运球

③ 背后变向运球

右手运球从背后换左手时，右脚前跨，右手将球拉到右侧身后，迅速转腕按拍球的右后方，使球从背后反弹至左侧前方，左脚同时向左前方跨步，换左手运球加速前进。（图2-2-2）

动作要点：按拍球正确，跨步要及时，另一侧手需主动接触球。

图2-2-2　背后变向运球

④ 持球交叉步突破

以左脚做中枢脚为例，突破时，右脚以刺探步的动作向前方跨出半步，做向右突破的假动作。当对手重心向左移动时，右脚前脚掌内侧迅速蹬地，向对手右侧跨出一大步，同时上体左转探肩，贴近对手；将球移至左手，向右脚右斜前方推放球，左脚迅速蹬地跨步，加速超越对手。（图2-2-3）

动作要点：假动作逼真，蹬跨有力，放球后需加速向前。

图2-2-3　持球交叉步突破

❺ 持球同侧步突破

以左脚做中枢脚为例，突破时，左脚内侧蹬地，右脚迅速向对手左侧跨出一大步，然后向右侧转体探肩，重心前移，将球移至右手并推放球于右脚斜前方，用身体和左手手臂保护球，左脚迅速跨步抢位，加速超越对手。（图2-2-4）

动作要点：启动要突然，跨步大而迅速，避免走步违例。

图2-2-4　持球同侧步突破

（二）单元学习方法

观察示范动作的方法：教师在示范动作之前，先告诉学生如何观察运球变向及持球突破技术动作，并强调重点观察教师按拍球的部位，明确各种动作方法和动作顺序。

体验感知动作的方法：教师组织学生进行动作模仿和体验，注重让学生体验变向运球及持球突破动作方法。

二 练

（一）练习方法设计思路

本单元练习方法的设计应遵循先原地后行进间、先无人防守后有人防守的顺序进行。教师可发挥想象力，在球场上设置各种障碍物，要求学生按照固定的变向方式进行变向运球。

（二）练习方法与组织

❶ 单个技术练习

单个练习1：曲线运球

【练习目的】提高体前换手变向运球的能力。

【练习方法】全场曲线变向运球练习。（图2-2-5）

图2-2-5　曲线运球

【场地器材】篮球场；一人一球。

【练习要求】变向运球要突然，变向后需急加速。

【拓展建议】结合行进间投篮一同练习。

单个练习2：绕障碍物后转身或背后变向运球

【练习目的】提高后转身及背后变向运球的能力。

【练习方法】按图示路线到障碍物后做后转身或背后换手运球，加速继续前进，至对面篮筐后，从另一侧返回。（图2-2-6）

图2-2-6　绕障碍物后转身或背后变向运球

【场地器材】篮球场；一人一球。

【练习要求】变向运球要突然，变向后需急加速。

【拓展建议】结合行进间投篮一同练习。

单个练习3：运球对抗

【练习目的】在对抗情况下，提高体前、后转身及背后换手变向运球的能力。

【练习方法】两人一组，进行一对一全场攻防练习。（图2-2-7）

图2-2-7　运球对抗

【场地器材】篮球场；两人一球。

【练习要求】防守者在练习初期应采用消极防守，配合运球队员进行练习；后期可逐渐变为积极防守，真攻真守。

【拓展建议】运球至前场后需攻击篮筐。

单个练习4：自抛自接持球突破

【练习目的】提高持球突破技术的运用能力。

【练习方法】队员自抛自接，沿着端线、边线进行持球突破练习。

【场地器材】篮球场；每人一球。

【练习要求】队员应把握好抛球高度与距离，接球时确定好中枢脚，防止突破时走步。

【拓展建议】加入防守队员。

单个练习5：两人传接持球连续突破（纵向）

【练习目的】提高持球突破技术的运用能力。

【练习方法】两人一组，相向而立，从端线出发。一名队员将球传于同伴，随即上前接同伴的传球做持球突破，运球2—3次后，转身将球传于前来接球的同伴。同伴做持球突破后，随即转身继续传球。依次往复，直至对面端线。（图2-2-8）

图2-2-8 两人传接持球连续突破（纵向）

【场地器材】篮球场；两人一球。

【练习要求】持球突破队员应待同伴接到球后再向其移动接球，接球时确定好中枢脚，防止突破时走步。

【拓展建议】队员在传球后对持球突破同伴进行防守。

单个练习6：两人传接持球连续突破（横向）

【练习目的】提高持球突破技术的运用能力。

【练习方法】两人一组，间隔5米侧向而立。练习开始时，持球队员向同伴的前方突破运球，同伴从其身后向对角线位置移动。随后持球突破队员将球传于同伴，同伴接球后做持球突破，沿对角线位置进行运球，依次往复直至对面端线。（图2-2-9）

图2-2-9 两人传接持球连续突破（横向）

【场地器材】篮球场；两人一球。

【练习要求】传球需到位，持球突破时要确认好中枢脚及其方位，防止走步。

【拓展建议】队员在传球后对持球突破同伴进行防守。

❷ 组合技术练习

组合练习1：传接球—变向运球—上篮

【练习目的】提高传接球—变向运球—上篮组合技术的运用能力。

【练习方法】队员将球传于教师后，接其回传球进行变向运球，随后上篮，从另一侧返回队尾继续练习。（图2-2-10）

图2-2-10　传接球—变向运球—上篮

【场地器材】篮球场；篮球。

【练习要求】传接球动作要正确，变向运球要突然，上篮要上进。

【拓展建议】尝试增加障碍物。

组合练习2：全场传接球—变向运球—上篮

【练习目的】提高传接球—变向运球—上篮组合技术的运用能力。

【练习方法】队员按照图示位置进行全场的运球变向及上篮练习，上篮后将球传于下一位队员。（图2-2-11）

图2-2-11　全场传接球—变向运球—上篮

【场地器材】篮球场；篮球。

【练习要求】传接球动作要正确，变向运球要突然，上篮要上进。

【拓展建议】尝试增加障碍物。

组合练习3：二攻二全场运球对抗

【练习目的】提高在对抗情况下运球变向的能力。

【练习方法】两人一组，从端线出发进行二攻二，至对面篮筐得分或防守成功结束。

【场地器材】篮球场；篮球。

【练习要求】每名队员必须在触球后至少进行一次运球变向，方可将球传给同伴，过中线后可自由进行攻击。

【拓展建议】规定进入前场的时间和进攻的时间。

组合练习4：传接球—持球突破—上篮

【练习目的】提高传接球—持球突破—上篮组合技术的运用能力。

【练习方法】每人一球，站于三分线位置，将球传于教师，接教师的回传球后做持球突破，随即上篮并从另一侧返回。（图2-2-12）

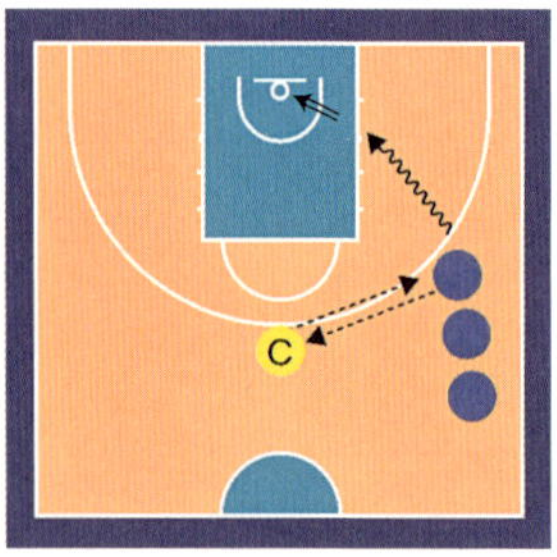

图2-2-12　传接球—持球突破—上篮

【场地器材】篮球场；篮球。

【练习要求】突破前要做出假动作，上篮需上进。

【拓展建议】改变投篮方式，如行进间高手投篮、抛投等。

组合练习5：传接球—持球突破—变向运球—上篮

【练习目的】提高传接球-持球突破-变向运球-上篮组合技术的运用能力。

【练习方法】每人一球，站于三分线位置，将球传于教师，接教师的回传球后做持球突破，遇障碍物后变向运球，随即上篮并从另一侧返回。（图2-2-13）

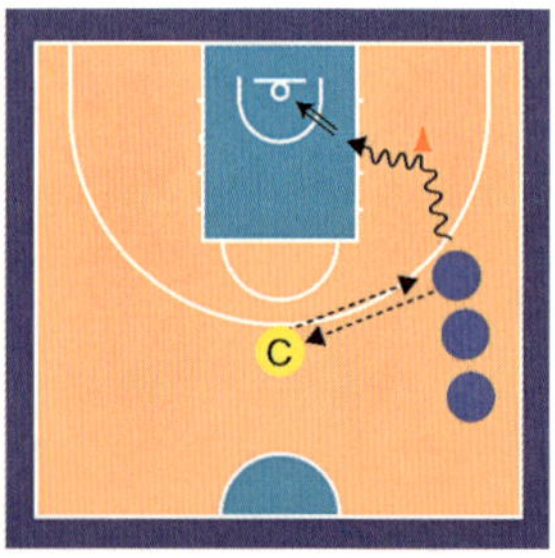

图2-2-13　传接球—持球突破—变向运球—上篮

【场地器材】篮球场；篮球。

【练习要求】突破前要做出假动作，变向运球要迅速，上篮需上进。

【拓展建议】改变投篮方式，如行进间高手投篮、抛投等。

组合练习6：传接球—持球突破—变向运球—上篮（无教师）

【练习目的】提高传接球—持球突破—变向运球—上篮组合技术的运用能力。

【练习方法】队员按照图示位置站位，将球依次从篮下传到持球突破队员手中。队员持球突破后，遇障碍物迅速变向运球，随后完成上篮。后续队员依次进行练习。（图2-2-14）

【场地器材】篮球场；篮球。

【练习要求】突破前要做出假动作，变向运球要迅速，上篮需上进。

【拓展建议】改变投篮方式，如行进间高手投篮、抛投等。

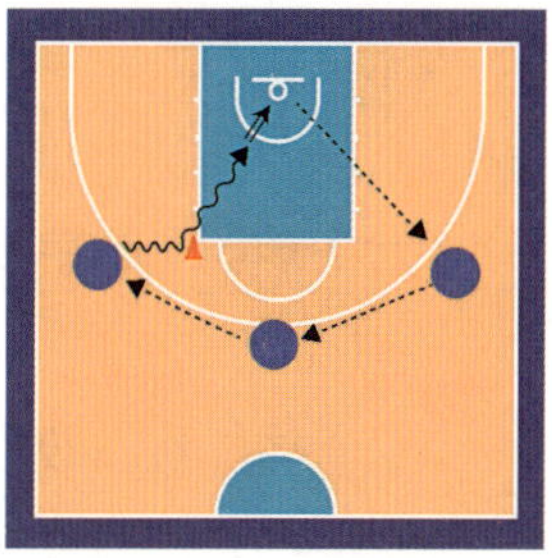

图2-2-14　传接球—持球突破—变向运球—上篮（无教师）

三 赛

（一）教学比赛设计思路

本单元主要学习篮球运动中的变向运球及突破技术。在进行教学比赛时，教师应有意识地将这两项技术重点融入比赛过程中，设置固定线路供学生进行变向运球及突破，以完成时间来确定比赛的胜负。

（二）教学比赛方法与组织

① 单个技术比赛方法

单个比赛：全场变向运球比赛

【比赛目的】提高变向运球的运用能力。

【比赛方法】教师将学生按照其基础水平平均分成若干组进行比赛。比赛时，组内成员依次在端线之间运球，遇障碍物变向，至对面端线后返回。下一名同伴随即出发。

【注意事项】需按规定的变向方式进行变向，返回时要与下一名同伴击掌。

【场地器材】篮球场；篮球。

【拓展建议】加入投篮等技术。

② 组合技能比赛方法

组合比赛：全场变向运球—传接球—上篮比赛

【比赛目的】提高变向运球、传接球及投篮技术的运用能力。

【比赛方法】教师将学生按照其基础水平平均分成若干组进行比赛。比赛时，组内成员听口令从中线出发，遇障碍物变向，至对面篮筐上篮，随即按原路线返回，至三分线时将球传于下一名同伴，然后接同伴的回传球上篮，自投自抢。下一名同伴随即出发，完成同样比赛。用时最少组获胜。

【注意事项】需按规定的变向方式进行变向，返回完成上篮时要与下一名同伴击掌。

【场地器材】篮球场；篮球。

【拓展建议】使用其他投篮方式。

四 评

（一）知识技能学习评价

学生能够掌握并运用主要的变向运球技术动作方法与要领。

（二）体能素质锻炼评价

学生提升手脚协调性，能运用两种发展身体协调性的练习方法，熟知该单元对各种变向运球技术的要求及评分标准。

（三）情感品格培养评价

学生能以饱满的精神参与学习，能在练习中相互激励和协助，从而体会合作的价值。

第二节　单元二教学策略

单元目标

1. 知识技能学习目标：学生了解各种防守技术动作方法并能模仿做出相应动作。
2. 体能素质锻炼目标：学生的灵敏素质、四肢协调性、速度素质得到提高。
3. 情感品格培养目标：通过三对三比赛，学生提高观察能力、判断能力、竞争意识，进一步增强团队合作能力。

一 学

（一）单元学习内容

1 防投篮

防投篮时，防守者要站在对手与球篮之间，采用斜步防守，同对手保持一臂的距离。防守者要全神贯注，注意对手眼神和重心位置的变化，判断对手的进攻意图。当对手举球准备投篮时，防守者应随之靠近并将前伸的手臂上扬，手掌对球；当对手投篮刚出手，防守者要及时起跳，伸直手臂封盖球，干扰其投篮弧度。（图2-2-15）

2 防突破

防对手持球突破时，要根据对手习惯、技术特点等采取相应对策。如果对手以左脚为中枢脚，用交叉步从防守者的右侧突破时，防守者可稍偏于对手的左侧站立，以右脚在前的斜步防守堵住其左侧脚，与前脚同侧的手臂前伸指向球的部位，并伺机以小臂和

图2-2-15　防投篮

图2-2-16　防突破

手的短促动作挑打球，另一手侧伸，防对手突破。（图2-2-16）

③ 防运球

防运球时应遵循两条原则：一是堵中路迫使对手向边、角运球；二是堵对手强手迫使其使用弱手运球。应采取平步防守姿势，当对手开始运球时，防守者应将视线集中于对手运球的手和球上，并抢先快速向运球方向滑动，以身体的躯干对着球的着地点，阻止对手从中路运球突破。（图2-2-17）

图2-2-17　防运球

④ 防传球

防守时要根据对手位置和视线，判断其传球意图。防守球员上前贴近对手，挥动手臂封堵其传球，最好将球打掉或干扰其传球的路线、速度和落点，或迫使其向攻击威胁弱的位置传球。（图2-2-18）

图2-2-18　防传球

⑤ 防摆脱

防守球员要根据对手所处的位置不断调整自己的防守位置和距离，始终在自己的视野范围内注意球的动向和对手的动向，防止对手摆脱防守进入有威胁的区域或接球进攻。（图2-2-19）

图2-2-19 防摆脱

❻ 断球

重心迅速向断球方向移动，以短而快的助跑，单脚或双脚用力蹬地跃出，身体伸展，两臂前伸，用双手或单手将球截获。（图2-2-20）

图2-2-20 断球

❼ 抢进攻篮板球

抢进攻篮板球时，处在近篮区的进攻队员首先应预判球的反弹方向和飞行路线，然后先向相反方向的侧前方跨步，做身体虚晃的假动作，诱开身前的防守队员，利用绕跨步挤到对手的前面或侧前面，抢占有利位置，借助跨步或助跑起跳，至最高点补篮或抢篮板球。落地时，两臂弯曲，重心放在两脚之间，两肘外展将球持于胸腹之间。

动作要点：预判要准，注意冲抢。

❽ 抢防守篮板球

抢防守篮板球时，应注意对手的动作，并根据当时与进攻队员所处的相对位置和距离的远近，运用上步、撤步和转身抢占有利位置，把进攻队员挡在身后，同时还要判断球的落点准备起跳。起跳时，前脚掌用力蹬地，提腰向上摆臂，同时手向球的方向伸展。落地时应保持身体平衡，侧对前场，将球置于胸腹之间或头上以便传、运等。（图2-2-21）

动作要点：预判要准，注意挡抢。

图2-2-21 抢篮板球

（二）单元学习方法

观察示范动作的方法：教师在示范动作之前，先告诉学生如何观察防守有球及无球技术动作，并强调重点观察教师的脚步及手臂动作，明确各种动作方法和顺序。

体验感知动作的方法：教师组织学生进行动作模仿和体验，注重让学生体验防守有球及无球动作的方法。

二 练

（一）练习方法设计思路

本单元主要学习了篮球运动的防守技术。教师可采用情境性的练习方法设计思路，在练习初期要求进攻队员放松警惕，鼓励防守队员利用各种技术进行逼抢，要求采用正确的动作方法且不能出现过于凶猛的犯规动作。防守队员待熟练防守技术和技巧后，再进行正常对抗强度下的练习。

（二）练习方法与组织

练习1：一攻一守脚步移动

【练习目的】提高防守脚步移动能力。

【练习方法】两人一组，一攻一守，相距2—3米。进攻队员抛接球，防守队员迅速逼近对手，进攻者向左右运球突破，防守者做横向滑步阻截；防守队员还可逐步接近对手，运用撤步、滑步等阻截对手的突破。

【场地器材】篮球场；两人一球。

【练习要求】防守队员要判断准确、反应敏捷、移动快速。

【拓展建议】增加一同练习的人数或要求攻击篮筐。

练习2：全场一攻一守

【练习目的】提高对持球人的防守能力。

【练习方法】两人一组，一攻一守。进攻队员运球突破，防守队员运用各种防守步法积极移动，保持有利防守位置并伺机抢球。一旦防守队员被突破，要迅速运用撤步、交叉步跑追防，力争重新占据合理防守位置。

【场地器材】篮球场；两人一球。

【练习要求】防守队员应始终与进攻队员保持一臂距离，遵循堵中路、防近球区手的原则。

【拓展建议】增加人数，如二攻二。

练习3：防投篮

【练习目的】提高防守投篮的能力。

【练习方法】两人一组，用一球。进攻者距篮筐4米处。防守者将球传于进攻者后，立即上前进行防守。进攻者可做投突结合动作、运一次球投篮等。防守者练习防投篮动作。

【场地器材】篮球场；两人一球。

【练习要求】防守者保持正确位置，判断对手起跳投篮出手的时机，迅速做出封盖行动。

【拓展建议】增加人数，如二攻二。

练习4：防突破—投篮

【练习目的】提高防守技术的运用能力。

【练习方法】学生呈一路纵队，站在罚球线延长线以外。队员②用地滚球或击地球的方式将球传给队员①，随即上前进行防守。队员①接球后做投、突假动作，然后从左或右突破或突破急停跳投。防守者全力防守。队员①自投自抢，将球传于下一名队员后立即防守。防守者至队尾，依次交换练习。（图2-2-22）

图2-2-22　防突破—投篮

【场地器材】篮球场；篮球。

【练习要求】防守突破和投篮时，要尽快熟悉对手的进攻套路和习惯动作。

【拓展建议】要求必须防守成功，如果不成功，则继续防守。

练习5：移动选位

【练习目的】提高无球防守时的选位能力。

【练习方法】球在进攻队员①与②之间传递。①或②接球后都要做投篮和持球突破假动作，然后将球传出。防守者要针对对手有球和无球情况，及时移动选位，做出相应防守动作。连续数次后，攻守交换。（图2-2-23）

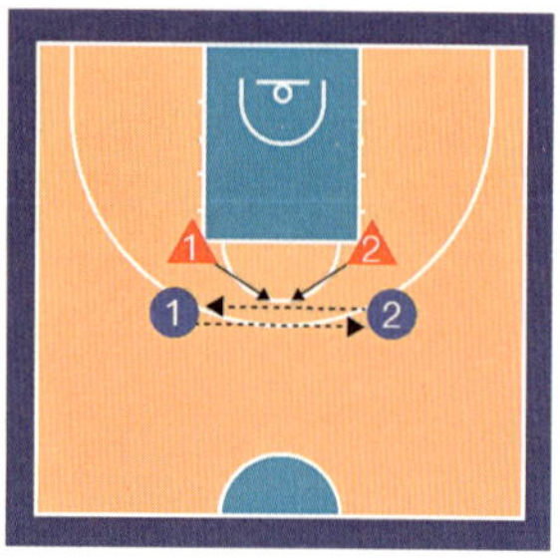

图2-2-23　移动选位

【场地器材】篮球场；篮球。

【练习要求】练习时要集中注意力，当对手接到球后，防守者要及时到位，当球传出后应立即向球和球篮方向移动，做到人球兼顾。

【拓展建议】增加人数，如三防三。

练习6：近球区、远球区防守

【练习目的】提高远球区防守能力。

【练习方法】进攻队员在外围传球，可做摆脱接球动作。防守队员根据球的位置做相应选位，积极防守摆脱移动。练习数次后，攻守转换。（图2-2-24）

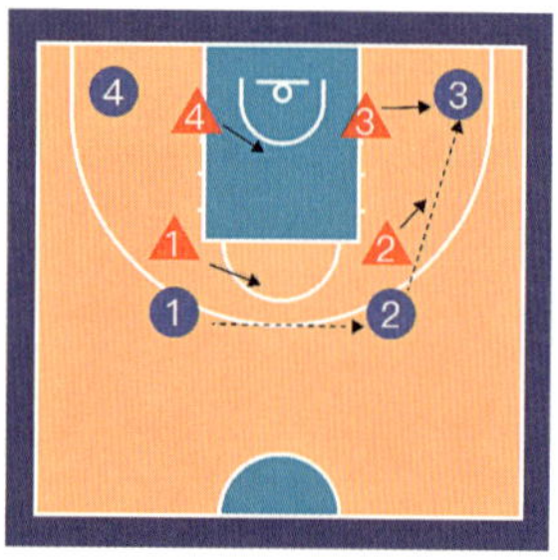

图2-2-24　近球区、远球区防守

【场地器材】篮球场；篮球。

【练习要求】根据球的情况随时调整防守位置，始终做到人球兼顾，保持正确的防守姿势。

【拓展建议】进攻时，要求防守方必须防守成功。

练习7：四人断球

【练习目的】体会断球动作，提高断球能力。

【练习方法】两人传球，另两人在侧面或后面练习断球，体会从不同方向断球的步法和手臂动作。数次后，攻守交换练习。

【场地器材】篮球场；四人一球。

【练习要求】开始练习时，传球人距离稍远，传球速度稍慢，随后缩短距离，加大传球速度，提高练习难度。

【拓展建议】练习一定次数后，进行二攻二。

练习8：挡抢篮板球

【练习目的】体会挡人，提高抢防守篮板的能力。

【练习方法】学生在球篮两侧45度角呈纵队站立，排头学生背对球篮。练习时，教师向篮板投掷球，排头学生迅速转身，挡人起跳抢篮板球，抢到后将球传给教师，随即站到各自队尾。（图2-2-25）

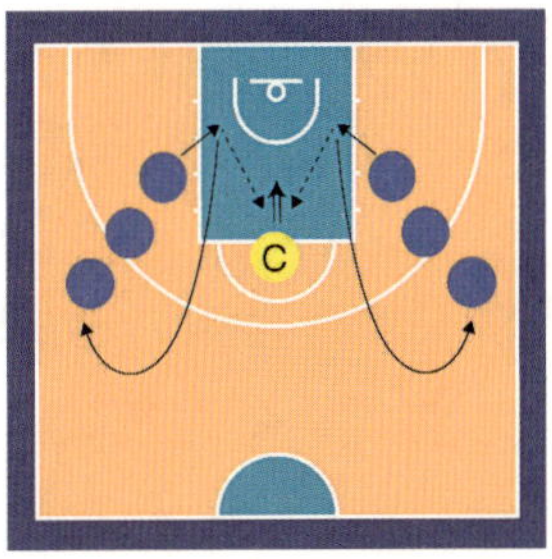

图2-2-25　挡抢篮板球

【场地器材】篮球场；篮球。

【练习要求】抢防守篮板时应先挡人。

【拓展建议】教师可延长投掷球的距离或变换位置。

练习9：冲抢篮板球

【练习目的】体会冲抢篮板球，提高抢进攻篮板的能力。

【练习方法】学生在球篮一侧45度角距球篮约5米处呈一路纵队站立。教师在篮筐另一侧向篮板投掷球。排头学生冲到篮下，单脚起跳空中抢球，落地后再投一次篮，投篮后原地起跳抢篮板球，将球回传给教师，然后站到队尾。依次练习。（图2-2-26）

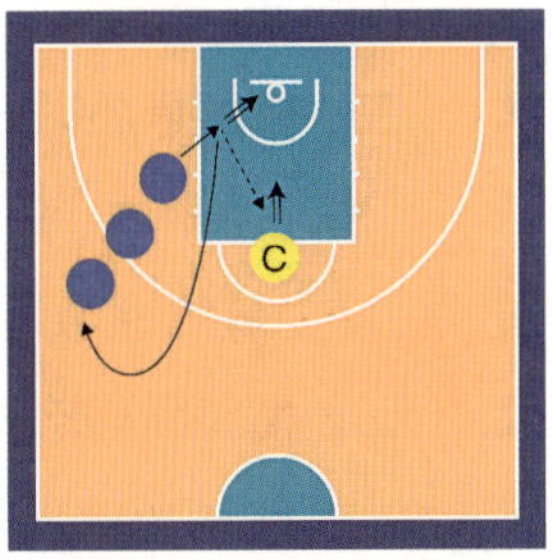

图2-2-26　冲抢篮板球

三　赛

（一）教学比赛设计思路

本单元主要学习篮球的防守技术和抢篮板球技术。学习从准备姿势与移动练习开始，要求学生掌握基本的防守脚步和手部动作后，再一步一步由易到难地进行技术练习。比赛主要是对防守技术和抢篮板球技术的测试。

（二）教学比赛方法与组织

比赛1：半场二对二比赛

【比赛目的】提高本单元所学技术的运用能力。

【比赛方法】教师将学生按照其基础水平平均分成若干组进行比赛。进三球的队伍胜，留在场上继续比赛。

【注意事项】需按篮球比赛规则进行，防守中应避免无谓的犯规。

【场地器材】篮球场；篮球。

【拓展建议】增加防守方人数。

比赛2：半场三对三比赛

【比赛目的】提高本单元所学技术的运用能力。

【比赛方法】教师将学生按照其基础水平平均分成若干组进行比赛，一球定胜负。防守失败的球队留在场上一直参与比赛，直至防守成功。随后攻防转换，新上的队伍进攻，防守成功的球队排至队尾，等待下一次比赛。

【注意事项】需按篮球比赛规则进行，防守中应避免无谓的犯规。

【场地器材】篮球场；篮球。

【拓展建议】增加比赛人数，如四对四。

四 评

（一）知识技能学习评价

学生能够掌握并运用主要的防守技术和抢篮板球技术动作方法与要领。

（二）体能素质锻炼评价

学生能用身体感知对手身体的移动，提高判断力、反应速度、敏捷性，能运用两种发展下肢力量的练习方法。

（三）情感品格培养评价

学生能以积极的态度投入到学习中，在练习和比赛中养成乐于承担“脏活”“累活”的意愿和习惯，体会到防守成功的喜悦。

第三节 单元三教学策略

单元目标

1. 知识技能学习目标：学生知晓掩护与防守掩护配合的方法，能做出相应的掩护配合。
2. 体能素质锻炼目标：学生的灵敏素质、四肢协调性、速度素质得到提升。
3. 情感品格培养目标：通过三对三比赛，学生提高观察能力、判断能力、竞争意识，强化团队合作精神。

一 学

（一）单元学习内容

❶ 掩护配合

掩护配合是指进攻队员选择正确的位置，借用自己的身体使用合理的技术动作挡住同伴防守者的移动路线，使同伴借以摆脱防守，获得接球投篮或其他进攻机会的一种配合方法。掩护的方式、种类众多，本单元以最常见的侧掩护为例进行论述。

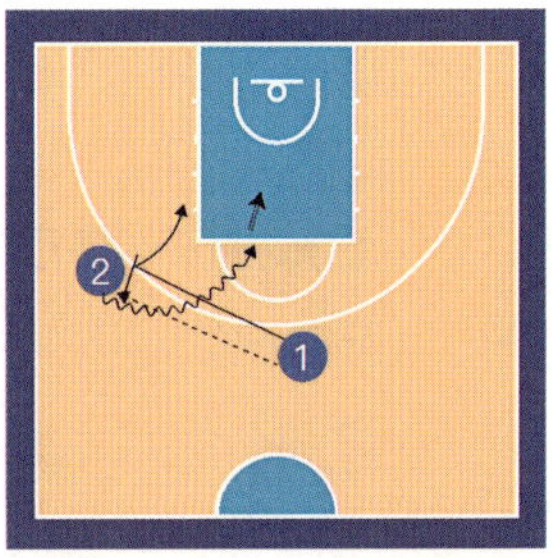

图2-2-27　侧掩护配合

侧掩护是掩护队员站在同伴防守者的侧面进行掩护配合的方法。如图2-2-27所示，队员①传球给②后，移动至防守②的队员身体左侧做侧掩护，②接球后向右突破。当①的掩护到位时，②立即从①左侧贴着其身体运球突破上篮。①则立刻转身挡人，然后切向篮下抢篮板球或接球投篮。

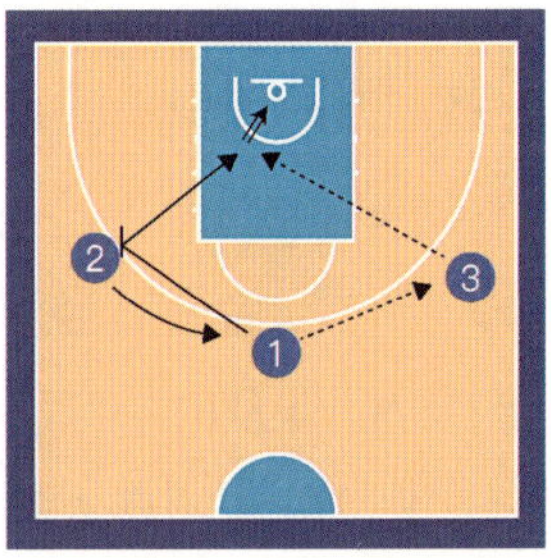

图2-2-28　无球掩护配合

无球队员之间进行掩护时，如图2-2-28所示，①传给③后向传球的反方向移动，给②做掩护。②先向篮下做压切动作，随后突然靠近移动过来的①，借其掩护移动至弧顶。①掩护后转身切入篮下，接②的传球投篮。

掩护配合的基本要求：

（1）掩护者应选择正确的掩护位置和动作。掩护发生的一刹那，掩护队员身体要保持静止，在被掩护者的视野范围内可无限接近对方，此时两脚平行开立，两膝微屈，上体稍向前倾，两臂屈肘放于体侧或交叉放于胸前。

（2）被掩护的进攻队员应以各种进攻动作吸引对方的注意力，隐藏掩护意图。掩护时，被掩护队员身体要靠近掩护者，以防对方挤过。当对方换防时，掩护者应立即转身跟进，参与进攻。

（3）掩护时，同伴之间应掌握好配合时机，根据防守变化，组织中投、突破或内线进攻。

❷ 传切配合

传切配合是指队员之间利用传球和移动切入技术所组成的简单配合。一传一切是指持球队员传球后，利用起动速度或假动作摆脱防守，向篮下切入接回传球投篮的配合；空切配合则是指无球队员掌握时机摆脱对手，切向防守空隙区接球投篮或做其他进攻配合的方法。

传切配合的基本要求：

（1）必须有一定的配合空间及合理的切入路线。

（2）切入队员抓住防守队员选位不及时或注意力分散的空隙，快速起动或利用假动作摆脱对手。

（3）传球队员动作要隐蔽、及时且准确。

③ 挤过配合

挤过配合是指对方进行掩护时，防守队员在掩护队员接近自己的一刹那，迅速抢前横跨一步贴近自己的对手，并从两个进攻队员之间侧身挤过去，继续防守自己对手的配合方法。

挤过配合的基本要求：

（1）不要过早暴露挤过配合的意图，以防止对方反向切入。

（2）在两个进攻队员身体靠近之前，果断抢步贴近对手，快速侧身挤过。

（3）防守掩护者的队员应站在能够兼顾防守两个进攻队员的位置上，及时提醒同伴注意对方的掩护意图，做好可能换防的准备。

④ 穿过配合

穿过配合是指当对方进行掩护时，防守掩护者的队员及时提醒同伴，并主动后撤一步，让同伴及时从自己和掩护队员之间穿过去，继续防守自己对手的配合方法。

穿过配合的基本要求：

（1）防掩护队员要及时提醒同伴，并主动后撤一步，选好位置，留出让同伴穿过的通路。

（2）当对方掩护时，防守被掩护者的队员要撤步侧身，避开掩护队员及时穿过。

⑤ 交换配合

交换配合是指进攻队员做掩护配合时，防守掩护者的队员与防守被掩护者的队员及时主动地交换自己防守对象的配合方法。

交换配合的基本要求：

（1）防守掩护者的队员应及时发出信号提醒同伴，相互换防堵截进攻队员的攻击路线。

（2）防守被掩护者的队员应及时撤步，在掩护队员转身切入前抢占有利的防守位置。

⑥ 补防配合

补防配合是指防守队员被对手突破或出现漏防时，邻近的同伴大胆地放弃自己的对手，及时快速地进行补漏防守的一种配合方法。

补防配合的基本要求：

（1）防守队员应全面观察和判断场上出现的漏防情况，补防时应果断、迅速地抢占有利位置，避免犯规。

（2）被对手突破的防守队员应快速向补防队员方向移动，并观察对方的传球意图，争取抢断。

（二）单元学习方法

观察示范动作的方法：教师在示范动作之前，先告诉学生如何观察进攻及防守基础配合，并强调重点观察教师的身体动作及移动路线，明确各种动作方法及标准。

体验感知动作的方法：教师组织学生进行动作模仿和体验，注重让学生体验进攻及防守基础配合的方法。

二 练

（一）练习方法设计思路

本单元的练习设计应以组合技术、战术配合为主。练习进攻基础配合时，应先进行无人防守的练习，后进行有人防守甚至强对抗防守的练习；在练习防守基础配合时，应大胆运用脚步移动技术，注意同伴间的沟通与呼应。进攻队员对其进行适应性配合练习。

（二）练习方法与组织

练习1：掩护（无球）

【练习目的】提高掩护配合的运用能力。

【练习方法】练习者分成左右两组，标志物表示固定防守队员。右侧队员给左侧队员做掩护；左侧队员贴近右侧队员的身体从右侧切入；右侧队员随即转身跟进。剩下球员依次练习。（图2-2-29）

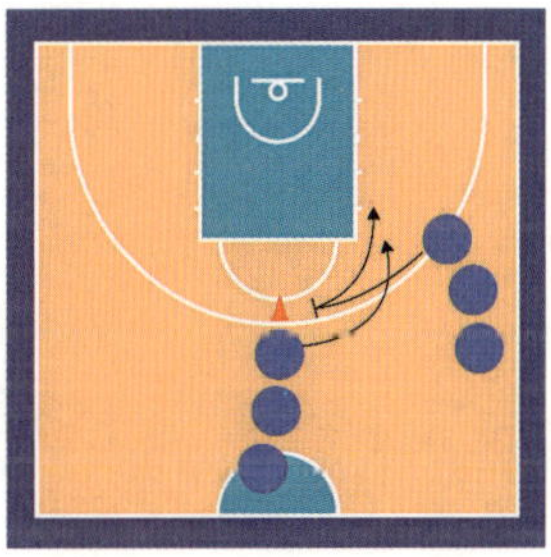

图2-2-29 掩护（无球）

【场地器材】篮球场；两人一球。

【练习要求】保持正确的掩护动作，掩护者与被掩护者两肩并紧，不留空隙。

【拓展建议】持球人遇掩护后投篮；从左侧进行掩护。

练习2：掩护（有球）

【练习目的】提高掩护配合的运用能力。

【练习方法】练习者分成左右两组，标志物表示固定防守队员。右侧队员给左侧队员做掩护。左侧队员贴近右侧队员的身体从右侧运球切入，或自己投篮或传给左侧跟进队员完成进攻。剩下球员依次练习。（图2-2-30）

图2-2-30 掩护（有球）

【场地器材】篮球场；两人一球。

【练习要求】保持正确的掩护动作，掩护者与被掩护者两肩并紧，不留空隙。

【拓展建议】持球人遇掩护后突破上篮；从左侧进行掩护。

练习3：无球队员掩护配合

【练习目的】提高无球队员的掩护配合能力。

【练习方法】中间球员将球传给右侧球员后，反方向移动给左侧球员进行掩护。左侧球员借掩护横切；掩护者转身切入篮下；右侧球员可将球传于任意一名队员投篮。抢得篮板后，三人顺时针移动至下一位置，依次练习。（图2-2-31）

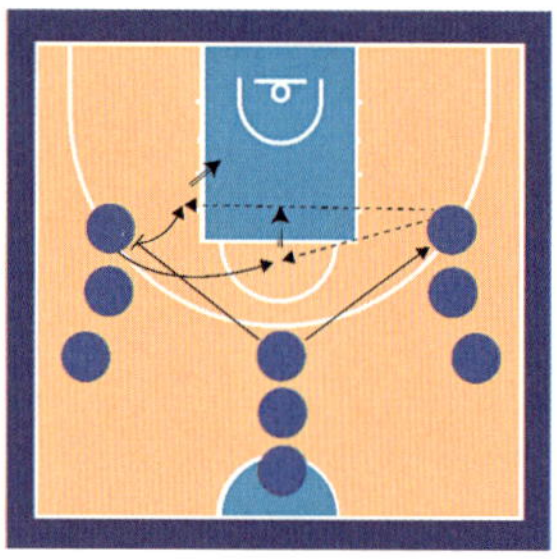

图2-2-31 无球队员掩护配合

【场地器材】篮球场；三人一球。

【练习要求】保持正确的掩护动作，掩护者与被掩护者两肩并紧，不留空隙。

【拓展建议】从右侧进行掩护。

练习4：两人传切配合（不投篮）

【练习目的】提高传切配合的运用能力。

【练习方法】练习者分成两组。中路球员传给右侧同伴后，做假动作向左侧切入，然后变向从右侧切入。右侧球员接球后，将球传于中路的下一名同伴，自己则向底线做假动作，然后变向从左侧横切。（图2-2-32）

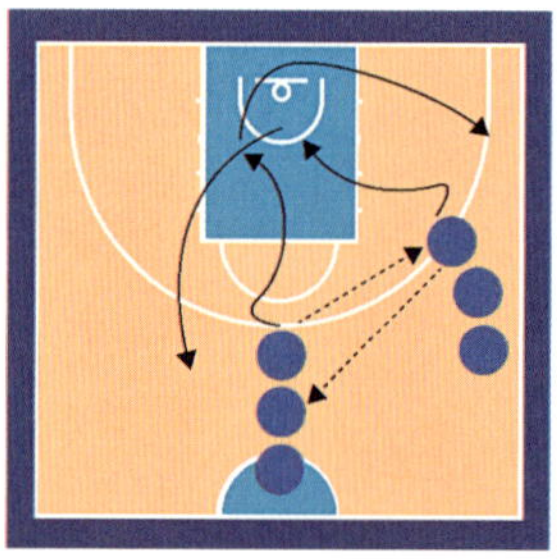

图2-2-32 两人传切配合（不投篮）

【场地器材】篮球场；篮球。

【练习要求】假动作要逼真，变向切入动作迅速，侧身看球。

【拓展建议】从左侧进行。

练习5：两人传切配合（投篮）

【练习目的】提高传切配合的运用能力。

【练习方法】练习者分成两组。中路球员传给右侧同伴后，做假动作向左侧切入，然后变向从右侧切入，接右侧同伴的回传球上篮。右侧同伴跟进抢篮板后，两人交换位置，依次练习。（图2-2-33）

图2-2-33 两人传切配合（投篮）

【场地器材】篮球场；篮球。

【练习要求】假动作要逼真，变向切入动作迅速，侧身看球。

【拓展建议】从左侧进行。

练习6：三人两球传切配合

【练习目的】提高传切配合的运用能力。

【练习方法】中路球员传球给左侧同伴后反方向切入，接右侧同伴的球投篮。右侧同伴随后向中路横切，接左侧同伴的球投篮。抢篮板后，各位置球员顺时针移动，依次进行练习。（图2-2-34）

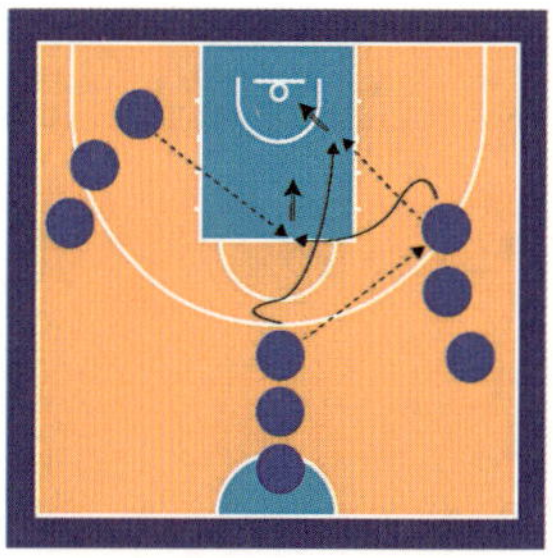

图2-2-34　三人两球传切配合

【场地器材】篮球场；篮球。

【练习要求】假动作要逼真，变向切入动作迅速，侧身看球。

【拓展建议】从另一侧进行。

练习7：挤过配合（无球）

【练习目的】体会挤过，提高挤过配合的运用能力。

【练习方法】右侧球员为中路球员做掩护；中路的防守球员挤过后排到中路队尾；掩护球员排到右侧队尾；中路的进攻球员排到中路队尾。待所有队员完成练习后，两路球员位置互换，依次进行练习。（图2-2-35）

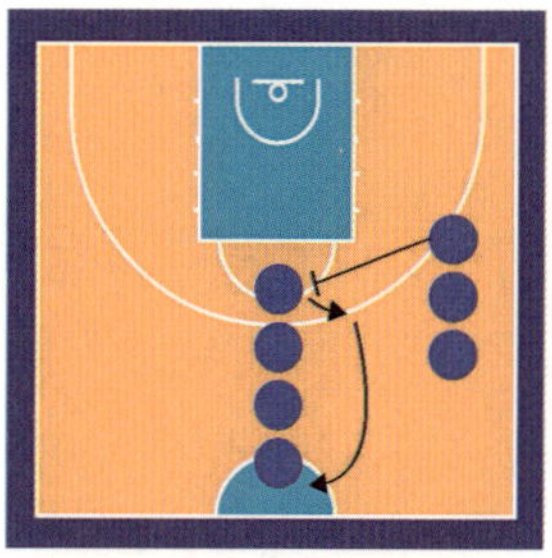

图2-2-35　挤过配合（无球）

【场地器材】篮球场。

【练习要求】挤过时要积极主动，腰、髋和脚步动作应快速有力。

【拓展建议】从左侧进行。

练习8：挤过、穿过、交换配合（有球）

【练习目的】体会挤过、穿过、交换，提高挤过配合的运用能力。

【练习方法】45度角位置球员将球传给中路同伴，随后向底线移动为底线同伴做掩护。底线的防守者尝试分别用挤过、穿过和交换防守进行防守；底线的进攻队员接球完成进攻。随后防守队员位置互换。待所有人体验完成后，攻防互换。（图2-2-36）

图2-2-36　挤过、穿过、交换配合（有球）

【场地器材】篮球场；篮球。

【练习要求】挤过时要积极主动，腰、髋和脚步动作应快速有力；穿过时队员之间配合默契，动作快速；交换时防守掩护者需发出信号，通知同伴进行交换配合。

【拓展建议】从左侧进行。

练习9：补防配合

【练习目的】体会补防，提高补防配合的能力。

【练习方法】中路球员突破；底线球员大胆放弃自己的对手快速补防；上线防守球员快速下移防守底线球员。（图2-2-37）

【场地器材】篮球场；篮球。

【练习要求】补防时移动要迅速，减少犯规。

【拓展建议】增加人数或从左侧进行。

图2-2-37 补防配合

三 赛

（一）教学比赛设计思路

本单元主要学习篮球的进攻及防守基础配合。学生首先从掩护及传切开始学习，掌握进攻基础配合的方法，由攻转守时再进行防守基础配合学习。

（二）教学比赛方法与组织

比赛1：半场二对二比赛

【比赛目的】提高本单元所学基础配合的运用能力。

【比赛方法】教师将学生按照其基础水平平均分成若干组进行比赛。进三球的队伍胜，留在场上继续比赛。

【注意事项】需按篮球比赛规则进行，防守中应避免无谓的犯规。

【场地器材】篮球场；篮球。

【拓展建议】增加防守方人数。

比赛2：半场三对三比赛

【比赛目的】提高本单元所学基础配合的运用能力。

【比赛方法】教师将学生按照其基础水平平均分成若干组进行比赛，一球定胜负。防守失败的球队留在场上一直参与比赛，直至防守成功。随后攻防转换，新上的队伍进攻，防守成功的球队排至队尾，等待下一次比赛。

【注意事项】需按篮球比赛规则进行，防守中应避免无谓的犯规。

【场地器材】篮球场；篮球。

【拓展建议】增加比赛人数，如四对四。

四 评

（一）知识技能学习评价

学生能够掌握主要的进攻与防守基础配合的方法与要领并在比赛中正确运用。

（二）体能素质锻炼评价

学生提升专项篮球体能，能运用三种发展下肢力量的练习方法。

（三）情感品格培养评价

学生能在练习和比赛中学会与同伴相互激励，增强团队协作意愿，养成顽强拼搏、积极进取的精神品质。

第三章 篮球模块三教学策略

本模块共分为三个单元，建议用30课时完成。本模块技术方面的内容以组合形式出现，强调各组合技术在实际场景中的应用。战术方面的内容主要涉及进攻基础配合以及以防有球和防无球技术为基础的人盯人防守战术。在实施过程中，应强调学生在有防守情况下的技术运用和战术执行。

第一节 单元一教学策略

单元目标

❶ 知识技能学习目标：学生能熟练地掌握篮球的投、突、传、运单项技术及多项组合技术的方法与要领。

❷ 体能素质锻炼目标：学生的灵敏素质、四肢协调性、速度素质、力量素质、反应速度和整体心肺耐力得到提高。

❸ 情感品格培养目标：学生形成积极向上的竞争意识和团队观念，能体验拼搏的乐趣与运动的舒畅感觉。

一 学

（一）单元学习内容

❶ 移动、投、突、传、运组合技术

将单项的移动、投、突、传、运等基本篮球技术有效组合，形成系统合理的篮球进攻技术，如“运球—传球”“移动—接球—投篮”等。

❷ 防有球和防无球技术、抢篮板球技术

防守技术是篮球团队训练、比赛中防守队员为阻挠和破坏对手的进攻，通过合理运用脚步移动和手臂动作，积极抢占有利位置，以达到夺取、控制球权的目的所采用的各种专业技术动作的总称。

（二）单元学习方法

模仿练习法：学生在教师讲解、示范技术动作要领时要集中注意力，看准、听准，并在教师的带领下进行动作模仿练习和体验。

分组练习法：可分为一人、两人、三人一组，做无球、有球练习，让学生在练习过程中体验篮球基本组合技术的动作。

二 练

（一）练习方法设计思路

组合技术练习方法以从无球练习到有球练习、从无防守练习到消极防守练习的思路进行设计。

（二）练习与组织

❶ 移动、投、突、传、运组合技术练习

练习1：行进间传接球

【练习目的】掌握移动传接球的技术动作要领。

【练习方法】两名队员一组，队员①持球传给向前跑的队员②，再加速接②的回传球。（图2-3-1）

【场地器材】篮球场半场；篮球。

【练习要求】接球后急停或者三步内将球传出。

【拓展建议】注意球要传在移动接球者前面1米左右位置。

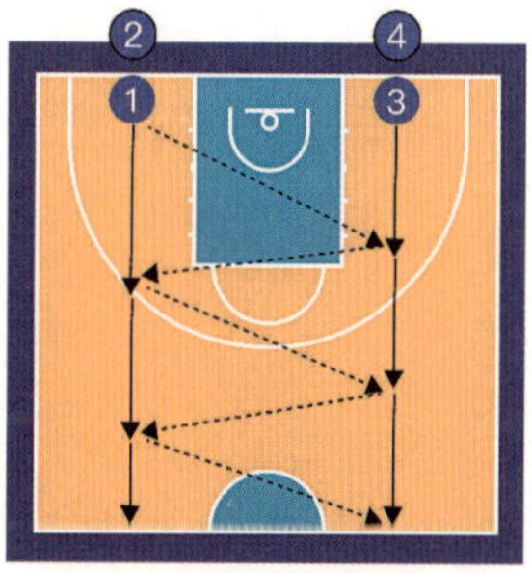

图2-3-1　行进间传接球

练习2：运球急停投篮

【练习目的】掌握运球急停投篮的技术动作要领。

【练习方法】运球到标志桶位置做急停投篮完整动作。（图2-3-2）

【场地器材】篮球场半场；篮球。

【练习要求】运球中，用跨步或跳步急停，同时两脚突然快速有力蹬地起跳，两手持球迅速上举，当身体接近最高点时，前臂向前上方伸直，手腕前屈发力，食指、中指拨球，通过指端将球投出。

【拓展建议】场地左右两侧轮换练习。

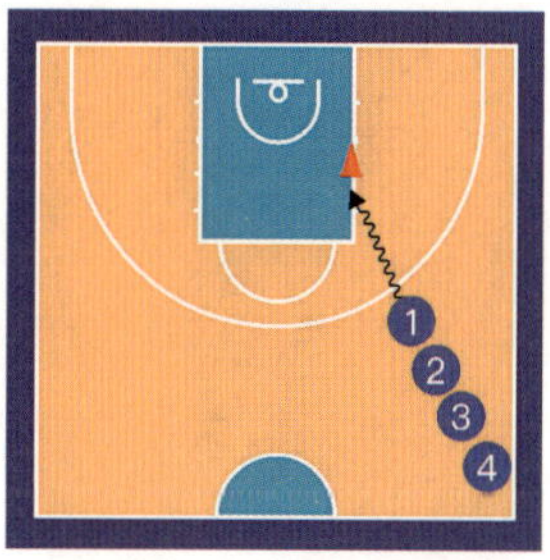

图2-3-2　运球急停投篮

练习3：接球急停投篮

【练习目的】掌握接球急停投篮的技术动作要领。

【练习方法】两名队员一组，队员①向前跑动到标志桶位置，接队员②的传球后急停投篮。(图2-3-3)

【场地器材】篮球场；篮球。

【练习要求】在快速移动中接球，用跨步或跳步急停，同时两脚突然快速有力蹬地起跳，两手持球迅速上举，当身体接近最高点时，前臂向前上方伸直，手腕前屈发力，食指、中指拨球，通过指端将球投出。

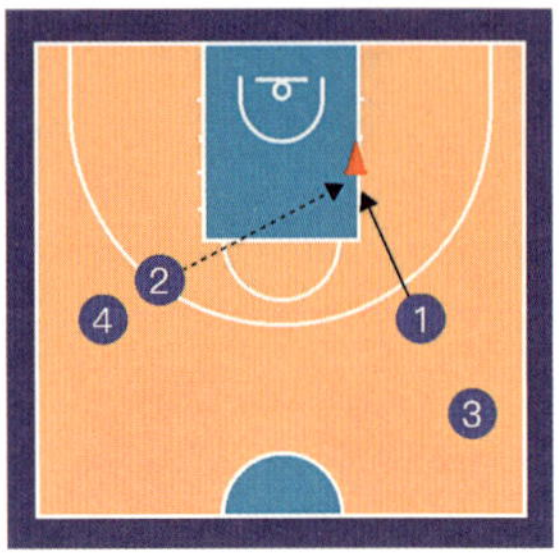

图2-3-3　接球急停投篮

【拓展建议】场地左右两侧轮换练习，注意不要走步违例。

❷ 防守技术和抢篮板球技术

练习1：防守无球队员

【练习目的】掌握防守无球队员的技术动作要领。

【练习方法】两名队员一组，队员①向前移动，防守队员1(红方，下同)[1]进行防守。(图2-3-4)

【场地器材】篮球场半场。

【练习要求】防守时，防守队员要根据所盯防人的移动，合理地运用上步、撤步、滑步、交叉步、碎步和快跑等脚步动作，快速移动，抢占有利防守位置，堵截其摆脱防守的移动路线。

图2-3-4　防守无球队员

【拓展建议】防守姿势与对手和球距离远近有关，注意相关训练。

练习2：防守有球队员

【练习目的】掌握防守有球队员的技术动作要领。

【练习方法】两名队员一组，队员①运球向前移动，防守队员1进行防守。(图2-3-5)

【场地器材】篮球场半场；篮球。

【练习要求】防守时，防守队员要根据进攻队员的技术特点及离篮筐的远近不断调整防守姿势和动作，抢占有利防守位置，堵截其摆脱防守的移动路线。

图2-3-5　防守有球队员

【拓展建议】注意保持合法防守位置。

---

❶ 本书进攻队员以蓝色标记，防守队员以红色标记。(编者注)

练习3：抢进攻篮板球

【练习目的】掌握抢进攻篮板球的技术动作要领。

【练习方法】三名队员一组，队员①投篮，防守队员2消极防守队员②，②抢篮板球。（图2-3-6）

【场地器材】篮球场半场；篮球。

【练习要求】准确判断投篮后球的反弹方向、距离、落点。

【拓展建议】在合法的情况下突出一个“冲”字。

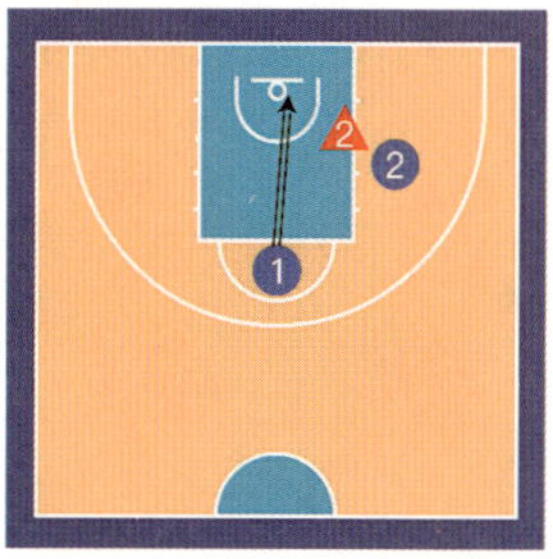

图2-3-6　抢进攻篮板球

练习4：抢防守篮板球

【练习目的】掌握抢防守篮板球的技术动作要领。

【练习方法】三名队员一组，①投篮，防守队员2抢篮板球。（图2-3-7）

【场地器材】篮球场半场；篮球。

【练习要求】准确判断投篮后球的反弹方向、距离、落点。

【拓展建议】防守队员抢篮板球要突出一个“挡”字。

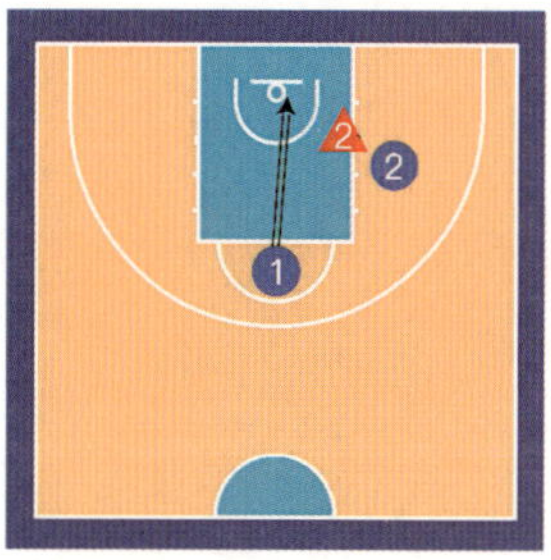

图2-3-7　抢防守篮板球

三　赛

（一）教学比赛设计思路

本单元通过三对三实战比赛的方式来考查学生对所学技能的掌握情况。比赛能增强学生组合技术的临场运用能力，是检验一切技术学习成果的最佳方式。

（二）教学比赛方法与组织

比赛：半场三对三篮球比赛

【比赛目的】运用并掌握所学的基本组合技术。

【比赛方法】采用半场三对三比赛，要求人盯人防守。

【注意事项】在比赛中尽可能多地采用本单元学习的组合技术。

【场地器材】篮球场；篮球。

【拓展建议】注意运用防守技术和抢篮板球技术。

四　评

（一）知识技能学习评价

学生能够掌握主要的运球、传接球、突破与投篮组合技术的方法与要领并在比赛中正确运用。

（二）体能素质锻炼评价

学生进一步提升篮球专项体能，增强身体协调性，能运用三种发展下肢力量的练习方法。

（三）情感品格培养评价

通过三对三比赛，学生在竞争中养成吃苦耐劳、顽强拼搏、积极进取、永不言弃的精神品质，学会与同伴相互激励和互助，体会团队合作的价值。

第二节　单元二教学策略

单元目标

1. 知识技能学习目标：学生能掌握基础进攻配合的方法并在运用时进行临场应变，能掌握行进间投篮技术。
2. 体能素质锻炼目标：学生的速度、灵敏、弹跳、力量以及耐力素质得到全面提高。
3. 情感品格培养目标：学生逐渐显露坚忍不拔的意志，具备简单的决策能力，进一步增强团队合作意识和能力。

一　学

（一）单元学习内容

1 行进间低手投篮技术

以右手投篮为例，右脚跨出一大步的同时接球，左脚接着跨出一小步并用力蹬地起跳，右腿屈膝上提，同时双手向前上方举球。当身体接近最高点时，左手离球，右手掌心向上托球，并向球篮的上方伸直，接着屈腕发力，食指、中指拨球将球投出。

2 传切配合战术

传切配合是进攻队员之间利用传球和切入技术组成的简单配合。

3 突分配合战术

突分配合是指进攻方队员运用运球或突破技术，身位超越对手后，在遭遇对方其他队员补防时，策略性或应变性地传球给同伴的方法。

4 掩护配合战术

掩护配合是指进攻队员之间合理地运用身体挡住防守持球或无球同伴的对方球员的移动路线，使同伴借以摆脱防守的一种配合方法。

❺ 策应配合战术

策应配合是进攻队员背对或侧对球篮接球后，以本人作枢纽，与同伴空切相配合或应对外线的包抄移动而形成的一种里应外合的战术方法。

（二）单元学习方法

视频学习法：课前教师播放相关技术动作视频，让学生通过观摩在大脑中建立直观具体的动作表象。

模仿练习法：学生跟着授课教师的动作示范进行实战模仿练习。

分解练习法：把整套组合动作先分解成单个技术动作进行练习，单个动作熟练后再进行整套动作组合练习。

比赛法：要求学生在比赛实战中运用指定的技术配合，以“赛”代“练”，从而达到教学目标。

二 练

（一）练习方法设计思路

本单元的学习内容以组合动作为主，要求学习本课程的学生在参加学习前有一定的篮球基本技能，练习过程中要先学会阅读场内情境，运用所学技战术知识进行充分的决策判断。

（二）练习方法与组织

❶ 行进间低手投篮技术

练习1：行进间低手投篮（无球）

【练习目的】掌握低手投篮技术动作要领。

【练习方法】学生按照体操队形散开，在教师带领下进行分解动作学习。（图2-3-8）

【场地器材】篮球场半场。

【练习要求】要做到“看准”“听准”。

【拓展建议】注意手腕动作。

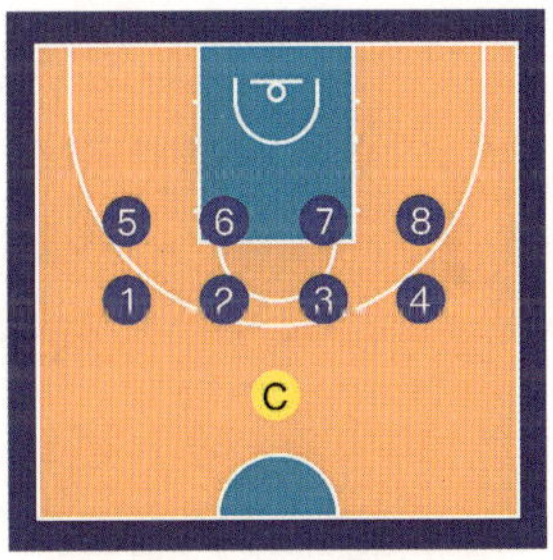

图2-3-8 行进间低手投篮（无球）

练习2：行进间低手投篮（有球）

【练习目的】熟练掌握低手投篮技术动作要领。

【练习方法】学生面向球篮站一列，依次行进间投篮，待前一位同学投篮完全结束，后一位方可开始行进间投篮。投完篮后，收好所用篮球，到队尾站好。（图2-3-9）

【场地器材】篮球场半场；篮球。

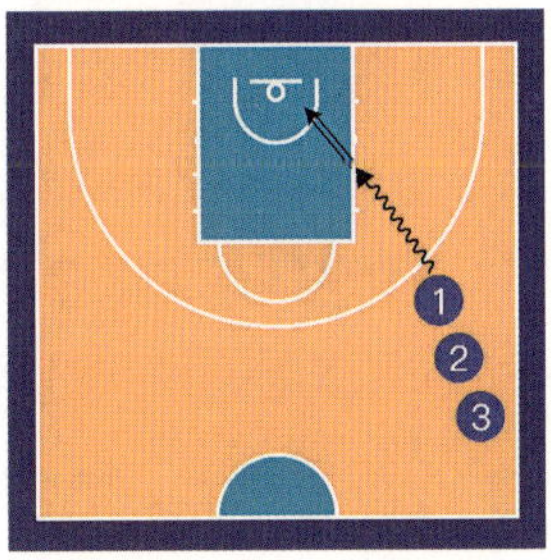

图2-3-9 行进间低手投篮（有球）

【练习要求】运球中，用跨步或跳步急停，同时两脚突然快速有力蹬地起跳，两手持球迅速上举，当身体接近最高点时，前臂向前上方伸直，手腕前屈发力，食指、中指拨球，通过指端将球投出。

【拓展建议】场地左右两侧轮换练习。

❷ 传切配合战术

练习1：人盯人情况下传切配合

【练习目的】掌握人盯人情况下传切配合的技术动作要领。

【练习方法】三人一组，队员①传球给队员②后，立刻摆脱对手防守向篮下切入，并在切入后接同伴②的回传球投篮。（图2-3-10）

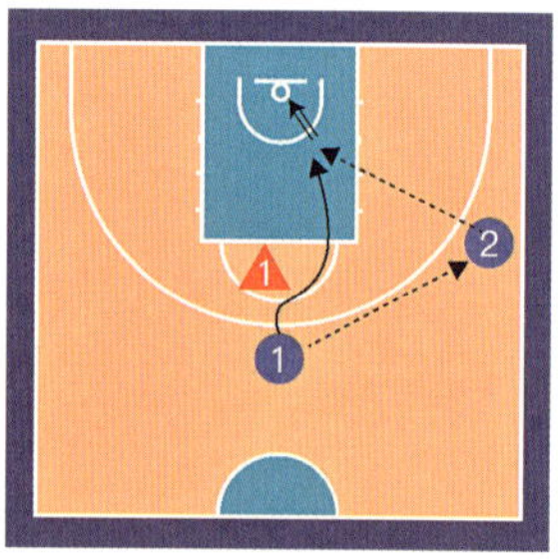

图2-3-10 人盯人情况下传切配合

【场地器材】篮球场半场；篮球。

【练习要求】传球队员要利用瞄篮、突破、运球或进攻假动作吸引、牵制防守队员，当切入队友摆脱对手处于有利位置时，及时准确地将球传给同伴完成上篮。

【拓展建议】注意基础技术到位、反应速度快、点对点配合。

练习2：非人盯人情况下传切配合

【练习目的】掌握非人盯人情况下传切配合技术动作要领。

【练习方法】三人一组，队员①传球给队员②后，迅速摆脱对手防守向篮下横切，并第一时间接队员②的回传球完成上篮。（图2-3-11）

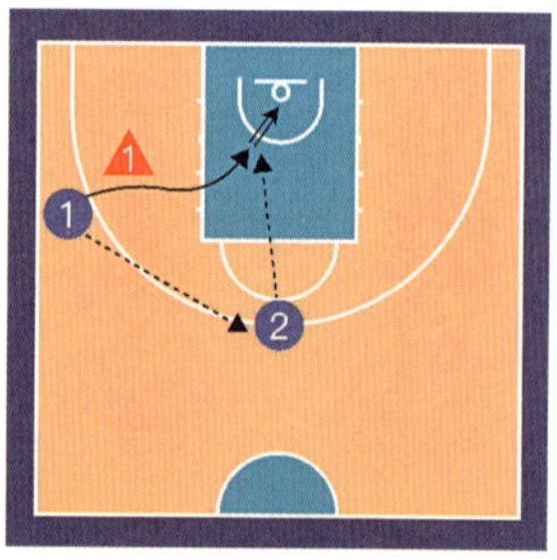

图2-3-11 非人盯人情况下传切配合

【场地器材】篮球场半场；篮球。

【练习要求】切入队员要根据场上情况掌握切入时机和切入点，要快速摆脱防守切入篮下，并随时注意准备接球。

【拓展建议】注意基础技术、反应速度、相互间配合、上篮成功率。

❸ 突分配合战术

练习1：突破分球配合1

【练习目的】掌握突破分球配合的技术动作要领。

【练习方法】队员①接队员②的传球，持球突破上篮。防守队员1进行防守封盖。队员①由持球上篮变传球，将球传给队员③。队员③接球上篮。（图2-3-12）

【场地器材】篮球场半场；篮球。

【练习要求】队员在进攻突破时动作要突然、迅速、有力，降低重心侧肩护球；在突破过程中随时观察场上攻守双方队员的即时行动和位置变化，既要做好投篮的准备，又要在时机恰当时及时、准确地传球给摆脱防守后处于空位的同伴。

【拓展建议】其他进攻队员要随时寻找并把握时机，利用技术和速度迅速摆脱对手防守，抢占有利位置，接球完成进攻。

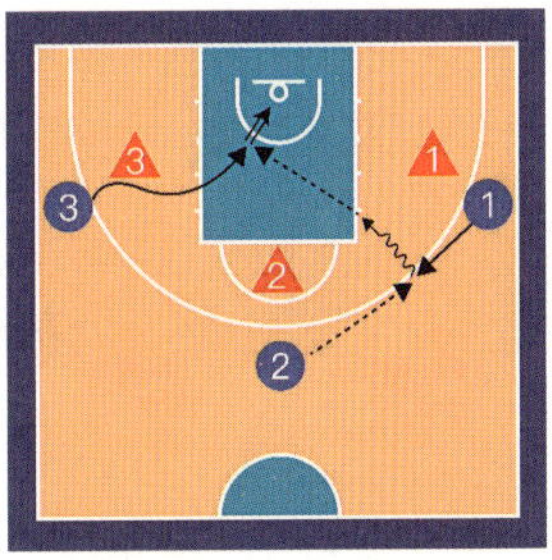
图2-3-12　突破分球配合1

练习2：突破分球配合2

【练习目的】掌握突破分球配合的技术动作要领。

【练习方法】球员①持球从底线突破防守球员1，遇到防守球员3补防时，及时传球给纵插到有利位置的队友②或队友③完成投篮。（图2-3-13）

【场地器材】篮球场半场；篮球。

【练习要求】队员突破动作要突然、快速和有力，突破中降低重心侧肩护球，随时观察场上攻守队员行动和位置的变化，既要做好投篮的准备，又要及时、准确地传球给摆脱防守后处于空位的同伴。

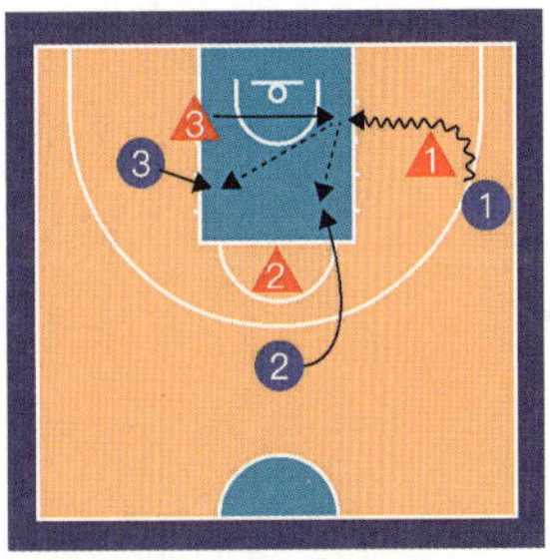
图2-3-13　突破分球配合2

【拓展建议】其他参与进攻队员要把握时机，及时摆脱对手，迅速抢占有利位置接球攻击。

④ 掩护配合战术

练习1：掩护配合1

【练习目的】掌握掩护配合的技术动作要领。

【练习方法】队员②传球给队员①后，立即向相反方向跑动给队员③做掩护。当队员②跑到队员③侧面并掩护到位时，队员③摆脱防守切入篮下，接队员①的传球完成上篮。（图2-3-14）

【场地器材】篮球场半场；篮球。

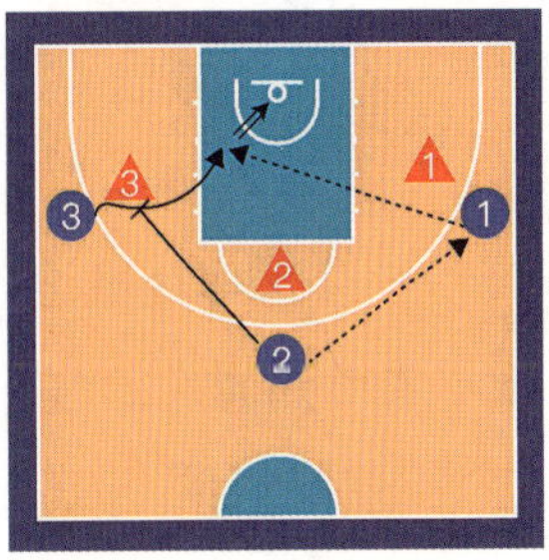
图2-3-14　掩护配合1

【练习要求】掩护动作要符合篮球运动相关规则规定，根据防守队员的视线范围，与之保持适当的距离。具体掩护动作是两脚开立，两膝微屈，两臂屈肘于胸前，上体稍前倾，尽可能扩大掩护面积。决不能用推、拉、顶、撞等犯规动作去阻挡对方的正常移动。

【拓展建议】掩护时，要注意队友之间的配合，寻找最佳时机、角度，被掩护的队员要注意隐蔽行动意图与方向，恰当运用假动作吸引对手。当队友到达掩护位置时，摆脱对方防守的动作要突然、迅速，并根据临场情况变化，采取相应应变措施，争取下一步机会。

练习2：掩护配合2

【练习目的】掌握掩护配合的技术动作要领。

【练习方法】队员②传球给队员①后跑到防守队员1的侧面做掩护。队员①接球后做投篮或突破的假动作，吸引防守队员1的防守。当队员②掩护到位时，队员①突然持球起动从防守队员1的右侧突破投篮或分球。队员②掩护后迅速后转身，移动到有利位置，完成接球或抢篮板球。（图2-3-15）

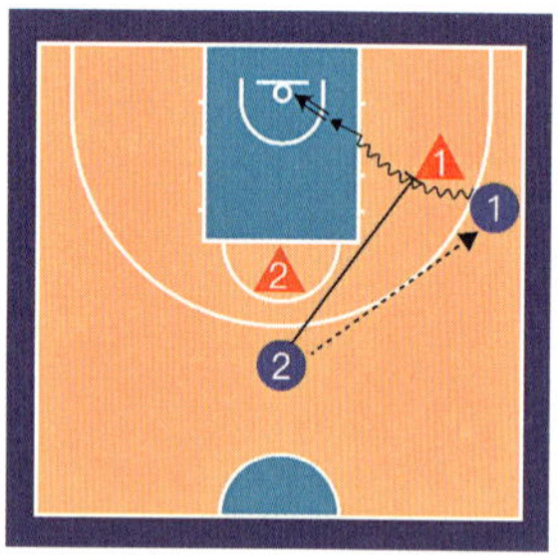

图2-3-15　掩护配合2

【场地器材】篮球场半场；篮球。

【练习要求】掩护要符合篮球运动规则规定，根据防守者的视线范围，与之保持适当的距离。掩护动作是两脚开立，两膝微屈，两臂屈肘于胸前，上体稍前倾，扩大掩护面积。决不能用推、拉、顶、撞等违规动作去阻挡对方的正常移动。

【拓展建议】掩护时，要注意队友之间的配合，寻找最佳时机和角度。被掩护的队员要隐蔽行动意图与方向，运用假动作吸引对手。当同伴到达掩护位置时，摆脱对手的动作要突然、快速，并根据场上情况变化，采取应变措施，争取下一个机会。

三　赛

（一）教学比赛设计思路

本单元通过三对三比赛的实战方式来考查学生对进攻配合技术的掌握情况，在比赛中应不断应用两人或三人间的进攻配合，使学生形成条件反射，熟练掌握所学技战术，达到以“赛”促“练”的目的。

（二）教学比赛方法与组织

比赛：半场三对三篮球比赛

【比赛目的】掌握基本的进攻配合技术。

【比赛方法】采用半场三对三比赛，要求人盯人防守，完成一次进攻后交换攻防。
【注意事项】在比赛中尽可能多地采用本单元学习的进攻配合技术。
【场地器材】篮球场；篮球。
【拓展建议】篮球基本配合技术是整个篮球进攻战术的基础，在练习初期一定要注重质量和效率。

四 评

（一）知识技能学习评价

学生能够熟练掌握投篮技术与进攻基础配合的方法与要领，并能在比赛中加以运用。

（二）体能素质锻炼评价

学生提升篮球专项体能，发展有氧耐力，能运用三种发展下肢力量的练习方法。

（三）情感品格培养评价

学生能在三对三比赛中形成团队合作的意识，能与同伴相互激励和协助，养成吃苦耐劳、顽强拼搏、积极进取和永不言弃的精神品质。

第三节　单元三教学策略

单元目标

1. 知识技能学习目标：学生能掌握半场人盯人防守战术并在比赛中运用。
2. 体能素质锻炼目标：学生的灵敏、速度、力量、反应和耐力素质得到提高。
3. 情感品格培养目标：学生逐渐表现出果敢、担当、坚韧不拔的意志品质。

一 学

（一）单元学习内容

1 半场人盯人防守战术

半场人盯人防守是指由攻转守时（攻防转换），全队在整体回防到后场后，以人盯人的形式进行防守，并根据全队的防守策略而实施防守行为的一种战术。防守半场人盯人防守与进攻半场人盯人防守是篮球运动最基本的战术，是在比赛中运用最多、最广泛的攻防战术。半场人盯人防守战术是在单人防守对手的基础上建立起来的整体战术，是构成联防战术和紧逼战术的基础。

❷ 快攻战术

快攻是由防守转入进攻时，进攻队以最快的速度，力争在对方防守立足未稳之际，果断地进行攻击的一种进攻战术。快攻战术成功的关键在于攻守转换时获得防守球权转攻的瞬间，队形分散要快，快下纵深层次清晰合理，一传和接应要快，推进速度要快。遵循能传不运原则以保持推进速度。在整个快攻过程最后，完成投篮要稳和准。

（二）单元学习方法

1. 分解练习法：一个完整的战术是由多个技术配合组成的，把单个技术配合完成好，才能形成整体完美的战术。因此，本单元在具体教学过程中把完整的战术分解成单个配合，让学生加以练习。

2. 循环练习法：多次演练同一战术，让学生体会各个点的跑动路线和练习中应该完成的配合，能有效地激发学生的练习兴趣。

二 练

（一）练习方法设计思路

本单元学习内容要求学生必须有清晰的运动思路，在球场上要做到“人”“球”“篮”兼顾，拥有极快的反应能力和动作响应能力。

（二）练习方法与组织

❶ 半场人盯人防守练习

练习1：四点一防一（有球）

【练习目的】掌握半场人盯人防守的基本技术要领。

【练习方法】队员两人一组，分成四组同时进行练习，防守队员将球传给进攻队员后，立即进行攻守练习，进攻队员可采取外围投篮或突破上篮方式进攻。（图2-3-16）

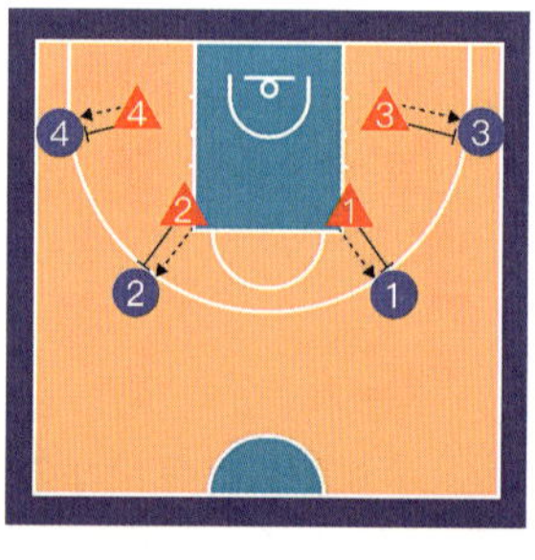

图2-3-16　四点一防一（有球）

【场地器材】篮球场半场；篮球。

【练习要求】防守中应时刻保持有利的防守位置，并利用快速移动及合理运用身体、步法、手臂进行封盖、挡、堵等，防守对手。

【拓展建议】可增至多组练习。

练习2：防守有球与防守无球情况的选位

【练习目的】掌握半场人盯人防守的技术要领。

【练习方法】防守队员2传球给进攻队员①，然后迅速上前防守。同时防守队员3上前防守进攻队员②，阻断进攻队员①传球给队员2的路线。防守队员1则上提至罚球线，兼顾球的位置和防守进攻队员③。（图2-3-17）

图2-3-17 防守有球与防守无球情况的选位

【场地器材】篮球场半场；篮球。

【练习要求】运球中，用跨步或跳步急停，同时两脚突然快速有力蹬地起跳，两手持球迅速上举。当身体接近最高点时，前臂向前上方伸直，手腕前屈发力，食指、中指拨球，通过指端将球投出。

【拓展建议】场地左右两侧轮换练习。

练习3：防持球突破

【练习目的】掌握半场人盯人防守中防持球突破的战术要领。

【练习方法】当队员②从中路突破时，靠近突破路线一侧的防守队员2则向突破路线移动，防守队员3“关门”堵截对方队员②的突破。同时防守队员5移动到篮下准备补防，防守队员4移动到进攻队员④侧前方以便准备断球。防守队员1向上移动补位，准备断队员②传向对方队员③或①的球。如果关门不成，则防守队员2尽可能迎堵对方队员②向篮下切入的路线。（图2-3-18）

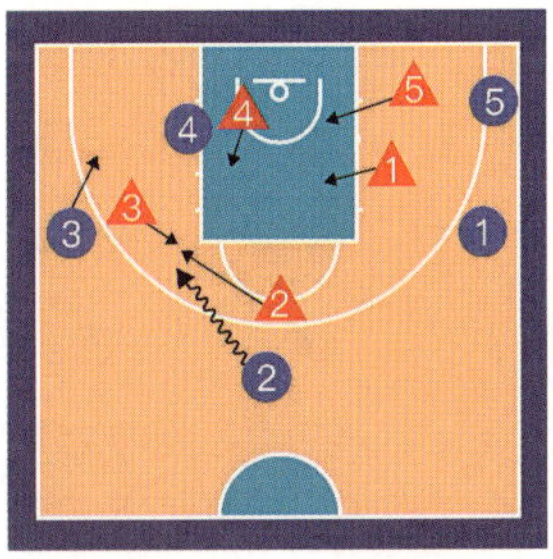

图2-3-18 防持球突破

【场地器材】篮球场半场；篮球。

【练习要求】补防队员移动速度要快，要做到“人”“球”兼顾。

【拓展建议】提高运用人盯人技术时的反应、行动的迅速程度和反应的敏捷性、有效性。

❷ 进攻半场人盯人防守练习

练习1：以外线无球掩护为主的进攻方法

【练习目的】掌握以中锋策应为主的进攻半场人盯人防守战术要领。

【练习方法】落位为1-3-1形式。战术开始时，队员②将球传给中锋队员⑤。队员⑤接球后，队员①给队员④做掩护。队员④可利用掩护上提接队员⑤传球完成投篮。（图2-3-19）

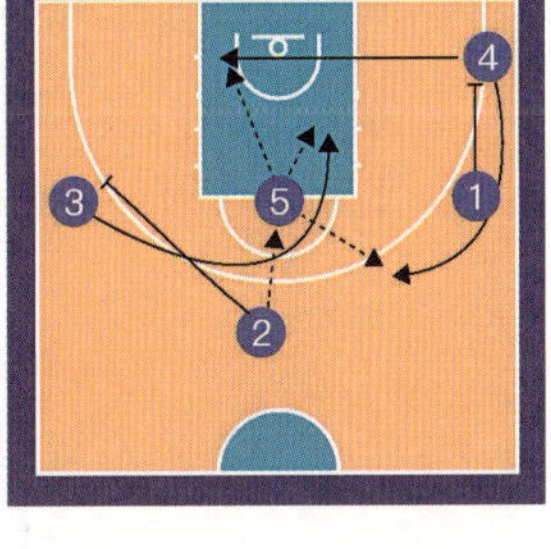

图2-3-19 以外线无球掩护为主的进攻方法

【场地器材】篮球场半场；篮球。

【练习要求】摆脱防守迅速、空切到位。

【拓展建议】如无机会，队员①掩护后切入可接队员⑤传球上篮，同时队员②给队员③做掩护，队员③利用掩护顺势绕中锋切入，接队员⑤低手传球上篮。

练习2：以运球掩护为主的进攻半场人盯人防守方法

【练习目的】掌握以掩护为主的进攻半场人盯人战术要领。

【练习方法】进攻时，中锋队员①给队友④掩护，队友④及时摆脱防守，接队友②的球，队员④可以接球投篮，也可以及时传给中锋队员①。（图2-3-20）

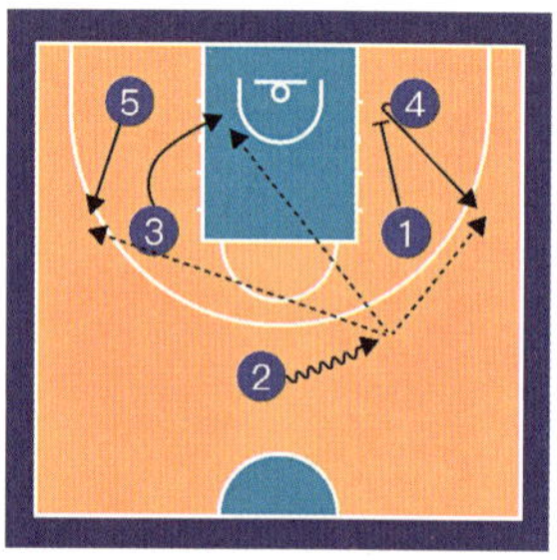

图2-3-20　以运球掩护为主的进攻半场人盯人防守方法

【场地器材】篮球场半场；篮球。

【练习要求】队友间掩护到位，进攻方抓住机会迅速摆脱防守。

【拓展建议】如果进攻受阻，另一侧的队员③可以自行突破切入或给队员⑤掩护，为队友⑤创造进攻的机会。此方法也可以从左侧开始。队员⑤摆脱防守后接球，同时队友③下顺。

③ 2—3人快攻练习

练习1："传球—接球—运球"单线快攻

【练习目的】掌握单线快攻的技术动作要领。

【练习方法】队员将球传给站立在场中间的教练，向前跑接教练的传球，接球后开始做各种行进间投篮练习。（图2-3-21）

【场地器材】篮球场半场；篮球。

【练习要求】反应速度要快，突破要快速，培养敢抢敢拼的运动品质。

【拓展建议】教练员适当调整传球位置，变换多样性和增加难度。

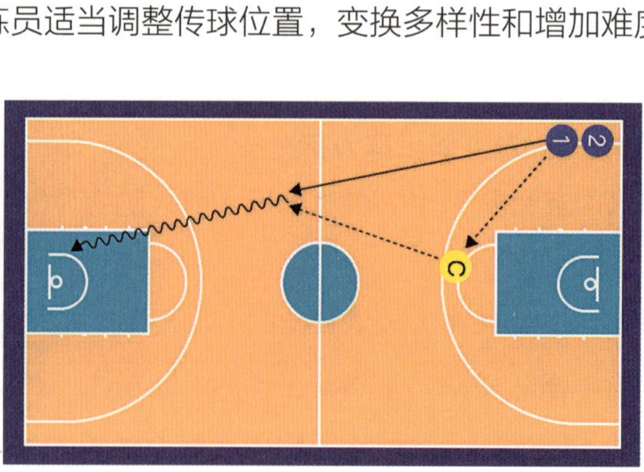

图2-3-21　"传球—接球—运球"单线快攻

练习2：全场传接球和行进间投篮

【练习目的】掌握快攻中传接球和行进间投篮的技术动作要领。

【练习方法】队员①和队员②一组，每人一球，运球2—3次后传球给场中的教师；然后快速跑动接回传球；接球后再马上传球给对面同伴，最后接球上篮。（图2-3-22）

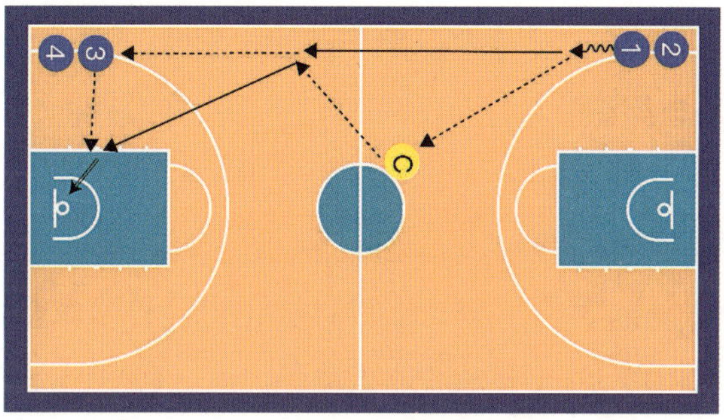

图2-3-22 全场传接球和行进间投篮

【场地器材】篮球场；篮球。

【练习要求】传球后加速，向有球方向稍侧身。

【拓展建议】两侧交换练习，增加技术动作全面性。

练习3：长传快攻

【练习目的】掌握长传快攻的技术动作要领。

【练习方法】在队员①拼抢教练投出的篮板球后，队员②沿边线快下，接队员①的长传球上篮。（图2-3-23）

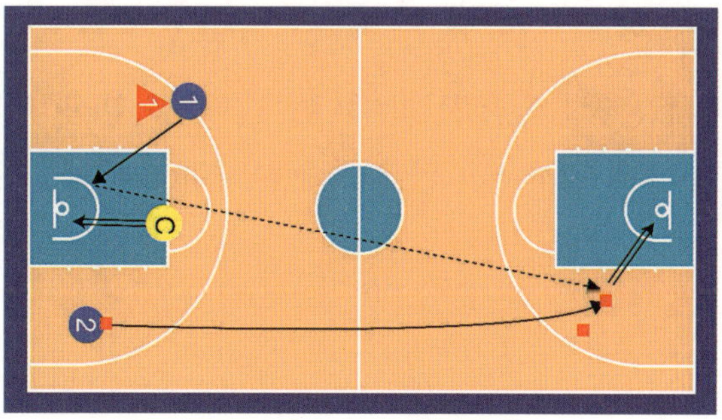

图2-3-23 长传快攻

【场地器材】篮球场；篮球。

【练习要求】长传球要有力量、有速度、及时、准确、到位，做到球领人；快下的队员要以最快的速度侧身跑，随时注意在球到时接球完成投篮。

【拓展建议】两侧交换练习，增加技术动作全面性。

三 赛

（一）教学比赛设计思路

本单元安排学生进行四对四实战比赛，通过四对四比赛使学生巩固本单元新接触的战术观念，在比赛中能够熟练、灵活地运用相应战术配合。

（二）教学比赛方法与组织

比赛：半场四对四比赛

【比赛目的】让学生通过比赛实践灵活运用攻防半场人盯人防守战术。

【比赛方法】采用半场四对四比赛，比赛时长10分钟，要求全过程人盯人防守。

【注意事项】在比赛中务必运用多种攻防半场人盯人防守战术。

【场地器材】篮球场；篮球。

【拓展建议】可安排能灵活应用半场技术实战的同学进行全场五对五的比赛，以加强练习。

四 评

（一）知识技能学习评价

学生能够熟练掌握半场人盯人防守战术和快攻战术的配合方法与要领，并在比赛中进行运用。

（二）体能素质锻炼评价

学生提升无氧耐力、爆发力、综合速度素质，能运用三种发展下肢力量的练习方法。

（三）情感品格培养评价

通过半场四对四比赛，学生能意识到团队合作在竞争中的重要性，在练习和比赛中能相互鼓励和帮助，在竞争中形成吃苦耐劳、顽强拼搏的精神品质。

第四章 | 篮球模块四教学策略

学生在全面掌握攻守人盯人战术和进攻区域战术的基础上，学会阅读比赛，分析对手战术，决策比赛策略，提高比赛胜算。学生能积极地组织、参与篮球运动训练及比赛，能预防、处理训练或比赛中简单的突发伤病情况。此模块一共分为三个单元，建议用30课时左右完成。

第一节　单元一教学策略

单元目标

1. 知识技能学习目标：学生能在正常或强对抗的情况下运用篮球技术，形成基本的篮球运动知觉。
2. 体能素质锻炼目标：学生的速度、灵敏、弹跳、力量以及耐力素质得到进一步提高。
3. 情感品格培养目标：学生能在比赛中以战术为基础进行篮球运动，显示团队合作的行为，能鼓励和帮助同伴。

一　学

（一）单元学习内容

1 运球+投篮的组合技术

该阶段学生已经掌握单个技术，需要在此基础上学习组合技术。该项组合技术是行进间变向运球+投篮，主要发展学生的个人持球进攻能力。

2 行进间传接球+投篮的组合技术

该项组合技术训练学生行进过程中的传接球，要求学生在高速移动的基础上保障传接球的流畅，并且能完成投篮。

（二）单元学习方法

重复学习法：学生在该阶段需要将原有的单个技术组合在一起进行学习，通过重复训练使肌肉产生记忆，促进技术自动化。

观察示范和听取讲解法：学生在学习策应配合时，需要理解配合的意义，在练习的过程中主动思考，形成配合意识。

二 练

（一）练习方法设计思路

本单元的练习方法设计遵循循序渐进原则，由易到难，将一种技术练习根据不同条件、因素的改变进行不同难度的设计，从而提高学生的练习积极性和成就感，使其将单个技术掌握得更加扎实。组合技术练习强调每个技术的连续性，应逐渐增加强度。该阶段的策应配合属于学生新学习的战术知识，其练习形式不宜过多，强度不宜过大，应尽量先在简单的情境下进行，让学生充分理解后，再逐渐增加难度。

（二）练习方法与组织

1 组合技术练习

组合练习1：全场变向运球+投篮

【练习目的】强化变向运球技术，促进运球后进攻能力的提高。

【练习方法】学生在球场端线标志物处排队，两端同时开始练习，遇到标志物后，分别进行体前变向、胯下变向和背后运球，最后一次变向完成后进行行进间投篮并抢篮板，然后至队尾排队。第一名学生运球过半场后，第二名学生再出发，如此往复。每个人完成5个进球。（图2-4-1）

【场地器材】篮球场；篮球；标志物。

【练习要求】变向运球重心要低，变向后要压肩加速。

【拓展建议】可将投篮改为运球后急停投篮，巩固全场运球后投篮的稳定性。

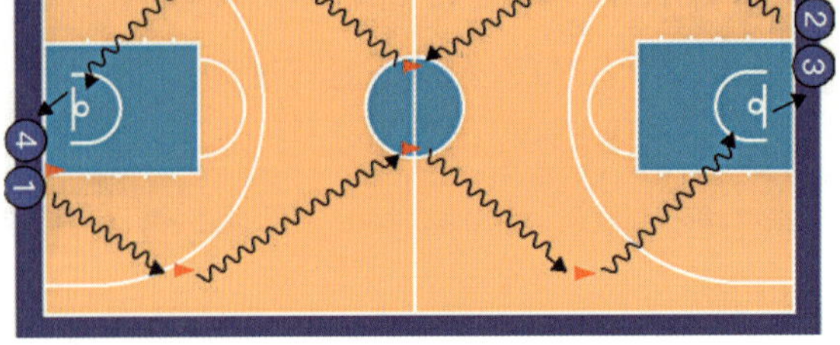

图2-4-1　全场变向运球+投篮

组合练习2：全场三人四传行进间投篮

【练习目的】加强个人行进间传接球技术，提高三人传接配合能力与高速移动中终结能力。

【练习方法】三人一组，在球场端线分散站立。听指令开始练习：两翼球员快速侧身跑，队员①将球传给快下的队员②，②接球后立刻回传给跟进的①，随即①再将球传给快下的队员③，③接球后将球传给切入篮下的②，②上篮得分后，①跟进抢篮板，②和③在篮下交叉跑位后按照同样的传球方式返回。（图2-4-2）

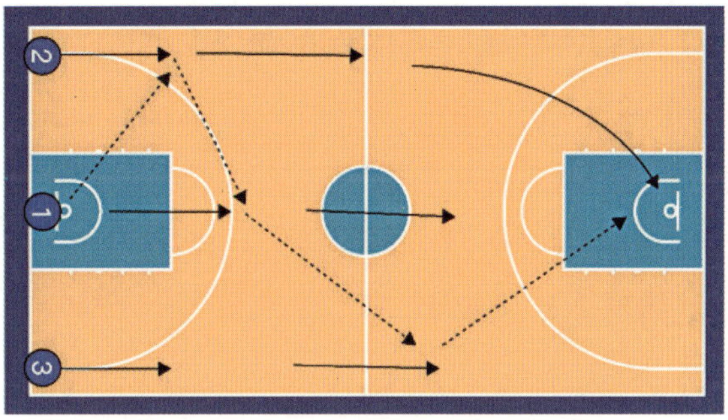

图2-4-2　全场三人四传行进间投篮

【场地器材】篮球场；篮球。

【练习要求】传球次数为4次，两翼球员必须保持在跟进球员前方，不能运球。

【拓展建议】若想提高难度可以改为3次传球后上篮，要降低难度则可以增加传球次数。

❷ 内外线配合练习

练习1：内线高位接球配合

【练习目的】提高内线高位配合能力。

【练习方法】六名队员分为两组，队员①②③站在三分线弧顶，队员④⑤⑥站在三分线右侧45度。队员①将球传给快速横切到罚球线附近的队员④，传球后立即做向左侧切入的假动作，然后向右侧切入，在罚球线右侧接④回传球，完成跨步急停跳投。①投篮后移动到队员⑥后面。队员④移动到队员③后面。（图2-4-3）

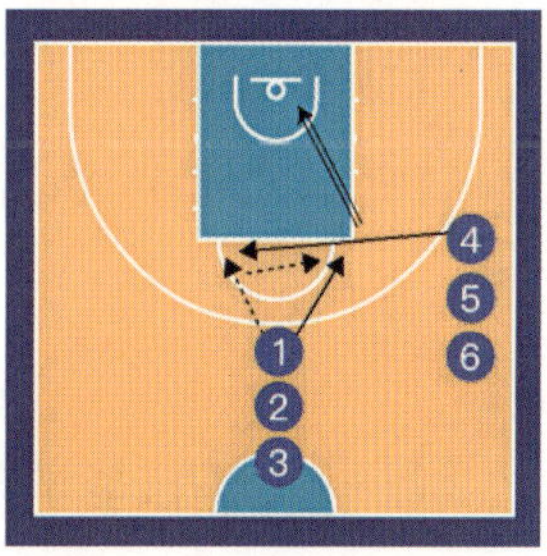

图2-4-3　内线高位接球配合

【场地器材】篮球场；篮球。

【练习要求】横切时注意伸手要球，策应时球要举过头顶。

【拓展建议】可换边练习。

练习2：外变内配合

【练习目的】提高高位外变内配合能力。

【练习方法】中锋⑤背向篮筐，快速横向移动。队员①及时将球传给中锋⑤，并迅速向右侧跨右脚做假动作，然后向左侧快速移动，接⑤回传球后，跨步急停跳投。紧接着，⑤向左移动接队员③传球。③快速向左跨左脚，然后向右侧移动，接⑤传球后跨步急停跳投。最后①回到④后面，③回到队员②后面。（图2-4-4）

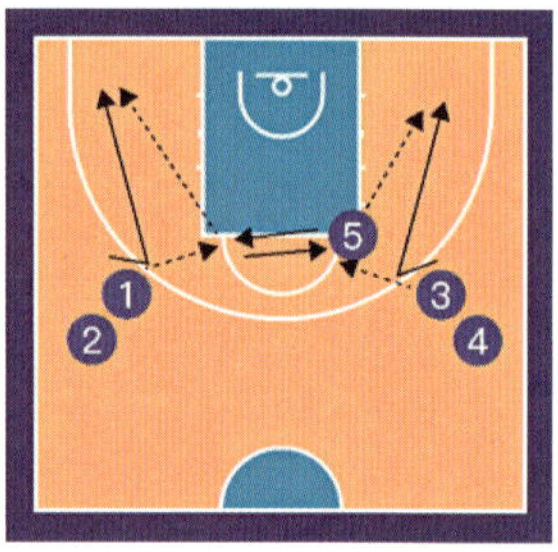

图2-4-4　外变内配合

【场地器材】篮球场；篮球。

【练习要求】队员①与队员③在传球之前要做三威胁动作，中锋背向篮筐，滑步横向移动接球，举起双手。

三 赛

（一）教学比赛设计思路

本单元主要学习篮球防守组合脚步技术和“关门”基础配合，结合本阶段学生特点，组织四对四或五对五比赛，将本单元内容运用到比赛中。

（二）教学比赛方法与组织

组合比赛：半场四对四比赛

【比赛目的】提高学生个人技术水平和团队配合能力。

【比赛方法】将学生分为四人一组，最好结合内外线分配队伍。比赛时，队员只有通过进攻配合得分，才算有效。

【注意事项】比赛中需要强调投篮的合理性。

【场地器材】篮球场；篮球。

【拓展建议】可以根据学生情况拓展成全场五对五的比赛方式。

四 评

（一）知识技能学习评价

学生能够熟练掌握运球、行进间传接球与投篮组合技术的动作方法与要领并在比赛中进行运用。

（二）体能素质锻炼评价

学生上、下肢力量得到发展，具有较好的身体协调性，能运用三种发展上、下肢力量的练习方法。

（三）情感品格培养评价

学生能养成自我锻炼的意识和习惯，通过基础配合战术的学习培养集体主义和团队协作精神。

第二节　单元二教学策略

单元目标

1. 知识技能学习目标：学生能掌握各种防守脚步的技术，具备一定的单防能力，初步具有“关门”配合的防守战术意识和能力。
2. 体能素质锻炼目标：学生的速度、灵敏、弹跳、力量以及耐力素质得到进一步提高。
3. 情感品格培养目标：学生能在防守活动中表现出积极的团队合作精神，能提醒和帮助同伴。

一　学

（一）单元学习内容

1 防守脚步组合技术

防守脚步技术包含基本姿势、滑步、攻击步、交叉步、后撤步、碎步、绕步等基本技术。在掌握基本技术的基础上，学生应当掌握不同情况下不同技术的组合运用。

2 防守基础配合——关门

关门配合是指临近的两名防守队员协同堵截进攻队员运球突破的一种防守配合方法。通常在区域联防和半场人盯人防守战术中运用本方法。

（二）单元学习方法

重复学习法：学生在该阶段需要将原有的单个技术组合在一起进行学习，通过重复的训练使肌肉产生记忆，促进技术自动化。

观察示范和听取讲解法：学生在学习关门配合时，需要理解“关门”的意义，形成配合意识。

二 练

（一）练习方法设计思路

本单元的练习方法设计遵循组合训练原则，贴近实战，使学生体验模拟实战中的感觉，从而达到提高个人防守能力的效果。组合技术练习强调技术的连续性和规范性。关门配合属于学生新学习的战术知识，其练习形式不宜过多，强度不宜过大，尽量先在简单的情境下进行，让学生掌握动作后，再逐渐增加难度。

（二）练习方法与组织

1 组合技术练习

组合练习1：防守脚步组合1

【练习目的】提高学生个人防守脚步技术水平。

【练习方法】学生从一侧端线开始，快速冲向标志物，在快接近标志物的时候进行碎步防守，同时打开双手，通过滑步横向移动到达下一个标志物，然后后退跑返回端线，再快速冲向标志物，重复之前动作，直至最后一个标志物。（图2-4-5）

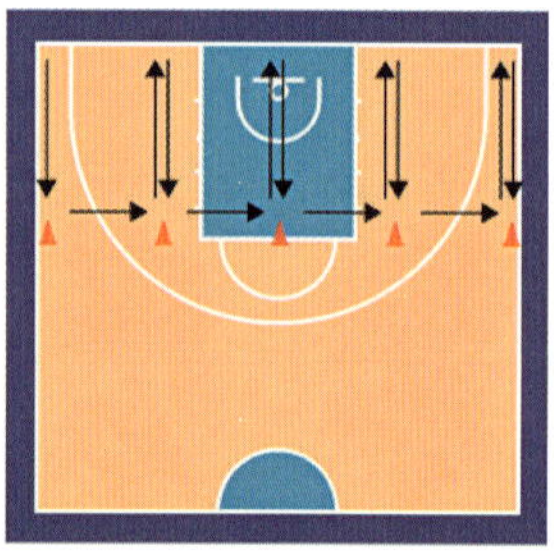

图2-4-5　防守脚步组合1

【场地器材】篮球场；标志物。

【练习要求】整个移动过程保持低重心，不能前倾或歪斜。

【拓展建议】可以将标志物换为持球队员，要求防守者对球形成压迫。

组合练习2：防守脚步组合2

【练习目的】提高学生个人防守脚步技术水平。

【练习方法】学生从篮下开始，快速冲向标志物，在将要接近标志物时进行碎步防守，同时打开双手，后退跑返回端线后，再快速冲向下一个标志物，重复之前动作，直至最后一个标志物。（图2-4-6）

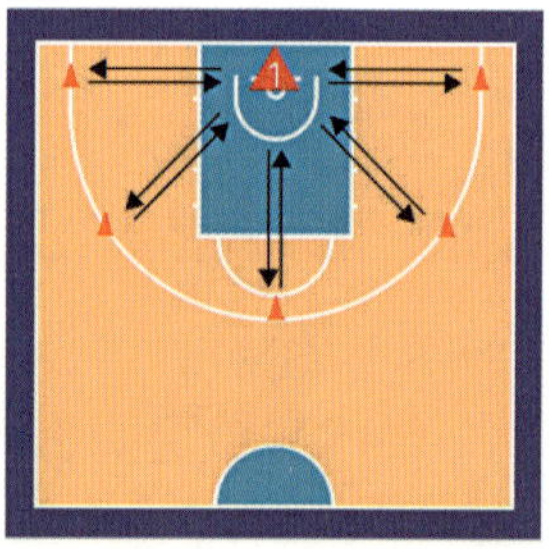

图2-4-6　防守脚步组合2

【场地器材】篮球场；标志物。

【练习要求】注意保持防守距离。

【拓展建议】可以将标志物换为持球队员，要求防守者对练习者形成压迫。

组合练习3：防突破脚步

【练习目的】提高学生防守有球队员的能力。

【练习方法】两人一组，一攻一守，相距2—3米。进攻队员抛接球，防守队员迅速贴近对手。进攻者向左右运球突破，防守者运用滑步堵截。

【场地器材】篮球场；篮球。

【练习要求】防守队员要做到判断准确，反应敏捷，移动迅速。

【拓展建议】可以让进攻队员进行投篮或突破，增加防守者难度。

组合练习4：全场一攻一守

【练习目的】提高学生防守有球队员的能力。

【练习方法】两人一组，一攻一守。进攻队员运球突破，防守队员运用各种防守步法移动，保持有利防守位置并伺机抢、打球。一旦防守者被突破时，迅速运用撤步、交叉步追防，力争重新占据合理防守位置。

【场地器材】篮球场；篮球。

【练习要求】防守队员始终与进攻队员保持一臂防守距离。

【拓展建议】增加攻防人数。

❷ 关门配合练习

关门配合练习1

【练习目的】培养关门配合意识，巩固防守脚步技术。

【练习方法】两人一组，每次两组进行练习，教师鸣哨示意。信号响起时两名队员进行一次关门配合，再次响起时两名队员回到原来防守位置，反复8—10次。（图2-4-7）

【场地器材】篮球场。

【练习要求】防守球员注意力集中，反应迅速，关门要严。

【拓展建议】可以根据上课人数调整练习人数。

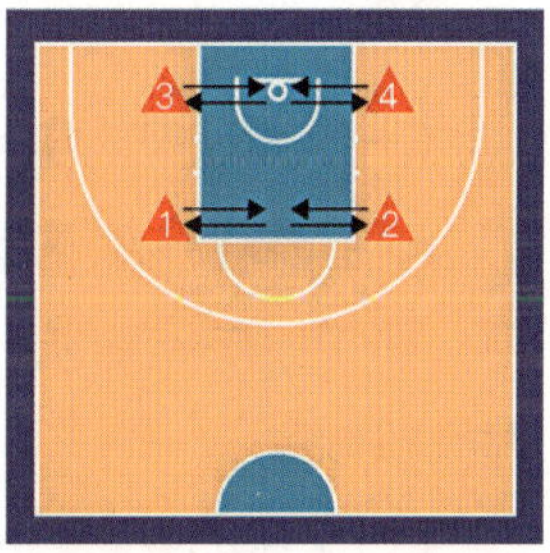

图2-4-7　关门配合练习1

关门配合练习2

【练习目的】练习三人之间关门配合。

【练习方法】三人一组，三分线外进攻队员持球突破，防守队员关门防守配合。进攻队员突破后将球传给队友，队友继续进行突破，防守队员练习关门。传球8—10次为一组，之后攻守交换练习。（图2-4-8）

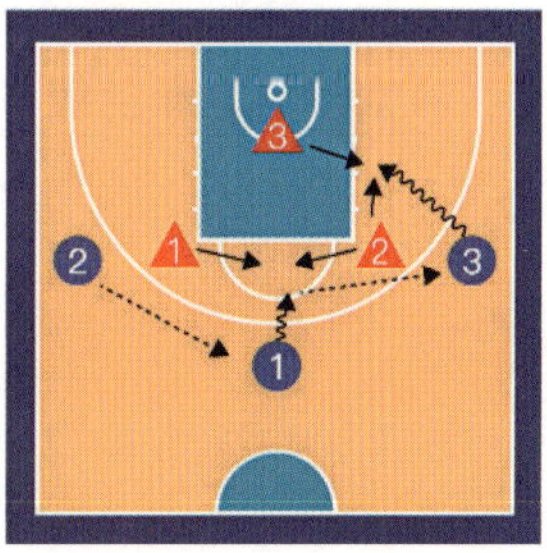

图2-4-8　关门配合练习2

【场地器材】篮球场；篮球。

【练习要求】防守球员积极移动，快速回位，“关门”时不留空隙。

【拓展建议】可以增加至四人防守、四人进攻。

三 赛

（一）教学比赛设计思路

本单元主要学习篮球防守组合脚步技术和关门基础配合，结合本阶段学生特点，组织四对四或五对五的比赛，将本单元内容运用到比赛中。

（二）教学比赛方法与组织

组合比赛：半场四对四比赛

【比赛目的】提高学生个人和团队防守能力。

【比赛方法】将学生分为四人一组，进攻时要求学生多寻找突破机会，防守时要求学生进行关门配合防守。

【注意事项】比赛中强调关门配合的运用。

【场地器材】篮球场；篮球。

【拓展建议】可以根据学生掌握情况拓展为五对五全场比赛方式。

四 评

（一）知识技能学习评价

学生能够熟练掌握防守技术与防守基础配合战术的方法与要领并在比赛中进行运用；熟知该单元对防守技术与防守基础配合战术的要求及评分标准，以及自身达到标准的程度。

（二）体能素质锻炼评价

学生较好地提升力量、耐力、速度素质，提升篮球专项体能，能运用三种发展力量、速度素质的练习方法。

（三）情感品格培养评价

通过防守脚步移动技术的练习和防守基础配合的学习，学生提高个人和团队防守能力，培养吃苦耐劳、顽强拼搏的意志品质和团队协作意识。

第三节　单元三教学策略

单元目标

1. 知识技能学习目标：学生能掌握人盯人防守战术基本原则，形成整体防守意识。
2. 体能素质锻炼目标：学生的无氧耐力和爆发力素质得到提升。
3. 情感品格培养目标：学生有强烈的团队合作意识，在活动中与同伴互帮互助。

一　学

（一）单元学习内容

半场人盯人防守战术

半场人盯人防守战术是指由攻转守全队在回防到后场时，以人盯人的形式进行防守，并根据全队的防守策略而实施防守行为的一种战术。

（二）单元学习方法

1. 观察示范法：在战术学习时，学生应当多观察教师示范的动作和不同情况下的整体移动。

2. 听取讲解法：在学习人盯人防守战术时，学生应该听取并理解防守战术的意义和目的，不能机械地学习，要在实战和想象的基础上学习。

二　练

（一）练习方法设计思路

本单元的练习方法设计遵循组合训练原则，贴近实战，使学生体验模拟实战中的感觉，从而达到提高团队防守能力的效果。实战练习强调防守的连续性和整体性。该阶段的防守内容属于学生新学习的战术知识，其练习强度不宜过大，尽量先在简单情境下进行，让学生充分理解后，再逐渐增加难度。

（二）练习方法与组织

分解练习

分解练习1：四点一防一有球防守

【练习目的】练习防守持球人技术。

【练习方法】两人一组，分成四组同时练习。防守队员将球传给进攻队员后，立即进行攻守练习。进攻队员可运用投篮与突破上篮进攻。防守队员应占

据有利的防守位置，快速移动并合理运用身体、手臂进行封盖，挡、堵防守对手。（图2-4-9）

【场地器材】篮球场；篮球。

【练习要求】防守队员注意保持与持球人的距离，合理运用身体和手臂。

【拓展建议】无。

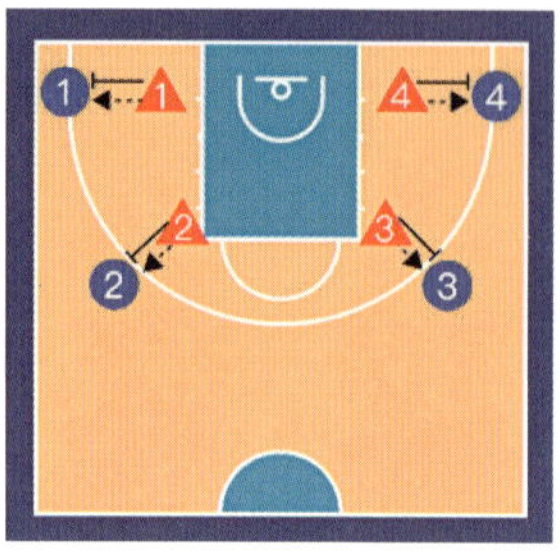

图2-4-9 四点一防一有球防守

分解练习2：强弱侧四人防守

【练习目的】掌握四人防守移动配合。

【练习方法】防守人分别站在限制区四个点，跟随球的路线调整防守位置，以球场中线为标准进行调整。（图2-4-10、图2-4-11）当球在一侧时，近球区防守队员遵守“堵中放边”的防守原则，远球区防守队员应当回收中线，做好协防或补防的准备。传球10次后完成投篮。此时，防守队员要卡位抢篮板，练习防守的整体性和连续性。

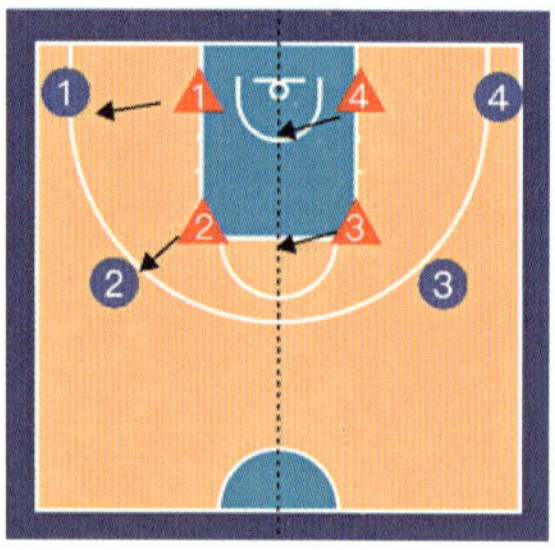

图2-4-10 强弱侧四人防守

【场地器材】篮球场；篮球。

【练习要求】近球区防守队员应当遵守“堵中放边”原则，远球区防守队员要注意根据球的路线进行位置调整，以中线为标准。

图2-4-11 强弱侧四人防守

【拓展建议】前期可以以传球的方式进行练习，中期可以让持球队员进行突破，进行协防练习，后期同侧队员可以进行掩护，增加练习难度。

分解练习3：防守有球与防守无球的选位

【练习目的】练习防守有球和防守无球的选位配合。

【练习方法】防守队员1传球给进攻队员③后迅速上前防守，同时防守队员2上前防守进攻队员①。防守队员要贴身防守，阻断进攻队员③传球给进攻队员①的路线。防守队员3则上提至罚球线，兼顾球的位置和防守进攻队员②。（图2-4-12）

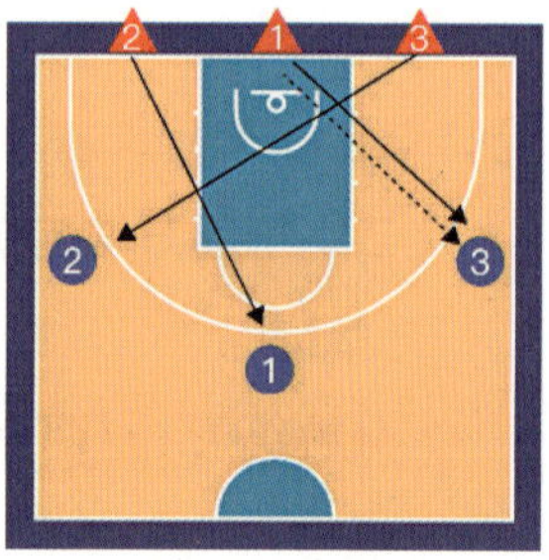

图2-4-12 防守有球与防守无球的选位

【场地器材】篮球场；篮球。

【练习要求】以球发出为信号，要求队员们移动迅速，防守位置选取要一步到位。

【拓展建议】传球人可以变换，接球人也可以变换。

三 赛

（一）教学比赛设计思路

本单元在巩固运球、传接球和投篮等技术的基础上，学习了半场人盯人防守战术，依据本阶段学生特点，组织四对四形式的比赛。

（二）教学比赛方法与组织

组合比赛：四对四比赛

【比赛目的】提升学生个人技术和团队配合能力。

【比赛方法】将学生分为四人一组，最好结合内外线分配队伍，比赛要求队员进行半场的人盯人防守。

【注意事项】比赛中需要强调投篮的合理性。

【场地器材】篮球场；篮球。

【拓展建议】可以根据学生情况拓展成全场五对五比赛方式。

四 评

（一）知识技能学习评价

学生能够熟练掌握半场人盯人防守战术的配合方法与要领并在比赛中进行运用。

（二）体能素质锻炼评价

学生较大程度地提升无氧耐力和爆发力，具有良好的身体协调性，能运用三种发展上、下肢力量的练习方法。

（三）情感品格培养评价

学生通过半场人盯人防守的学习，提高集体防守意识，培养团队合作意识与能力，以及顽强拼搏、坚持不懈、永不言弃的意志品质。

第五章　篮球模块五教学策略

本模块学习内容以个人进攻组合技术和攻防基础配合为主，学习重点是进攻人盯人防守和进攻区域联防战术，以及攻守全场人盯人紧逼防守知识。本模块一共分为四个单元，建议用42课时左右完成。

第一节　单元一教学策略

单元目标

1. 知识技能学习目标：学生能较为准确地感知身体竞技状态并自觉调节，能合理地运用篮球基础配合及整体战术，具备一定的比赛应变能力。
2. 体能素质锻炼目标：学生的无氧耐力和爆发力素质得到提升，篮球专项体能储备充沛。
3. 情感品格培养目标：学生在练习和比赛中团结协作、积极思考，能尊重对手及裁判员，进一步提升自信心、专注力、意志力。

一　学

（一）单元学习内容

1 进攻基础配合

进攻基础配合是指两三名进攻队员为了创造攻击机会，合理运用技术而组成的合作方法，主要包括掩护、突分、传切、策应。

2 防守基础配合

防守基础配合是指两三名防守队员为了破坏对方进攻配合，或在同伴防守出现困难时，及时相互协作的方法。熟练掌握和灵活运用防守基础配合，对提高队员整体防守战术水平、配合能力和战术意识有很重要的作用。防守基础配合主要包括挤过、穿过、绕过、夹击、关门、补防、交换防守。

（二）单元学习方法

观察示范动作法：教师在展示基础配合之前，先告诉学生如何观察战术基础配合的动作要领，并强调重点观察教师的身体姿势、身体移动的动作方法和动作顺序。

体验感知动作法：教师组织学生进行动作模仿和体验，注重让学生体验基础配合中掩护、摆脱切入、挤过、绕过等动作。

二 练

（一）练习方法设计思路

本单元的练习方法设计遵循循序渐进原则，注意提高学生的练习积极性和主动性。设计练习时，将基本技术和基础配合相融合，潜移默化地提高学生的技战术水平。练习难度适中，既能保证趣味性，又能提高学生热情。

（二）练习方法与组织

❶ 进攻基础配合练习

练习1：传切配合

【练习目的】掌握三人传切配合的方法。

【练习方法】①传球给②后，③立刻摆脱对手，向篮下切入，接②的回传球上篮。（图2-5-1）

【场地器材】篮球场半场；篮球。

【练习要求】切入队员要迅速摆脱防守，侧身切入，主动迎球；传球队员传球要隐蔽、快速、到位。

【拓展建议】可以反方向进行练习。

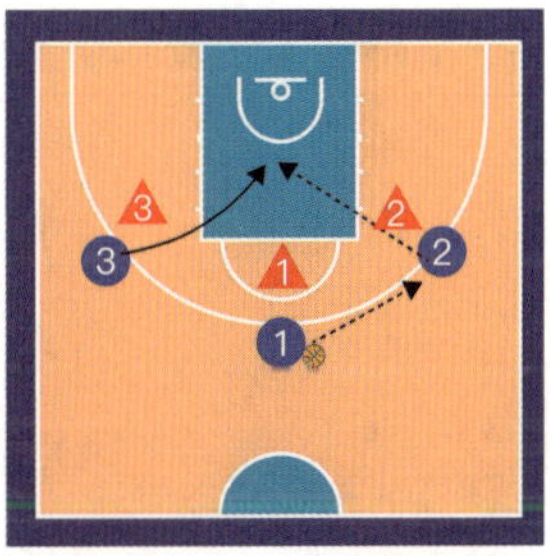

图2-5-1　传切配合

练习2：突分配合

【练习目的】掌握三人突分配合的方法。

【练习方法】①传球给②，②接球突破防守后，观察①和③的位置分球。（图2-5-2）

【场地器材】篮球场；篮球。

【练习要求】突破动作要突然、快速和有力，降低重心侧肩护球。

【拓展建议】接球队员连续做突破分球练习。

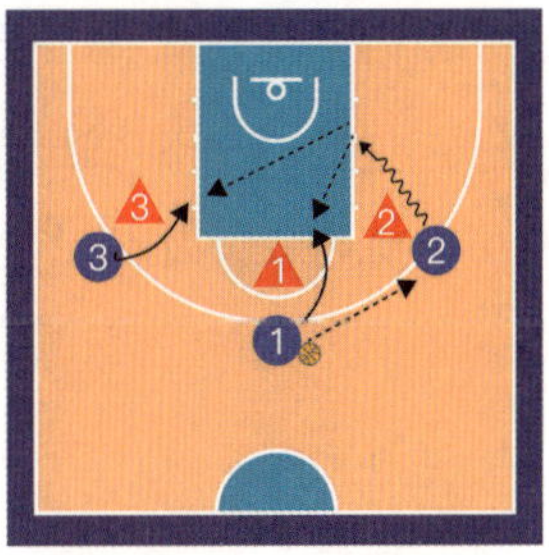

图2-5-2　突分配合

练习3：掩护配合

【练习目的】掌握三人掩护配合的方法。

【练习方法】②给③做无球掩护，③迅速上提接①的传球，然后攻击篮筐。（图2-5-3）

【场地器材】篮球场；篮球。

【练习要求】掩护到位，摆脱迅速，果断投篮。

【拓展建议】增加①给③做有球掩护配合。

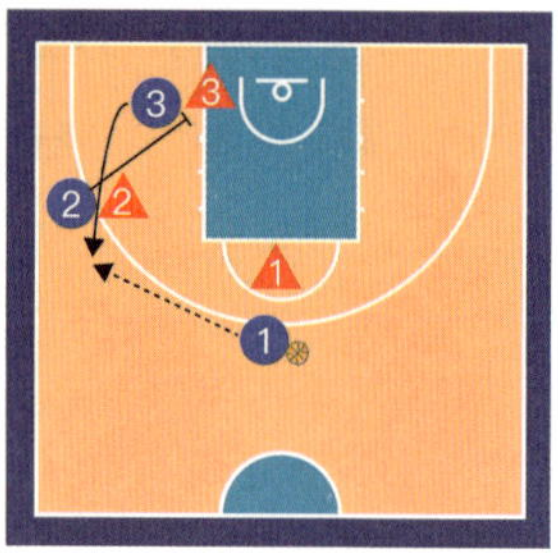

图2-5-3　掩护配合

练习4：策应配合

【练习目的】提高策应配合的运用能力。

【练习方法】⑤持球或运球，当④突然上提到罚球线附近并抢占到有利位置时，将球传给④。⑤和⑥迅速摆脱空切到篮下。④及时隐蔽地将球传给⑤或⑥投篮。（图2-5-4）

【场地器材】篮球场、篮球。

【练习要求】上提突然，摆脱切入迅速，果断投篮或分球。

【拓展建议】可以在不同位置做策应配合。

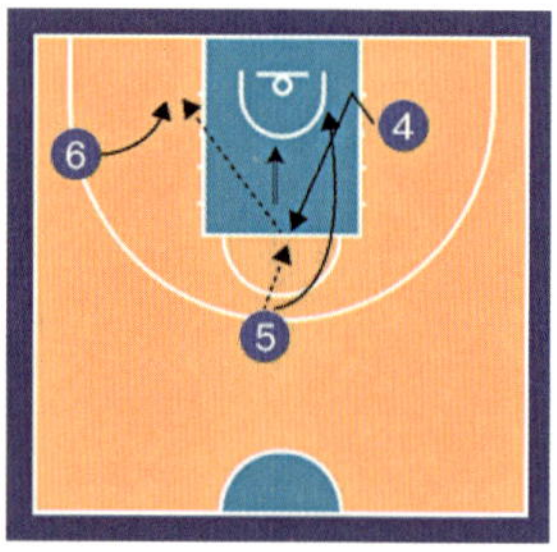

图2-5-4　策应配合

❷ 防守基础配合练习

练习1：穿过、挤过、绕过

【练习目的】有掩护的情况下，掌握穿过、挤过、绕过的时机。

【练习方法】练习中要求防守人要不断发出穿过、挤过或绕过的信号，及时与同伴配合防守对手。（图2-5-5）

【场地器材】篮球场；篮球。

【练习要求】把握防守基础配合的运用时机，提前预判。

【拓展建议】教练员通过哨声变换，规定具体防守基础配合的使用。

图2-5-5　穿过、挤过、绕过

练习2：夹击配合

【练习目的】掌握两人夹击配合的时机和动作要领。

【练习方法】当④沿边线运球过中线时，5突然迎上去迫使其停球，并协同4夹击停球的④。（图2-5-6）

【场地器材】篮球场；篮球。

【练习要求】当对方运球停止或持球队员处于各个场角时，要果断夹击，并积极挥动手臂，封阻其传球路线，不要盲目抢、打球，尽量避免不必要的犯规。

【拓展建议】可增加到三到四人夹击配合。

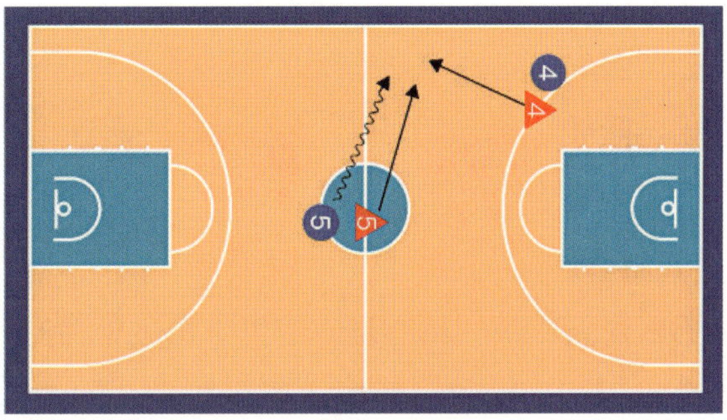

图2-5-6　夹击配合

练习3：内线协防配合

【练习目的】掌握三人协防内线防守配合的时机和动作要领。

【练习方法】三对三练习：当④传球给⑤时，防守队员4回撤，协防内线队员⑥；当⑤传球给④时，防守队员5则后撤协防⑥；当球在④时，防守队员6应移动在到⑥的右侧，防守队员5协防左侧；当球在⑤时，防守队员6迅速移动到⑥的左侧，防守队员4协防⑥的左侧。练习若干次后，攻守轮换。（图2-5-7）

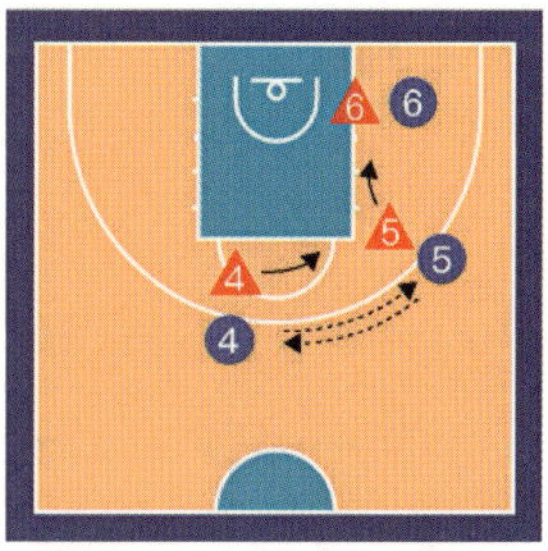

图2-5-7　内线协防配合

【场地器材】篮球场；篮球。

【练习要求】随着球的转移，协防者要快速移动，善于选取有利位置。

【拓展建议】可增加到四到五人配合。

三　赛

（一）教学比赛设计思路

本单元主要学习了篮球进攻与防守基础配合，教学比赛设计应分步骤、循序渐进，以所学内容为主。在分组时，教师应根据学生技术水平对组员进行划分，从而保证比赛时双方实力均衡。教学比赛应从实战出发，使学生在真实的比赛情境下运用所学技术组合。相比“学”与“练”，“赛”的时间应相对较长。

（二）教学比赛方法与组织

全场篮球比赛方法

比赛1：全场四对四篮球比赛

【比赛目的】在全场四对四比赛中掌握基本的篮球基础配合方法。

【比赛方法】采用全场四对四比赛，要求人盯人防守。通过合理运用掩护、突分、策应和传切相结合的配合，创造得分机会。

【注意事项】要求进攻至少使用两种基础配合。

【场地器材】篮球场；篮球。

【拓展建议】可以进行多打少练习赛。

比赛2：全场五对五篮球比赛

【比赛目的】在全场五对五比赛中掌握基本的篮球基础配合方法。

【比赛方法】采用全场五对五比赛，要求人盯人防守。通过合理运用掩护、突分、策应和传切相结合的配合，创造得分机会。

【注意事项】突破犀利、掩护到位、突分及时、策应迅速。

【场地器材】篮球场；篮球。

【拓展建议】缩短进攻时间。

四 评

（一）知识技能学习评价

学生能够熟练掌握进攻与防守基础配合的方法与要领并在比赛中进行运用。

（二）体能素质锻炼评价

学生具备较好的力量素质，在比赛中有良好的身体对抗能力，能运用三种发展上、下肢力量的练习方法。

（三）情感品格培养评价

学生通过个人技术练习，培养吃苦耐劳、积极进取等良好的意志品质；通过团队战术练习和比赛，培养团队合作与竞争精神。

第二节 单元二教学策略

单元目标

1. 知识技能学习目标：学生能较为准确地感知身体竞技状态并自觉调节，能合理地运用篮球战术，具有一定的比赛应变能力。
2. 体能素质锻炼目标：学生能在中对抗的正式比赛中完成相应技术动作或战术行为，逐步形成自身的技术特点；篮球专项体能储备充沛。
3. 情感品格培养目标：通过各种战术练习和篮球比赛，学生能团结协作、积极思考，尊重对手及裁判员。

一 学

（一）单元学习内容

进攻半场人盯人防守战术

进攻半场人盯人防守战术是指由守转攻时，在前场根据对方人盯人防守策略而实施的一种战术行为。

（二）单元学习方法

观察示范动作法：教师在展示战术配合之前，先告诉学生如何观察战术配合的要领，强调重点观察战术配合中人员的战术行为及移动顺序。

体验感知动作法：教师组织学生进行动作模仿和体验，在此过程中强调对配合动作、方法、路线等的感知。

二 练

（一）练习方法设计思路

本单元的练习方法设计依据循序渐进、贴近实战的原则，注重提高学生在模拟实战中的技术运用和战术执行能力。战术练习强调技术的连续性和规范性，以及战术行为的正确性。练习注重竞争性和真实性，尽可能让学生根据真实的比赛场景进行基础配合的决策，潜移默化地提高技能水平。

（二）练习方法与组织

❶ 半场进攻练习

练习1：半场一对一攻防

【练习目的】提高有防守情况下的个人进攻能力。

【练习方法】①持球运球，突破②的防守后上篮或投篮。（图2-5-8）

【场地器材】篮球场；篮球。

【练习要求】持球人运用各种运球变向，突破防守后投篮或上篮。

【拓展建议】要求持球人用非惯用手运球。

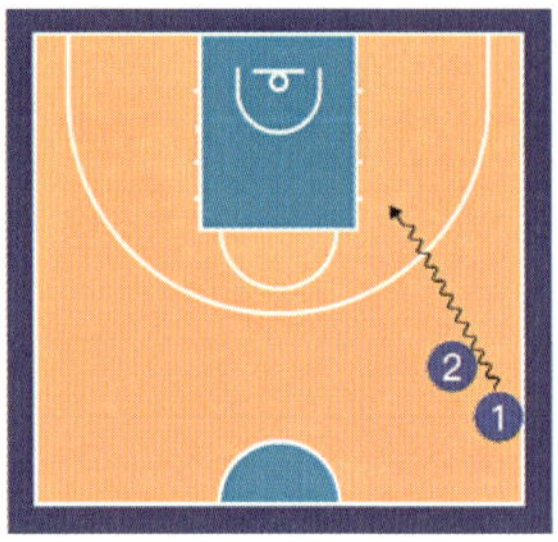

图2-5-8　半场一对一攻防

练习2：摆脱接球一对一攻防

【练习目的】提高摆脱防守后接球进攻能力。

【练习方法】队员①摆脱②防守后，接③的传球，然后进攻篮筐。（图2-5-9）

【场地器材】篮球场；篮球。

【练习要求】要求队员①摆脱防守接球后，运用各种技术突破防守，创造有利空间投篮得分。

【拓展建议】限时12秒内完成进攻。

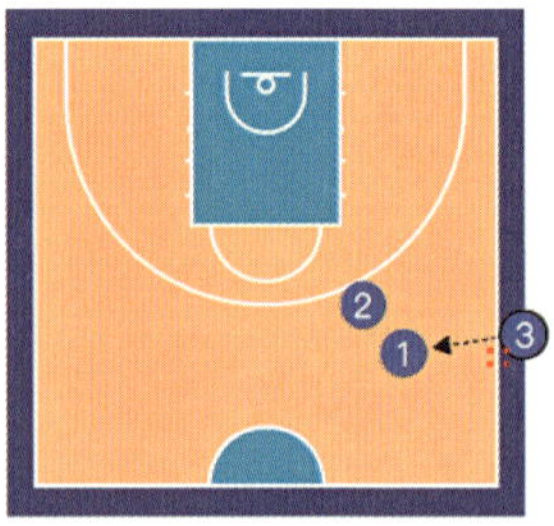

图2-5-9　摆脱接球一对一攻防

练习3：半场二对二攻防

【练习目的】提高两人进攻配合的能力。

【练习方法】两人一组，①将球传给②后再给②掩护。②利用掩护突破上篮，也可传给掩护后转身压位切入的①投篮。（图2-5-10）

【场地器材】篮球场；篮球。

【练习要求】掩护突然，能有效挡住防守人。

【拓展建议】如果第一次掩护后，没有好的得分机会，立刻进行第二次掩护，以便获得新的得分机会。

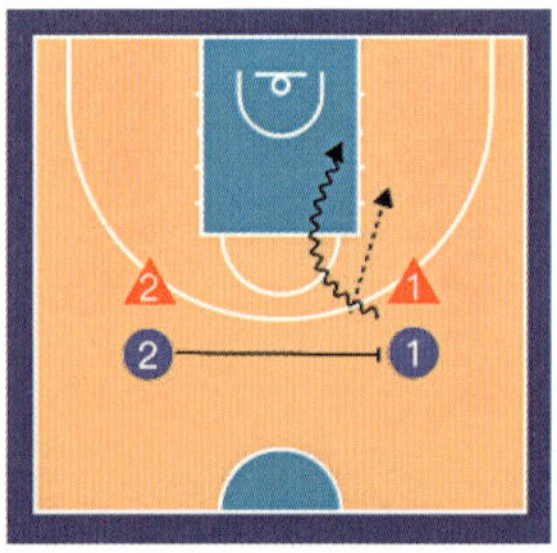

图2-5-10　半场二对二攻防

练习4：高位掩护

【练习目的】提高进攻选择能力。

【练习方法】中锋②上提给①做手递手掩护；①传球后向左侧纵切；中锋②此时向右侧突破，突破后可直接投篮，也可传给①完成进攻。（图2-5-11）

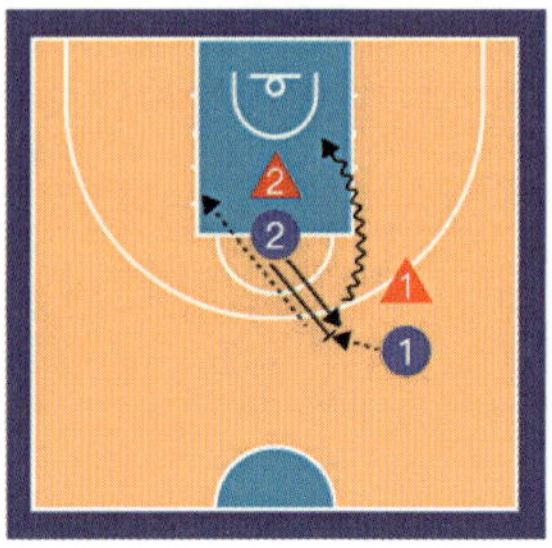

图2-5-11　高位掩护

【场地器材】篮球场；篮球。

【练习要求】中锋上提接球后给持球队员手递手掩护。

【拓展建议】中锋可以做假掩护直插篮下接球投篮。

练习5：运球掩护突破

【练习目的】通过持球掩护创造更多的配合方式。

【练习方法】两人一组，①运球往②方向移动。当①快要接近②时，②迅速摆脱跑动，利用①的手递手掩护快速上篮，也可传球给掩护后转身切入的①上篮。（图2-5-12）

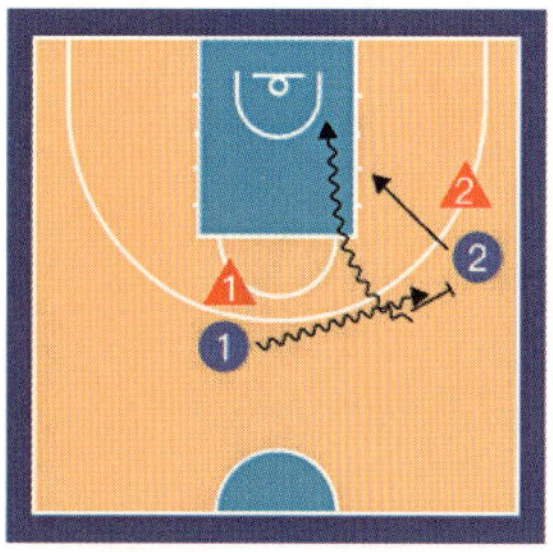

图2-5-12　运球掩护突破

【场地器材】篮球场；篮球。

【练习要求】持球队员做掩护时要保护好球，配合熟练、手递手动作隐蔽。

【拓展建议】增加攻防人数。

练习6：两人策应配合

【练习目的】提高策应配合的运用能力。

【练习方法】两人一组，一组进攻一组防守。练习开始后，②上提接①传球，①纵切接②策应传球投篮。（图2-5-13）

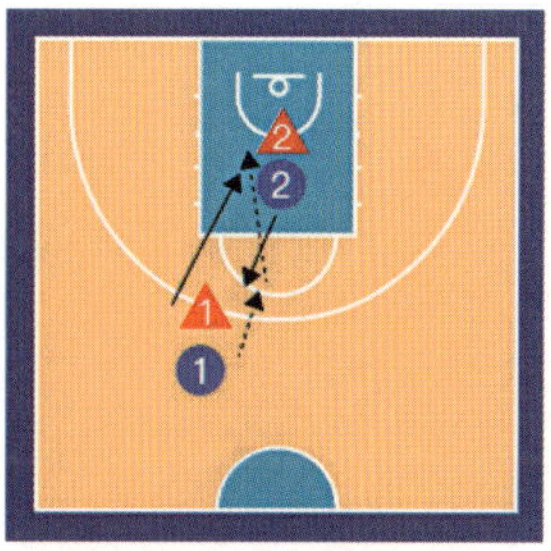

图2-5-13　两人策应配合

【场地器材】篮球场；篮球。

【练习要求】上提及时，切入迅速，传球隐蔽准确。

【拓展建议】策应时机不好时，可以选择直接攻击篮筐。

练习7：三人反掩护

【练习目的】通过给无球队员掩护，创造得分机会。

【练习方法】三人一组，①将球传给③，然后给②作掩护。②利用掩护切入，接③传球投篮。若无进攻机会，①掩护完转身压位向罚球线移动，接③传球投篮。（图2-5-14）

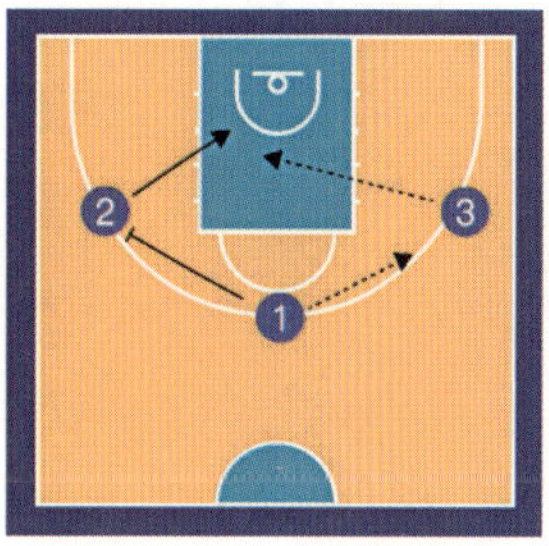

图2-5-14　三人反掩护

【场地器材】篮球场；篮球。

【练习要求】传球迅速准确，掩护时迅速切入。

【拓展建议】掩护后无切入机会时，①可以后转身切入篮下接球。

练习8：罚球线策应

【练习目的】通过策应配合，创造多种得分机会。

【练习方法】三人一组，①传球给②，③上提至罚球线接②传球。此时，①和②同时摆脱纵切，②往左侧底线纵切，①往中间纵切。③可传球给①或②投篮。（图2-5-15）

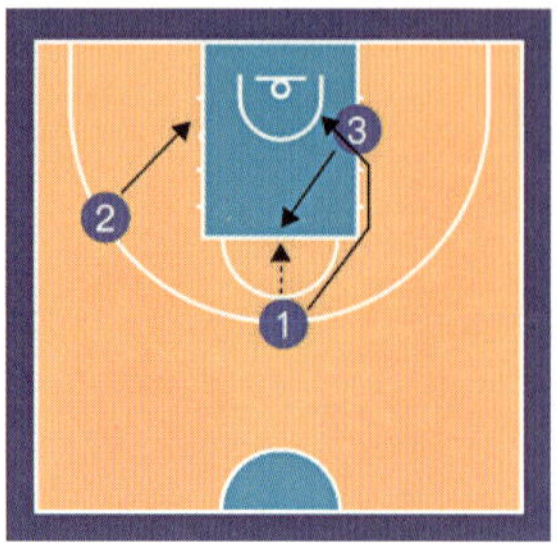

图2-5-15　罚球线策应

【场地器材】篮球场；篮球。

【练习要求】纵切同时进行，策应队员要具备快速传球能力。

【拓展建议】如果两位队员纵切没有获得进攻机会，①给②做掩护，创造出新的空间投篮得分。

练习9：掩护+策应

【练习目的】通过三人间的配合，提高队员的战术运用能力。

【练习方法】三人一组，①传球给②，②再传给中锋③。然后，②给①做掩护，①利用掩护接③传球投篮；如无机会，②转身切入，接③策应传球上篮。（图2-5-16）

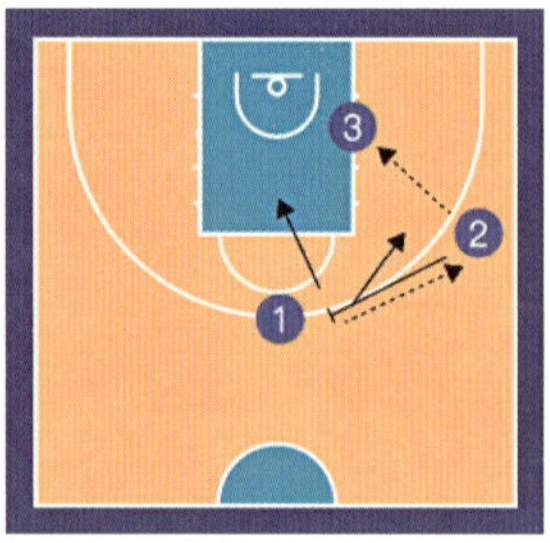

图2-5-16　掩护+策应

【场地器材】篮球场；篮球。

【练习要求】②被掩护后，迅速摆脱防守，掩护队员①转身切入。

【拓展建议】如果①和②均无进攻机会，③伺机投篮。

练习10：连续掩护

【练习目的】通过多次掩护，提高队员的战术配合能力。

【练习方法】①持球，②往右侧底线移动，利用③的掩护绕出接①传球投篮；如无机会，③再上提给①做高位掩护，①利用掩护突破急停投篮。（图2-5-17）

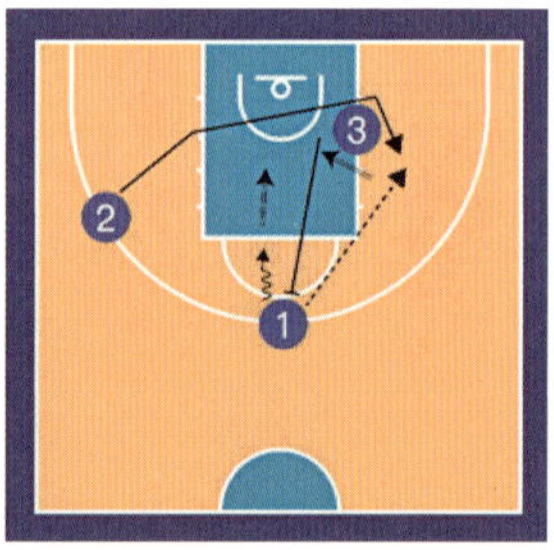

图2-5-17　连续掩护

【场地器材】篮球场；篮球。

【练习要求】掩护到位，传球迅速，二次掩护后投篮果断。

【拓展建议】队员①可以适时纵切，接球投篮。

练习11：进攻人盯人防守战术——连续突破分球

【练习目的】提高突破分球能力。

【练习方法】③号突破，分球给①号；①号接着突破再分球给②；②号再突破分球给③。三名队员都突破完后，顺时针轮转位置，进行下一轮的突破分

球练习。（图2-5-18）

【场地器材】篮球场；篮球。

【练习要求】突破迅速，传球准确。

【拓展建议】尝试运用多种传球方式。

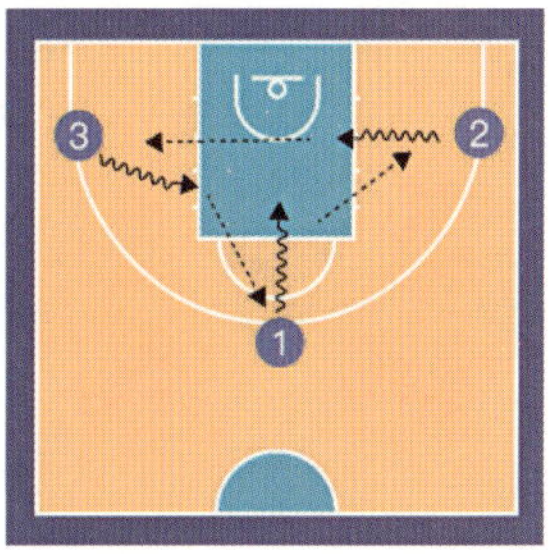

图2-5-18　进攻人盯人防守战术——连续突破分球

❷ 整体进攻人盯人防守战术练习

练习1：中锋高位策应

【练习目的】提高中锋高位策应配合的整体战术能力。

【练习方法】落位为1-3-1形式。战术开始时，①将球传给中锋⑤。⑤接球后，②给④做掩护。④可利用掩护上提接⑤传球投篮，这是第一个机会。如无机会，④掩护后切入，可接⑤传球上篮。同时①给③做掩护，③利用掩护顺势绕中锋切入，接⑤低手传球上篮。（图2-5-19）

【场地器材】篮球场；篮球。

【练习要求】掩护到位，切入迅速，五人配合要连贯，跑位流畅。

【拓展建议】提高第二次机会出现时的得分能力。

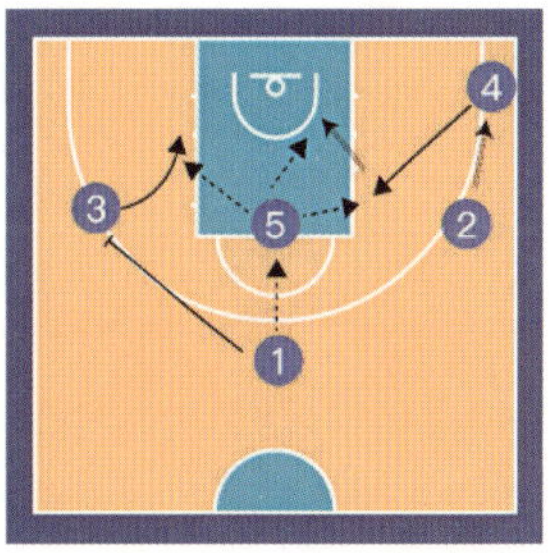

图2-5-19　中锋高位策应

练习2：中锋低位策应

【练习目的】提高中锋低位策应配合的整体战术能力。

【练习方法】①传给摆脱的中锋⑤。同时，②主动给④掩护，然后切入接⑤的球投篮，或传给向罚球线移动的④接球跳投。其他队员准备抢篮板球并积极移动，创造进攻的机会，注意回防。（图2-5-20）

【场地器材】篮球场；篮球。

【练习要求】掩护到位，切入迅速，五人配合要连贯，跑位流畅。

【拓展建议】要求提高第二、第三机会出现时的得分能力。

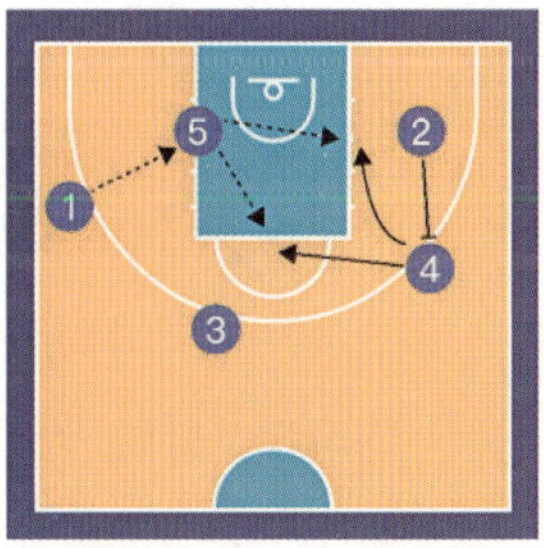

图2-5-20　中锋低位策应

练习3：掩护为主的进攻方法

【练习目的】提高连续掩护配合能力。

【练习方法】进攻时，中锋⑤给②掩护，②及时摆脱接①的球。②接球后可以投篮，也可以及时传给中锋⑤。（图2-5-21）如果进攻受阻，另一侧的④可以自己切入或给③掩护，为③创造进攻的机会。此方法也可以从左侧开始。

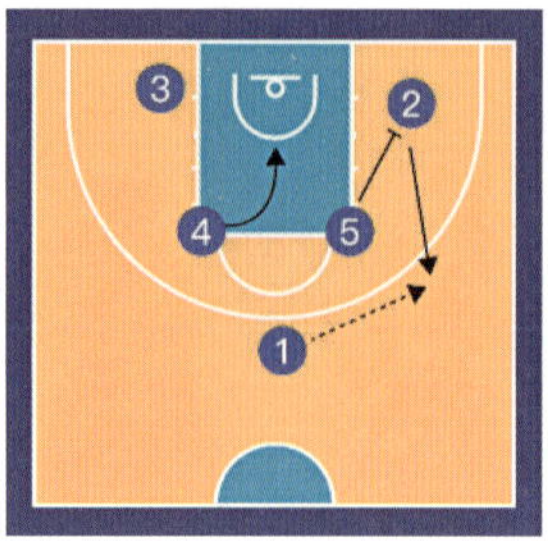

图2-5-21 掩护为主的进攻方法

③摆脱后接球，同时⑤下顺。如果受阻，⑤横移接球跳投。（图2-5-22）

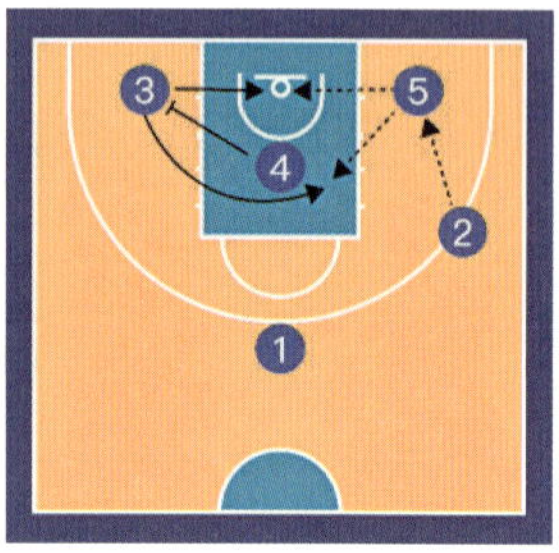

图2-5-22 掩护为主的进攻方法

【场地器材】篮球场；篮球。

【练习要求】掩护到位，衔接连贯，传球迅速。

【拓展建议】可以增加做掩护队员的上提接球。

练习4：内线“8”字掩护进攻法

【练习目的】增强连续内线掩护配合的能力。

【练习方法】内线“8”字掩护进攻，一般是两名中锋和一名前锋队员连续积极移动，利用行进间掩护，创造进攻的机会。①接球时，③利用④的掩护向篮下切入接球投篮。如果遇到防守换防，③就继续移动给⑤掩护，由⑤接球投篮。③在掩护后也可横插，接球投篮。（图2-5-23）

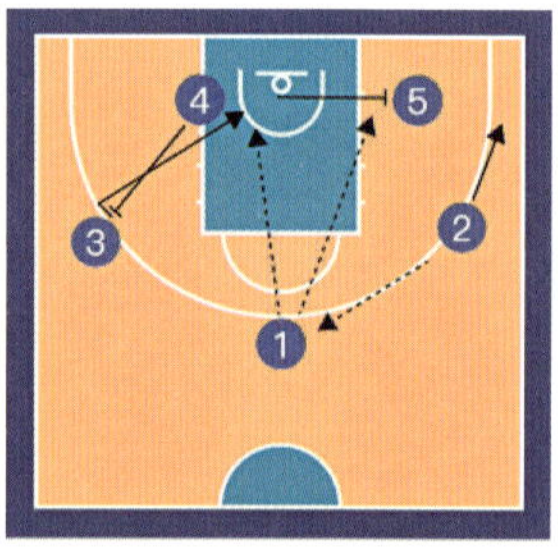

图2-5-23 内线“8”字掩护进攻方法

【场地器材】篮球场；篮球。

【练习要求】掩护到位，传球迅速。

【拓展建议】增加掩护后切入的要求。

练习5：外线“8”字掩护进攻法

【练习目的】增强连续外线掩护配合的能力。

【练习方法】外线“8”字多用于运球掩护。通过掩护，创造中远距离投篮或在运球过程中传给向内线空切的同伴投篮。练习时，②运球给③掩护，③运球给①掩护，三人在运球掩护过程中抓住时机，突破上篮或跳投。在运球掩护过程中，④也可以传给内线被掩护的⑤投篮，其他人注意回防。（图2-5-24）

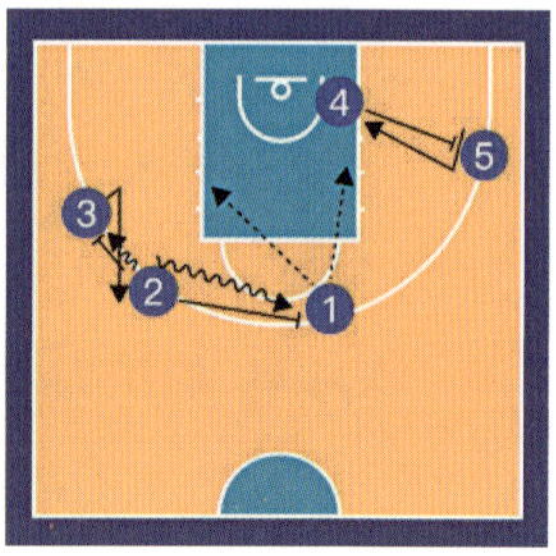

图2-5-24 外线“8”字掩护进攻方法

【场地器材】篮球场；篮球。

【练习要求】运球掩护时，传球要隐蔽。

【拓展建议】增加掩护后的切入或者拉开接球投篮。

练习6：以突分为主的进攻方法1

【练习目的】提高突破分球的战术能力。

【练习方法】采用1-2-2形式落位。①从中间突破时，底线④和⑤同时起动给②和③做掩护。①运球突破后，可传给②或者③，由其进行底线三分投篮。若底线无机会，①将球传给⑤后，往传球一侧底线移动去补③的位置。③则上提，利用⑤的掩护接手递手传球，再向中间突破。同时，④再给②掩护。③突破后，分球给②，由其做三分投篮。（图2-5-25）

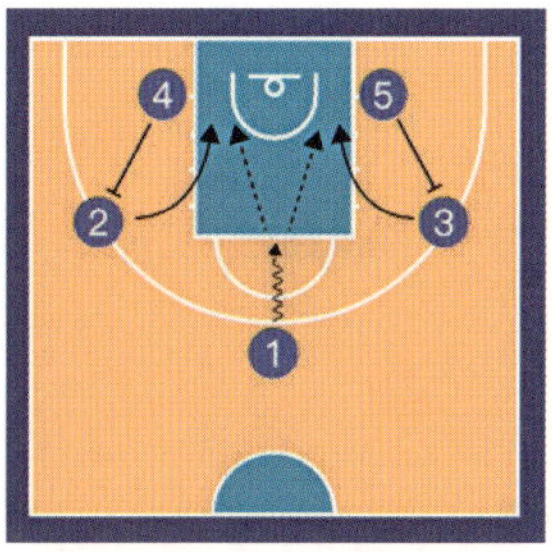

图2-5-25　以突分为主的进攻方法1

【场地器材】篮球场；篮球。

【练习要求】运球突破与掩护配合同时进行，快速准确。

【拓展建议】增加突破分球后绕底线给远球区队员掩护的练习。

练习7：以突分为主的进攻方法2

【练习目的】提高连续突分配合的战术能力。

【练习方法】外线队员①②③做连续突破分球压缩防守，如有空位可直接投篮。同时，④可利用⑤的掩护溜底至右侧底角。外线队员往中间突破进限制区后，可将球传给④投篮。（图2-5-26）

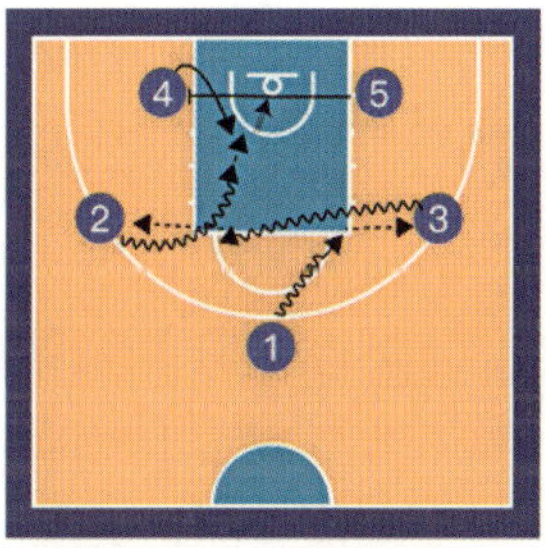

图2-5-26　以突分为主的进攻方法2

【场地器材】篮球场；篮球。

【练习要求】要体现突破分球配合的连续性，无球掩护后出现机会要及时传球。

【拓展建议】增加无球队员的切入。

练习8：以掩护与突分为主的进攻方法1

【练习目的】提高多种配合的战术能力。

【练习方法】落位后，⑤给①做高位掩护，①利用高位掩护中路突破。②和④可同时上提，接①的传球投篮。（图2-5-27）若①将球传给④后，④无机会投篮，则⑤再给④做掩护，④继续

图2-5-27　以掩护与突分为主的进攻方法1

向中间突破。同时，②上提接④传球投篮，①补位到原来②的位置。（图2-5-28）

【场地器材】篮球场；篮球。

【练习要求】突破后及时横切。

【拓展建议】突破分球后，要移动到新的位置，准备接球投篮。

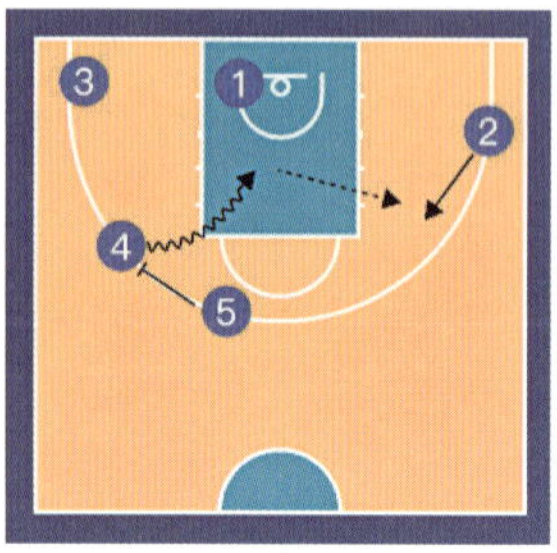

图2-5-28　以掩护与突分为主的进攻方法1

练习9：以掩护与突分为主的进攻方法2

【练习目的】提高多种配合的战术能力。

【练习方法】采用1-2-2形式落位。练习开始时，⑤给①做高位掩护，①利用掩护突破。同时③下顺，接①传球投篮，这是第一个机会。（图2-5-29）③接球后若无机会，可运球上提从45度角突破。同时，④利用②以及⑤的掩护上提，接③传球投篮。（图2-5-30）

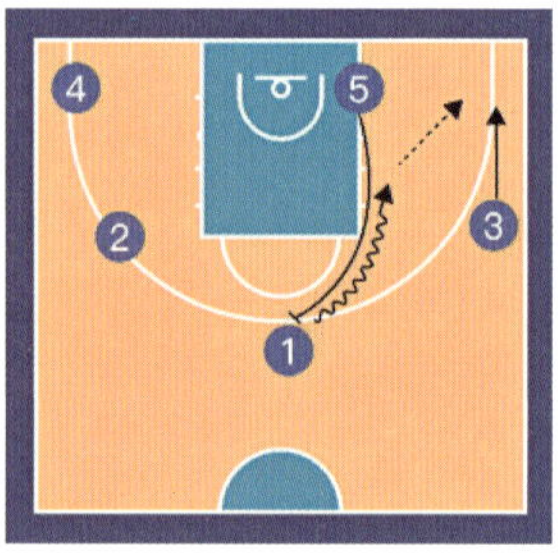

图2-5-29　以掩护与突分为主的进攻方法2

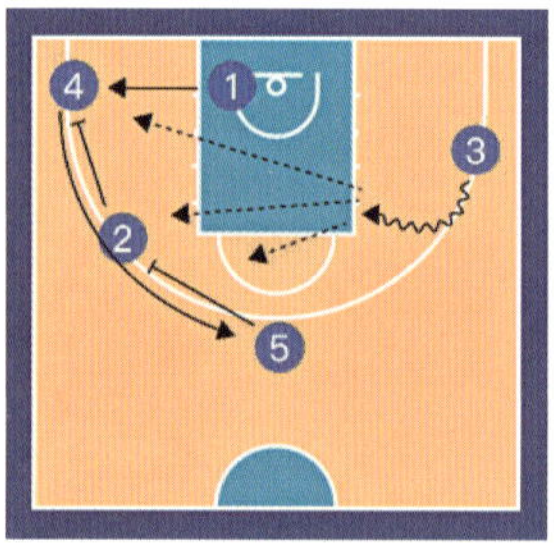

图2-5-30　以掩护与突分为主的进攻方法2

【场地器材】篮球场；篮球。

【练习要求】突破分球后，弱侧的无球掩护要及时。

【拓展建议】增加连续无球掩护后，要切入到三秒区。

练习10：以传切与掩护为主的进攻方法1

【练习目的】提高多种配合的战术能力。

【练习方法】③摆脱，接①的球后将球传给⑤，再向内线切入，接球投篮。如果③受阻，①可到另一侧给②掩护，②摆脱后接球投篮。也可运用此种方法从左侧发动进攻。（图2-5-31）

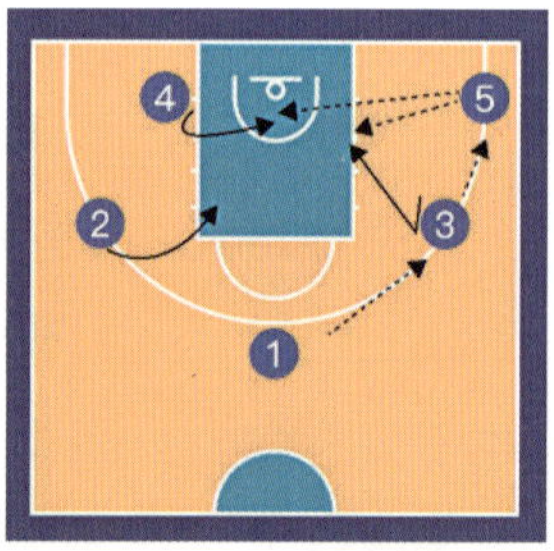

图2-5-31　以传切与掩护为主的进攻方法1

【场地器材】篮球场；篮球。

【练习要求】传球后，迅速切入，弱侧队员伺机而动。

【拓展建议】增加弱侧无球队员之间的掩护配合。

练习11：以传切与掩护为主的进攻方法2

【练习目的】提高多种配合的战术能力。

【练习方法】①传球给③的同时，④给②掩护，⑤迅速摆脱，切入接③的球投篮。如果⑤受阻，③可传给进行掩护的中锋④投篮。（如图2-5-32）

【场地器材】篮球场；篮球。

【练习要求】掩护到位，迅速摆脱，掩护后转身卡住位置。

【拓展建议】增加外线无球队员的跑动，以获得空间投篮。

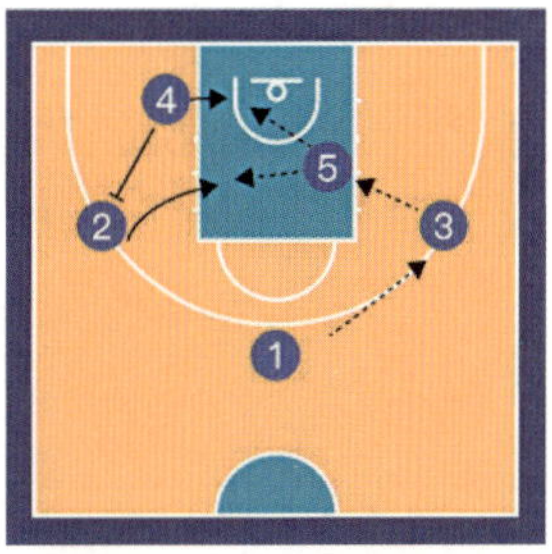

图2-5-32　以传切与掩护为主的进攻方法2

三　赛

（一）教学比赛设计思路

本单元主要学习了篮球进攻人盯人防守战术。教学比赛的设计应循序渐进，以所学内容为主。在分组时，教师应根据学生技术水平，有选择地对组员进行划分，从而保证比赛双方实力均衡。教学比赛应从实战出发，使学生在真实比赛情境下运用所学技战术。

（二）教学比赛方法与组织

全场篮球比赛方法

比赛1：全场四对四篮球比赛

【比赛目的】提高进攻人盯人防守的能力。

【比赛方法】采用全场四对四比赛，采用人盯人防守。通过掩护、突分、策应和传切相结合的配合，创造得分机会。

【注意事项】要求每回合进攻至少有两次战术配合。

【场地器材】篮球场；篮球。

【拓展建议】增加人数或多打少。

比赛2：全场五对五篮球比赛

【比赛目的】提高进攻人盯人防守的能力。

【比赛方法】采用全场五对五比赛，采用人盯人防守。通过掩护、突分、策应和传切相结合的配合，创造得分机会。

【注意事项】突破犀利、掩护到位、突分及时、策应迅速。

【场地器材】篮球场；篮球。

【拓展建议】缩短进攻时间。

四 评

（一）知识技能学习评价

学生能够熟练掌握进攻半场人盯人防守战术的方法与要领并在比赛中进行运用。

（二）体能素质锻炼评价

学生大幅提升力量、耐力素质，具备较强的短距离冲刺能力，能运用三种发展上下肢力量、速度素质的练习方法。

（三）情感品格培养评价

学生具备体育学习与锻炼的自主性与主动性；通过进攻战术的学习与应用，在发现问题、分析问题和解决问题方面的能力有所提高，并具有强烈的团队合作与竞争意识。

第三节 单元三教学策略

单元目标

1. 知识技能学习目标：学生能掌握进攻联防防守的战术方法，能准确地感知身体的竞技状态并自觉调节，能非常合理地运用篮球战术，具有比赛的应变能力。
2. 体能素质锻炼目标：学生能在强对抗的正式比赛中完成相应技术动作或战术行为，逐步形成自身的技术特点；篮球专项体能储备充沛。
3. 情感品格培养目标：通过以联防攻守为主的比赛，学生能培养团结协作、积极思考、克服困难以及尊重对手和裁判员的意志品质。

一 学

（一）单元学习内容

区域联防

区域联防，顾名思义，乃联合防守之意。它分站位联防和对位联防，如果与盯人结合，还可以变化成混防（混合防守）。联防与盯人的最大不同，就是盯人以防人为最终目的，而联防则以防球为最终目的。把区域联防和人盯人防守两种战术融为一体，比人盯人防守更具有集体性，比区域联防更具有针对性。

（二）单元学习方法

1．观察示范动作法：教师在展示战术配合之前，先告诉学生如何观察战术配合的要领，强调重点观察战术配合中人员的战术行为及移动顺序。

2．体验感知动作法：教师组织学生进行动作模仿和体验，强调在战术配合时对技术运用、配合时机、移动路线等方面的感知。

二 练

（一）练习方法设计思路

本单元的练习方法设计遵循循序渐进原则，由易到难，逐步实现由双人、三人至全队参与的进攻联防战术配合，提高学生练习的积极性，使其对相关概念更加理解和实战运用更加扎实。在设计练习时，尽量让练习富有竞争性和真实性，尽可能让学生根据真实的比赛场景进行战术行为决策，潜移默化地提高技能水平。本单元以教学比赛法为主，由教师创设相应比赛情境，使学生更好地掌握本单元的内容。

（二）练习方法与组织

❶ 分解区域联防练习

练习1：中距离跳投

【练习目的】提高攻联防时的传球能力和投篮准确性。

【练习方法】①②③相互传球，调动防守，使对方1、2不能及时地防守到位。①②③抓住机会果断地进行中距离投篮。（图2-5-33）

【场地器材】篮球场；篮球。

【练习要求】快速转移球，出现空位时果断投篮。

【拓展建议】运用各种传球手段。

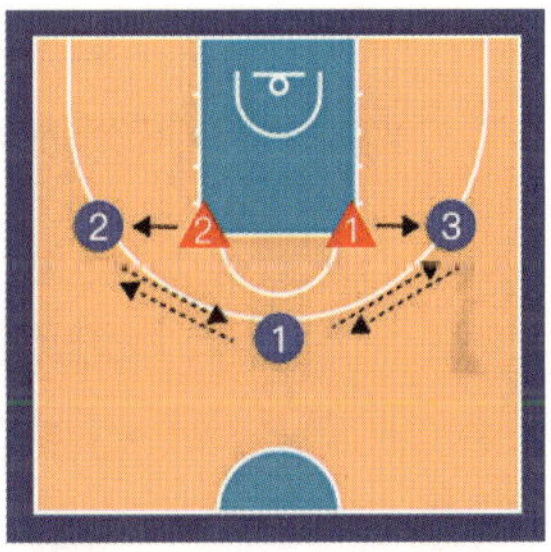

图2-5-33　中距离跳投

练习2：移动练习中距离跳投

【练习目的】提高局部攻联防时的配合能力。

【练习方法】通过移动，斜插接球投篮。②接球后做投篮动作，吸引2上来防守，拉空底线。③斜插篮下，接②的传球投篮。（图2-5-34）

【场地器材】篮球场；篮球。

【练习要求】快速传球，及时横切。

【拓展建议】增加突分练习。

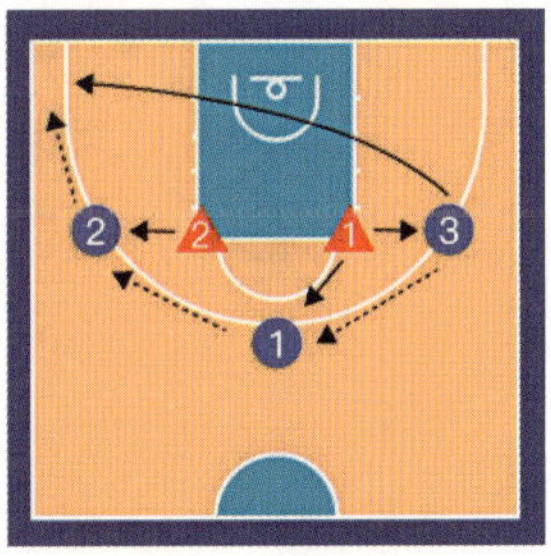

图2-5-34　移动练习中距离跳投

练习3：背插进攻

【练习目的】提高背插投篮的准确性。

【练习方法】①②传球，吸引防守。然后，①把球传给③。③做投篮动作时，④向篮下切入，②同时向罚球区背插。③根据情况将球传给④或②投篮。（图2-5-35）

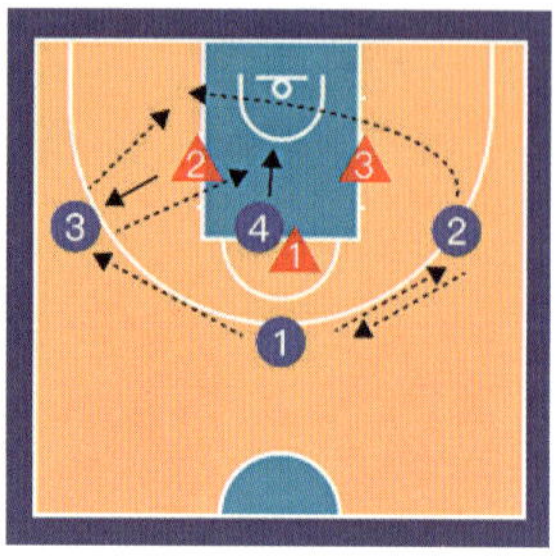

图2-5-35 背插进攻

【场地器材】篮球场；篮球。

【练习要求】快速转移球，迅速切入。

【拓展建议】接球后，做出三威胁姿势。

练习4：斜插接球投篮

【练习目的】提高攻联防时的传球能力。

【练习方法】进攻队员①传球给②。这时底线的④突然向篮下移动，③同时下顺。②可将球传给③或④投篮。（图2-5-36）

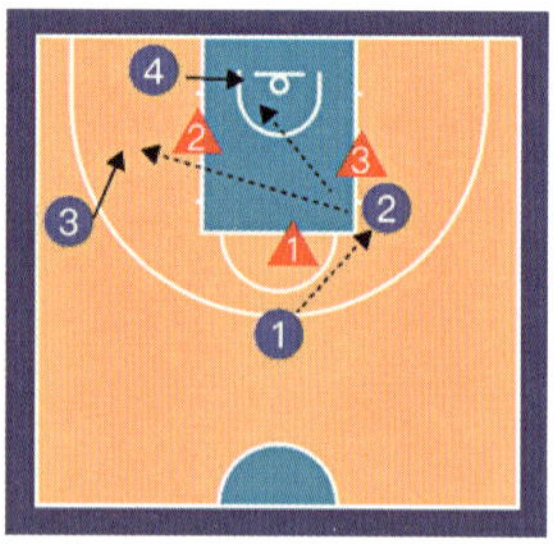

图2-5-36 斜插接球投篮

【场地器材】篮球场；篮球。

【练习要求】持球人遇到包夹时快速转移球，适时切入。

【拓展建议】增加后续配合的方法。

练习5：中锋策应

【练习目的】提高攻联防时的配合能力。

【练习方法】进攻队员①②相互传球，吸引防守队员1、2上来防守。①将球传给④。④接球后，转身做投篮动作。与此同时，⑤溜底线，③向场地角移动，在右侧底线形成以多打少的有利局面。④根据防守情况，将球传给③后向篮下空切，接③的传球投篮。（图2-5-37）

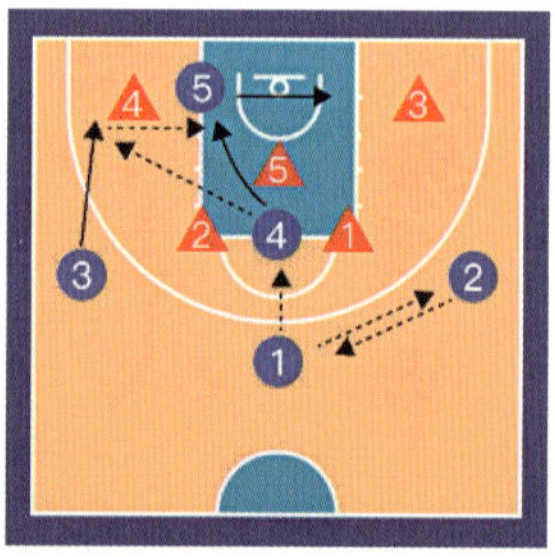

图2-5-37 中锋策应

【场地器材】篮球场；篮球。

【练习要求】遇到防守时，快速转移球。

【拓展建议】增加后续配合的方法。

② 完整进攻区域联防练习

练习1：进攻“2-1-2”联防方法1

【练习目的】提高进攻“2-1-2”联防的能力。

【练习方法】进攻队员采用1-3-1落位，在阵型上形成以多打少的优势。外线队员

①②③⑤积极调动防守，使对方出现错位或漏防。此时，外线队员进行投篮或突破，或将球及时传给内线队员进攻。（图2-5-38）

【场地器材】篮球场；篮球。

【练习要求】遇到防守时，快速转移球；接球时若出现空位，要果断投篮。

【拓展建议】增加底线队员移动后接球的选择。

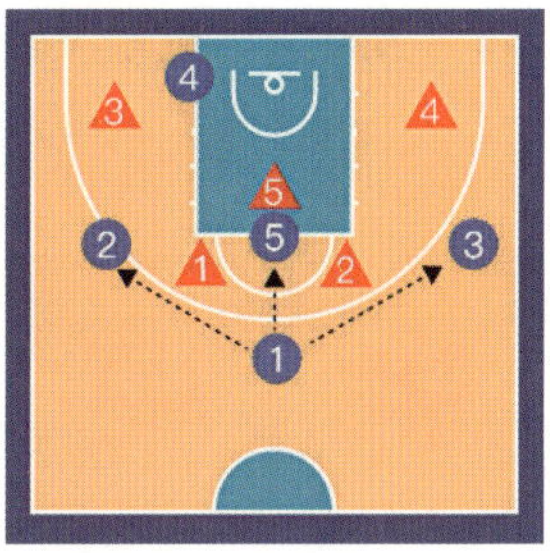

图2-5-38　进攻“2-1-2”联防方法1

练习2：进攻“2-1-2”联防方法2

【练习目的】提高进攻“2-1-2”联防的能力。

【练习方法】①②③相互传球调动防守，找机会传给⑤。⑤接球吸引包夹后，迅速将球回传给②。②若有机会，可直接投篮，若无机会，则把球传进内线④。同时，③切入。④可传球给③上篮。（图2-5-39）

【场地器材】篮球场；篮球。

【练习要求】快速转移球，迅速突破。

【拓展建议】可增加后续配合的方法。

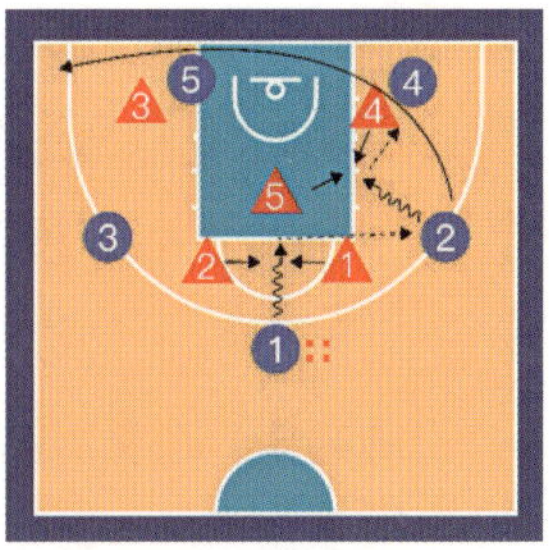

图2-5-39　进攻“2-1-2”联防方法2

练习3：进攻“2-1-2”联防方法3

【练习目的】提高进攻“2-1-2”联防的能力。

【练习方法】利用连续突分创造空位投篮。①运球中路突破后分球给②。②接球后立即运球突破，迫使防守夹击，此时可分球给④投篮，这是第一个进攻机会。（图2-5-40）若无机会，②往左侧溜底，同时利用⑤的掩护至底角。④接球继续往上线突破。①和③轮转补位。④遇夹击后分球给①。①再运球往中路突破，遇夹击分球给③投篮，也可传球给底角②投篮，这是第二个机会。（图2-5-41）

【场地器材】篮球场；篮球。

【练习要求】通过不断地突破压缩防守，最后分球给外侧队员。外侧队员若有空位，要敢于投篮。

【拓展建议】可以反方向进行练习。

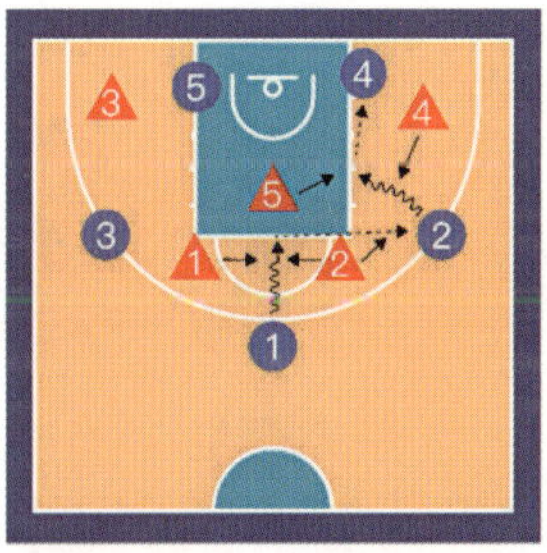

图2-5-40　进攻“2-1-2”联防方法3

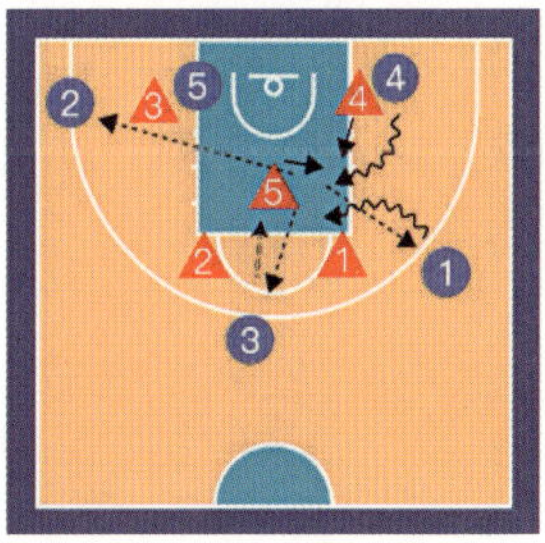

图2-5-41　进攻“2-1-2”联防方法3

练习4：进攻“2-3”联防方法1

【练习目的】提高进攻“2-3”联防的配合能力。

【练习方法】①③相互传球，吸引防守。⑤插至罚球线附近准备接球，把防守队员吸引上来，拉空底线。①突然将球传给②。②接球做投篮动作，吸引防守，形成②与④进攻的有利局面。④根据防守情况，进行中距离投篮，或传球给篮下的⑤投篮。（图2-5-42）

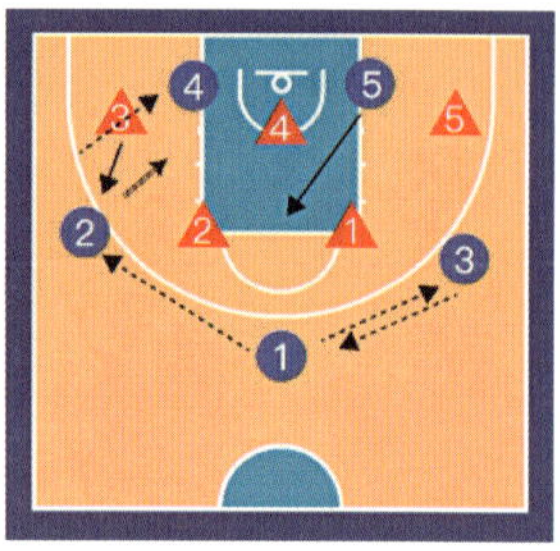

图2-5-42　进攻“2-3”联防方法1

【场地器材】篮球场；篮球。

【练习要求】通过不断地转移球调动防守，最后形成以多打少的局面，有空位要敢于投篮。

【拓展建议】可以反方向进行练习。

练习5：进攻“2-3”联防方法2

【练习目的】提高进攻“2-3”联防的配合能力。

【练习方法】①与③相互传球，吸引防守。①突然将球传给②。防守者3上来防守②；防守者4防④。与此同时，③从背向插入罚球区，形成②③④进攻3和4的以多打少的有利局面。②根据防守情况进行投篮或传给③或④投篮。（图2-5-43）

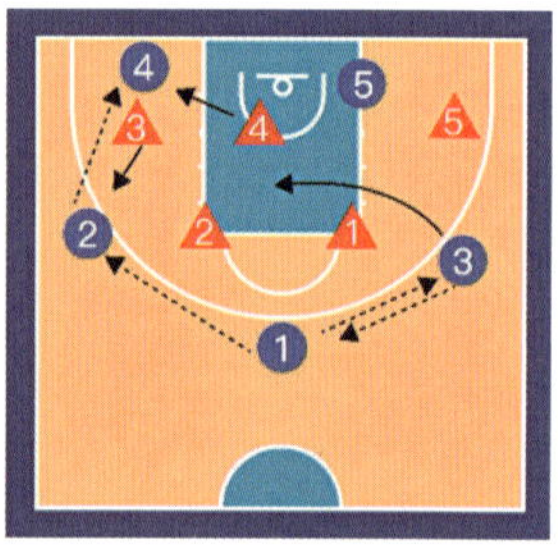

图2-5-43　进攻“2-3”联防方法2

【场地器材】篮球场；篮球。

【练习要求】通过不断地转移球调动防守，最后形成以多打少的局面，有空位要敢于投篮。

【拓展建议】可以反方向进行练习。

练习6：进攻“2-3”联防方法3

【练习目的】提高进攻“2-3”联防的配合能力。

【练习方法】①与③相互传球，吸引1、4上来防守。当①持球时，⑤插至罚球线附近准备接球，吸引防守队员5上来防守。①突然将球传给③，吸引4上来防守，拉空底线。与此同时，⑤溜底线，③根据4的防守情况进行中距离投篮或传给篮下的⑤投篮。（图2-5-44）

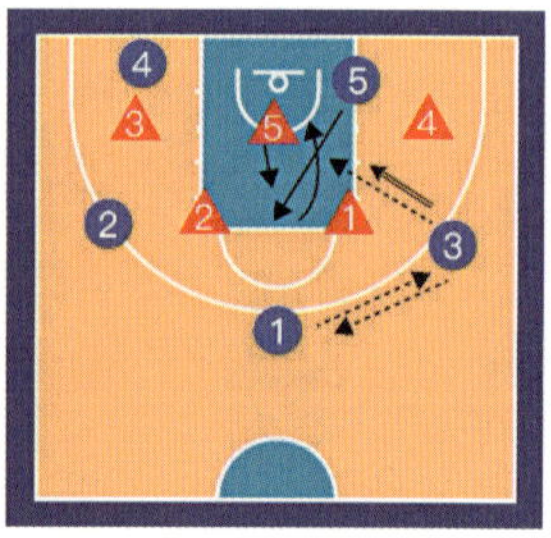

图2-5-44　进攻“2-3”联防方法3

【场地器材】篮球场；篮球。

【练习要求】通过不断地转移球调动防守，出现空位要敢于投篮。

【拓展建议】可以反方向进行练习。

练习7：进攻“2-3”联防方法4

【练习目的】提高进攻“2-3”联防的配合能力。

【练习方法】①和②互相传球。当②持球时，防守队员集中在右侧防守。②突然采用横传球，将球传给左侧的③。③作投篮动作吸引3上来防守，拉空底线。⑤向篮下空切，形成②⑤进攻1以多打少的有利局面。③根据情况，进行中距离投篮或传球给切入篮下的⑤投篮。（图2-5-45）

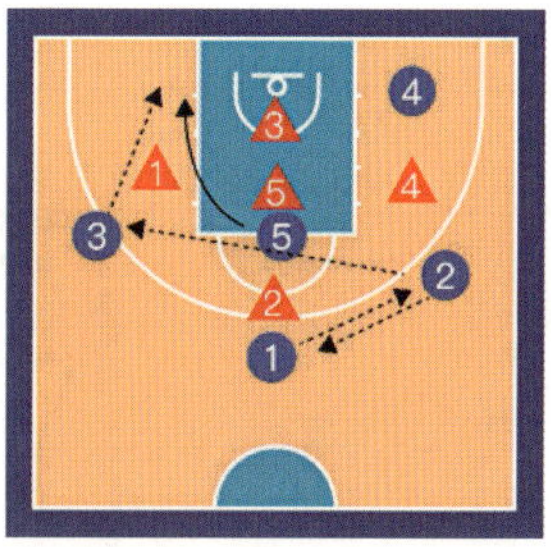

图2-5-45 进攻“2-3”联防方法4

【场地器材】篮球场；篮球。

【练习要求】通过不断地转移球调动防守，然后中锋切入，接球投篮。

【拓展建议】可以反方向进行练习。

练习8：进攻“2-3”联防方法5

【练习目的】提高进攻“2-3”联防的配合能力。

【练习方法】①传球给③后，③运球下移，迫使防守整体向右侧偏移。接着③迅速回传给①，并立即加速起动，利用⑤和④的掩护绕出，接②传球投篮，此为第一次进攻机会。（图2-5-46）若无机会，防守队员1补位，此时①可顺势纵切，接③传球投篮。（图2-5-47）

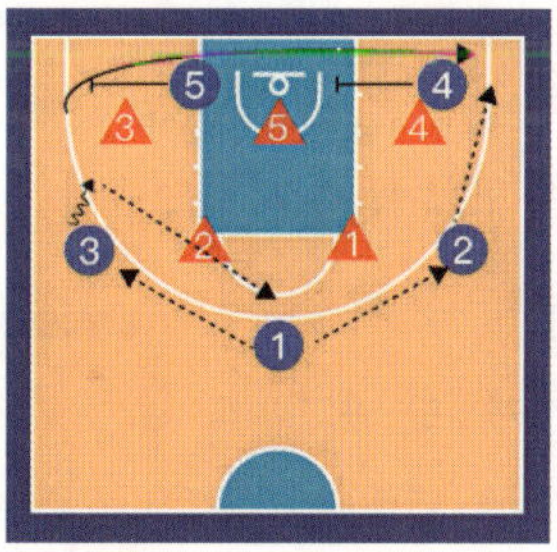

图2-5-46 进攻“2-3”联防方法5

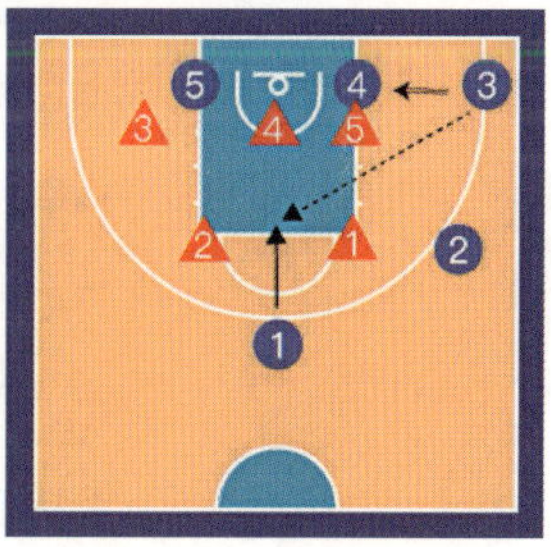

图2-5-47 进攻“2-3”联防方法5

【场地器材】跑动要积极，传球时机要准。

【练习要求】通过突分与掩护配合，创造投篮机会。

【拓展建议】可以反方向进行练习。

练习9：进攻“2-3”联防方法6

【练习目的】提高进攻“2-3”联防的配合能力。

【练习方法】⑤上提掩护时，①传球给③。③接球后往下运球，如2不挤防，则出现第一个机会。（图2-5-48）若4上前补防，⑤转身切入，接③传球上篮。（图2-5-49）若防守2挤过防③，则③把球传给⑤。⑤接到球后，④底线溜底。防守中锋上前补防时，⑤可把球吊给④投篮。（图2-5-49）若防守2迅速回防⑤，则⑤回传给③。③接球后顺势突破，遇夹击分球给溜到底线的④投篮。（图2-5-50）

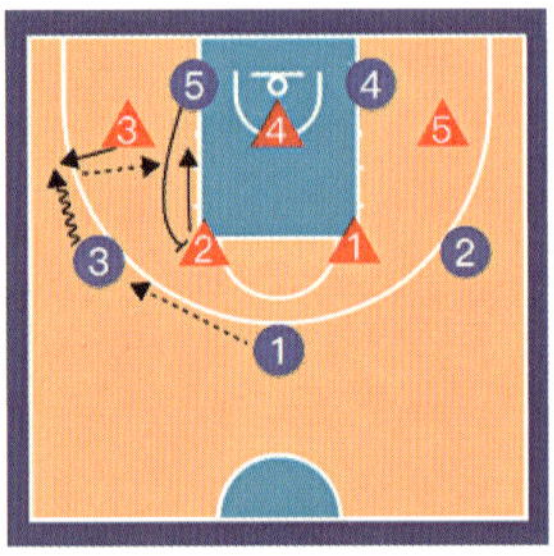

图2-5-48　进攻“2-3”联防方法6

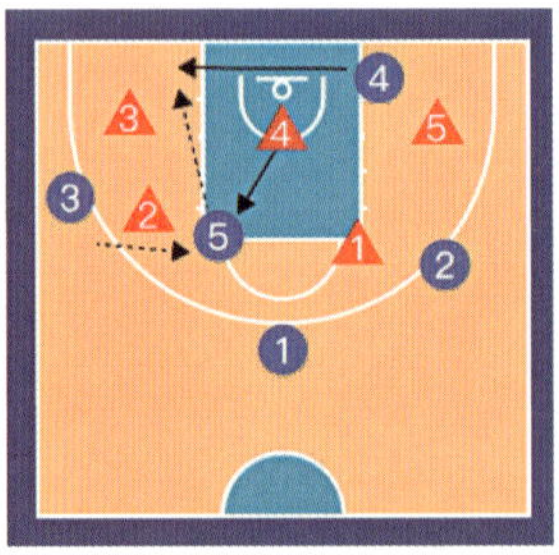

图2-5-49　进攻“2-3”联防方法6

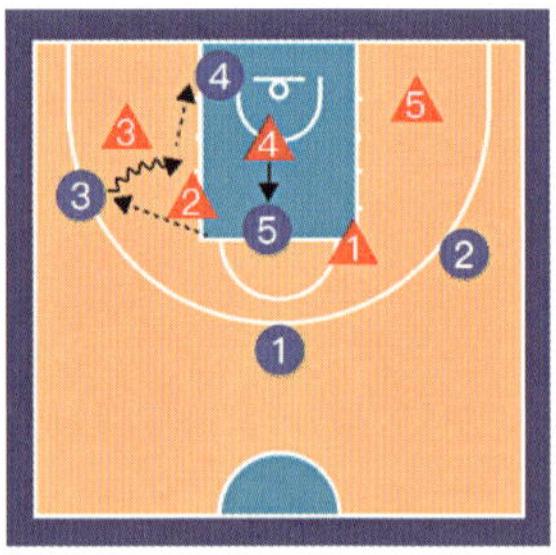

图2-5-50　进攻“2-3”联防方法6

【场地器材】篮球场；篮球。

【练习要求】通过掩护与横切配合，创造投篮机会。

【拓展建议】可以反方向进行练习。

练习10：进攻“2-3”联防方法7

【练习目的】提高进攻“2-3”联防的配合能力。

【练习方法】①传球给②后，②顺势往底线运球，逼迫防守队员5防守。然后，②迅速将球回传给①，之后沿左侧底线往右侧底线移动。⑤和④给②做掩护，此时①将球从上线快速传给②，由②接球投篮，这是第一个机会。（图2-5-51）若②没有投篮机会，则传球给④。④接球后，⑤迅速上提，同时①往右侧45度方向下移。④可传球给⑤或者①投篮。（图2-5-52）

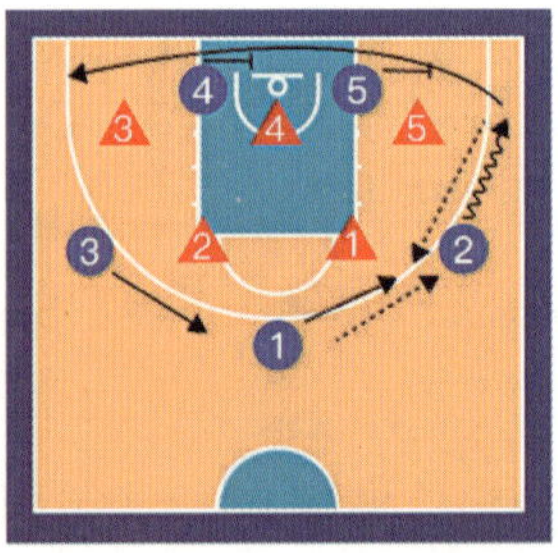

图2-5-51　进攻“2-3”联防方法7

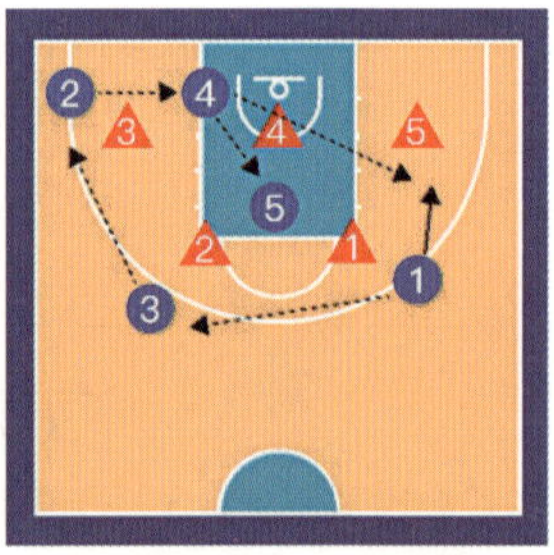

图2-5-52　进攻“2-3”联防方法7

【场地器材】篮球场；篮球。

【练习要求】通过连续掩护配合，并快速转移球，创造投篮机会。

【拓展建议】可以反方向进行练习。

练习11：进攻“3-2”联防方法1

【练习目的】提高进攻“3-2”联防的能力。

【练习方法】①②③在左侧相互传球，吸引防守。⑤为④作掩护的同时，②突然将球传给④。当5提上来防守④时，⑤转身在篮下要球。当4向右侧移动补防时，③从背向插入罚球区，在篮下形成③④⑤进攻4、5的有利局面。④根据防守情况进行投篮或传球给③或⑤投篮。（图2-5-53）

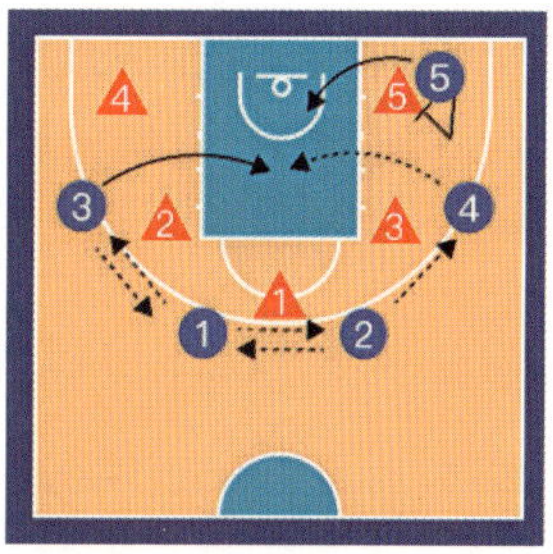

图2-5-53 进攻“3-2”联防方法1

【场地器材】篮球场；篮球。

【练习要求】外线快速转移球，远球区及时横切，创造投篮机会。

【拓展建议】可以反方向进行练习。

练习12：进攻“3-2”联防方法2

【练习目的】提高进攻“3-2”联防的能力。

【练习方法】进攻队员①②③相互传球，吸引防守队员1、2、3上来防守。当③持球时，⑤移动到场角接球。③与⑤进行传切配合，进攻4，形成二打一的有利局面。当③切入篮下未接到球而移动到另一侧时，④从背向插入罚球区。⑤根据防守情况进行投篮，或传球给④或③投篮。（图2-5-54）

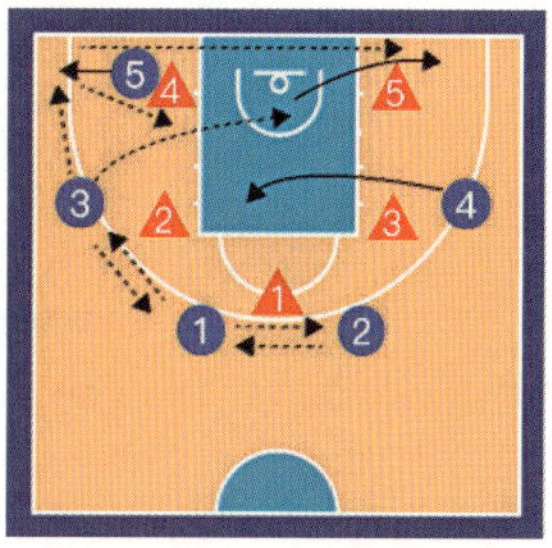

图2-5-54 进攻“3-2”联防方法2

【场地器材】篮球场；篮球。

【练习要求】快速转移球，破坏防守阵型，及时插入，创造投篮机会。

【拓展建议】可以反方向进行练习。

练习13：进攻“3-2”联防方法3

【练习目的】提高进攻“3-2”联防的能力。

【练习方法】①②③相互传球，吸引防守。当③持球时，⑤移动到场角接③的球。⑤接球后做投篮动作，吸引4上来防守，然后从底线运球突破，准备投篮。5上来补位封投篮的同时，④向底线移动，②从中间切入篮下。⑤根据防守情况将球传给②或④投篮。（图2-5-55）

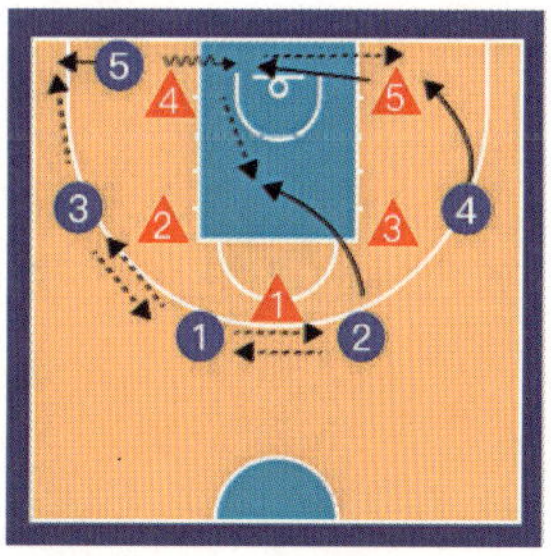

图2-5-55 进攻“3-2”联防方法3

【场地器材】篮球场；篮球。

【练习要求】通过快速转移球与底线突破，破坏防守阵型，远球区及时切入，创造投篮机会。

【拓展建议】可以反方向进行练习。

练习14：进攻“3-2”联防方法4

【练习目的】提高进攻“3-2”联防的能力。

【练习方法】④⑤同时给②③掩护。②③借掩护同时下顺。①可高吊球给两底角任意一名队员投篮。（图2-5-56）底角若无机会，当防守5防②时，进攻⑤掩护完后转身切入，接②传球上篮。若①将球传给右侧队员，则④同样掩护完后纵切。（图2-5-57）若⑤接球后，防守4补防，则④底线横切，③上提至罚球线。此时⑤可传球给③或者④投篮。球在右侧同理。（图2-5-58）

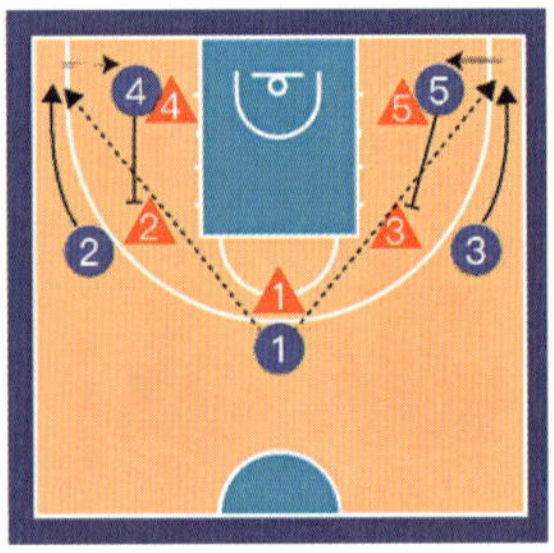

图2-5-56　进攻“3-2”联防方法4

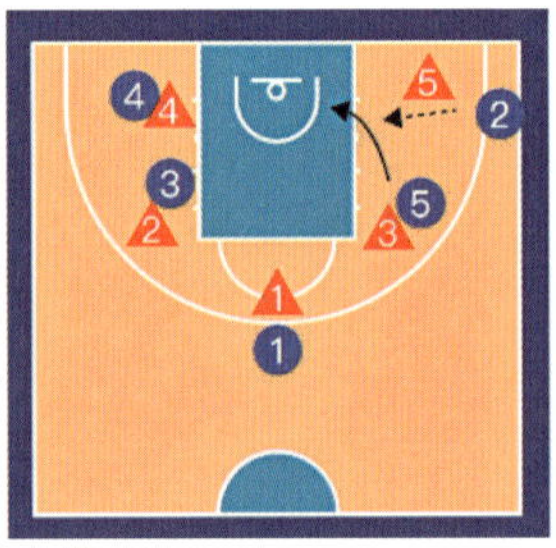

图2-5-57　进攻“3-2”联防方法4

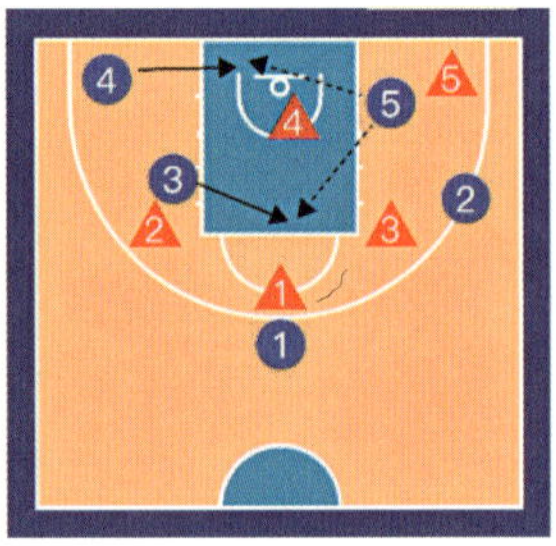

图2-5-58　进攻“3-2”联防方法4

【场地器材】篮球场；篮球。

【练习要求】快速无球掩护，破坏防守阵型，创造投篮机会。

【拓展建议】可以增加底线突分配合。

练习15：进攻“1-3-1”联防方法1

【练习目的】提高进攻“1-3-1”联防的能力。

【练习方法】进攻队员①②相互传球。②传球给⑤，吸引防守队员1、2、3、4的防守。⑤突然将球传给两侧场角的③④，形成以多打少的有利局面。若④接球投篮，③⑤冲抢篮板球。（图2-5-59）

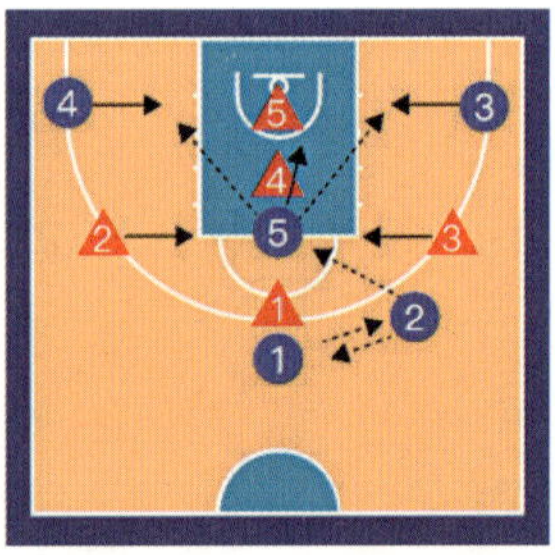

图2-5-59　进攻“1-3-1”联防方法1

【场地器材】篮球场；篮球。

【练习要求】通过中锋高位策应，创造投篮机会。

【拓展建议】增加中锋切入的配合。

练习16：进攻“1-3-1”联防方法2

【练习目的】提高进攻“1-3-1”联防的能力。

【练习方法】当①传球给②时，⑤突然上提，接②传球。如果防守队员3和4包夹，则③往底线横切。⑤可传球给③或者④投篮，此时出现第一个机会。(图2-5-60)

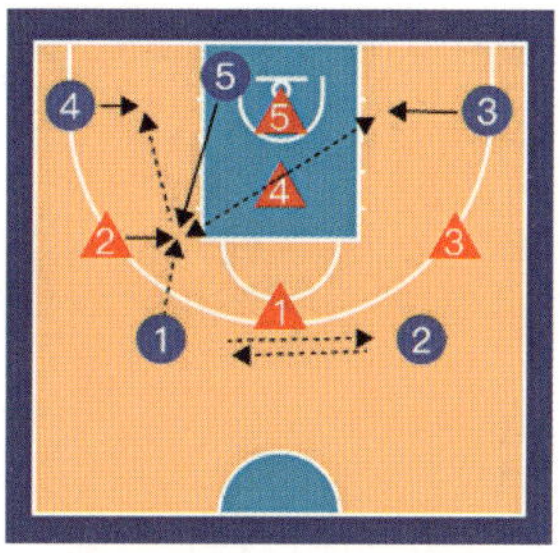

图2-5-60　进攻“1-3-1”联防方法2

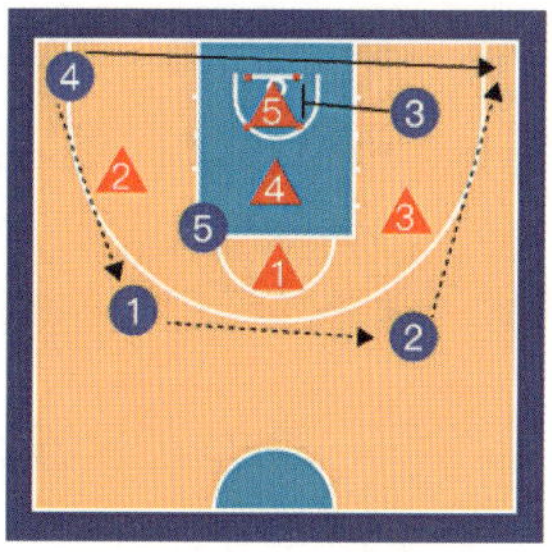

图2-5-61　进攻“1-3-1”联防方法2

若⑤将球传给④后，④无机会投篮，则快速传球给①，然后利用③的掩护沿底线右侧移动至左侧。同时①传球给②，②再传球给④投篮。（图2-5-61）

【场地器材】篮球场；篮球。

【练习要求】通过中锋上提接球吸引防守，队友溜底，创造投篮机会。

【拓展建议】可以反方向进行练习。

练习17：进攻“1-3-1”联防方法3

【练习目的】提高进攻“1-3-1”联防的能力。

【练习方法】落位如图2-5-62所示。①传给②后往底线切入，同时④上提接②传球。①利用⑤的掩护跑至右侧底角，接④传球投篮，此时出现第一次进攻机会。若①无机会投篮，则迅速将球回传给④，由④再传给②。③上提至罚球线，接②传球。同时，④利用⑤掩护底线空切，①底线空切。若有机会，③可将球传给①。若防守5没补防，则③可传给⑤投篮。（图2-5-63）若再无机会，①继续往左侧底线移动。若防守2不补防，则③可传球给①投篮。若2补防①，③可接球，突破上篮。（图2-5-64）

【场地器材】篮球场；篮球。

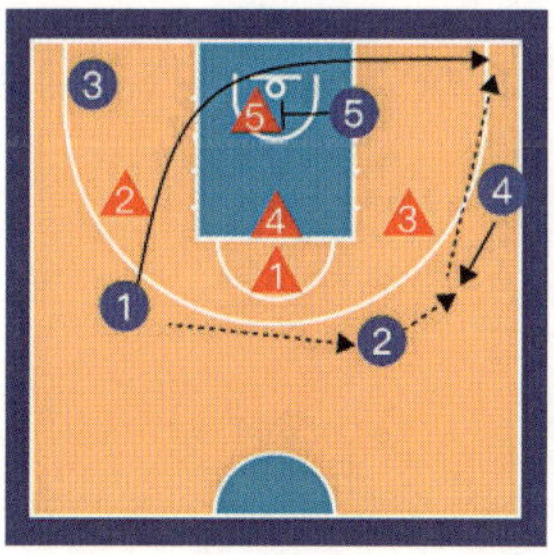

图2-5-62　进攻“1-3-1”联防方法3

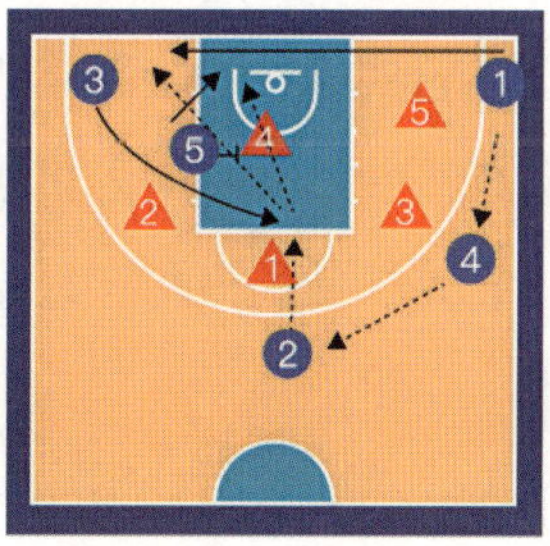

图2-5-63　进攻“1-3-1”联防方法3

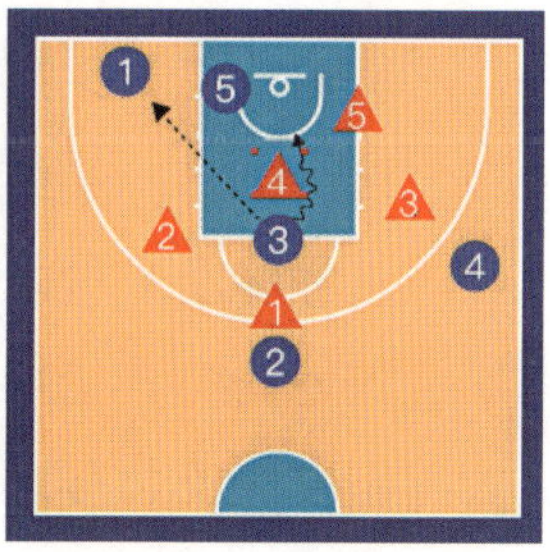

图2-5-64　进攻“1-3-1”联防方法3

【练习要求】通过溜底和中锋上提战术，创造多次投篮机会。

【拓展建议】可以反方向进行练习。

三 赛

（一）教学比赛设计思路

本单元主要学习了篮球进攻区域联防防守战术。教学比赛的设计应循序渐进，以所学内容为主。比赛分组时，根据学生技战术水平，有选择性地对组员进行划分，从而保证比赛时双方实力均衡。此外，教学比赛的设计应从实战出发，使学生在真实比赛情境下运用所学技战术。

（二）教学比赛方法与组织

比赛1：半场三对二篮球比赛

【比赛目的】提高进攻区域联防的能力。

【比赛方法】采用半场三对二比赛，采用区域联防。通过掩护、突分、策应和传切相结合的配合，创造得分机会。

【注意事项】要求每个战术至少有一次战术配合。

【场地器材】篮球场；篮球。

【拓展建议】要求每次战术配合后，每个队员要有后续相关联的行动。

比赛2：半场四对三篮球比赛

【比赛目的】提高进攻区域联防的能力。

【比赛方法】采用半场四对三比赛，采用区域联防。通过掩护、突分、策应和传切相结合的配合，创造得分机会。

【注意事项】要求每个战术至少有两次战术配合。

【场地器材】篮球场；篮球。

【拓展建议】要求每次战术配合后，每个队员要有后续相关联的行动。

比赛3：全场五对四篮球比赛

【比赛目的】提高进攻区域联防的能力。

【比赛方法】采用全场五对四比赛，采用区域联防。通过掩护、突分、策应和传切相结合的配合，创造得分机会。

【注意事项】要求每个战术至少有两次战术配合。

【场地器材】篮球场；篮球。

【拓展建议】要求每次战术配合后，每个队员要有后续相关联的行动。

比赛4：全场五对五篮球比赛

【比赛目的】提高进攻区域联防的能力。

【比赛方法】采用全场五对五比赛，要求运用各种区域联防阵型。通过掩护、突分、策应和传切相结合的配合，创造得分机会。

【注意事项】突破犀利、掩护到位、突分及时、策应迅速。

【场地器材】篮球场；篮球。

【拓展建议】缩短进攻时间。

四 评

（一）知识技能学习评价

学生能够说出不同区域联防防守（进攻）战术的配合方法与要领，以及三种区域联防防守战术的配合方法，能够掌握不同联防防守（进攻）战术配合并在比赛中进行运用。

（二）体能素质锻炼评价

学生具备良好的核心力量，较大程度地提高速度、弹跳，能运用三种发展上下肢力量、核心力量的练习方法。

（三）情感品格培养评价

通过进攻和防守战术的学习和比赛实践，学生具有积极的拼搏与竞争精神、良好的团队合作意识，同时还具备灵活的应变能力。

第四节 单元四教学策略

单元目标

1. 知识技能学习目标：学生能知晓快攻的基本形式，能够正确地执行快攻战术。
2. 体能素质锻炼目标：通过快攻练习和比赛，学生提高无氧耐力。
3. 情感品格培养目标：通过快攻与防守快攻练习及比赛，学生培养观察能力、预判能力、竞争意识、大局观等。

一 学

（一）单元学习内容

1. 篮球快攻战术
2. 篮球防守快攻战术

③ 防守人盯人紧逼战术

④ 进攻人盯人紧逼防守战术

（二）单元学习方法

观察示范动作法：学生观察教师在战术板、多媒体设备上展示的战术练习形式与方法，明确快攻战术过程中各个参与人的职责。

体验感知动作法：教师组织学生进行快攻战术配合试跑位，注重让学生对战术配合过程中的移动、技术运用、配合时机等方面进行感知。

二 练

（一）练习方法设计思路

本单元遵循循序渐进原则，由局部到整体进行防守练习设计。练习过程中强调竞争性和勇敢精神，强调基本技术和基础技能的运用。本单元通过多种形式的练习，使学生更好地掌握教师传授的快攻战术知识及提升技能。

（二）练习方法与组织

练习1：二对一、三对二快攻

【练习目的】提高快攻战术和防守快攻的运用能力。

【练习方法】两人平传球，推进至对面半场二打一。随后防守队员变为进攻队员，三人平传，返回对面半场三打二。（图2-5-65）

【场地器材】篮球场；篮球。

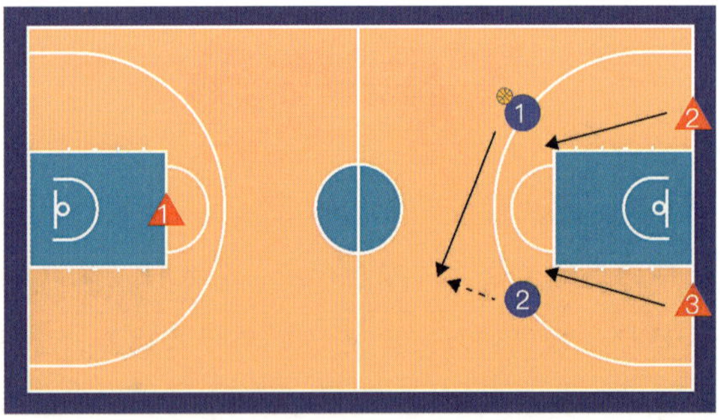

图2-5-65 二对一、三对二快攻

【练习要求】进攻队员要利用最短的进攻时间进行攻击，利用多打少。

【拓展建议】限定运球次数或进攻方式。

练习2：全场三攻二快攻，半场追防

【练习目的】提高快攻战术和防守快攻的运用能力。

【练习方法】三人平传球推进。球过中场时，右侧防守队员开始追防，此时进攻由三攻二转变成三攻三。进攻队员要尽量赶在追防到位前完成进攻。（图2-5-66）

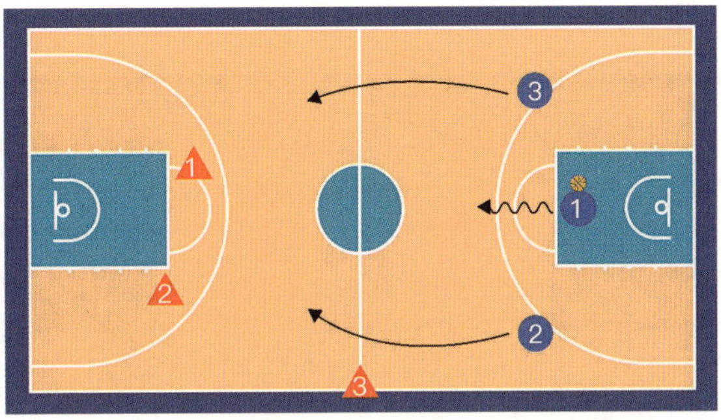

图2-5-66　全场三攻二快攻，半场追防

【场地器材】篮球场；篮球。

【练习要求】进攻队员要利用最短的进攻时间进行攻击，利用多打少。

【拓展建议】限定运球次数。

练习3：转换进攻四打二变四打四

【练习目的】提高快攻战术和防守快攻的运用能力。

【练习方法】进攻球员①与②在其后场发动进攻，防守球员1与2在中线进行防守，防守球员3与4从其前场端线处回追。待进攻球员①与②进入前场，进攻球员③与④从中线处参与进攻，变成四打四。（图2-5-67）

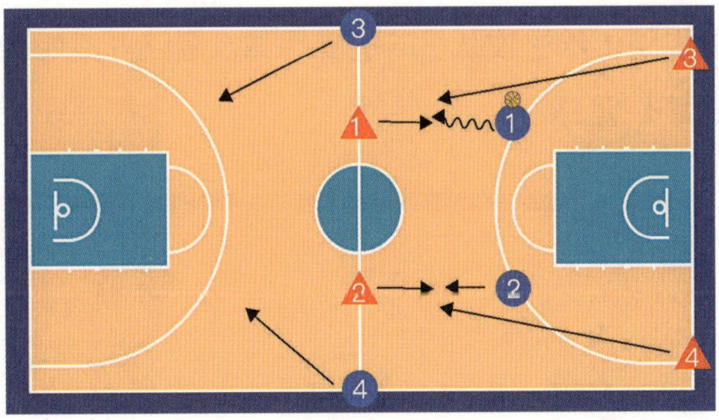

图2-5-67　转换进攻四打二变四打四

【场地器材】篮球场；篮球。

【练习要求】尽量赶在追防队员防守到位前完成进攻。

【拓展建议】尝试增加球员数量。

练习4：接应、推进快攻

【练习目的】提高快攻战术接应和推进的运用能力。

【练习方法】②接应①的传球，快速运球推进，然后传球给⑥上篮。⑤接应④的传球后运球推进，然后传球给快下的③上篮。（图2-5-68）

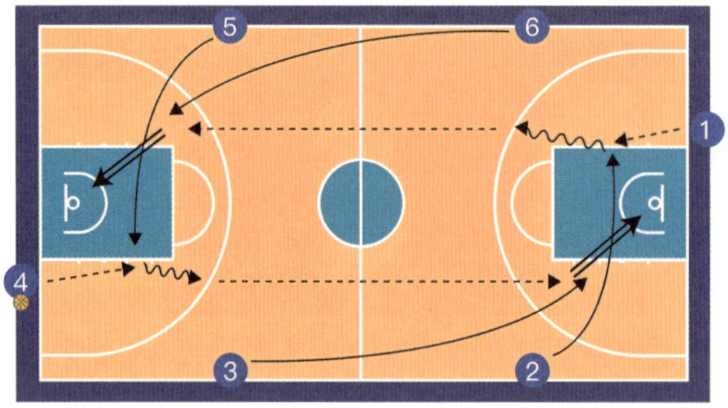

图2-5-68　接应、推进快攻

【场地器材】篮球场；篮球。

【练习要求】跑动路线正确，接应及时。

【拓展建议】增加练习时间或要求命中一定数量的上篮。

练习5：全场人盯人紧逼防守战术

【练习目的】提高全场人盯人紧逼防守的能力。

【练习方法】进攻队员②接①的传球，沿边线运球推进（图2-5-69）。防守队员2与3应在临近半场位置迅速夹击。此时防守队员4移动至中圈附近，防止进攻队员③接球。防守队员5移动到3分线位置，防止进攻队员④接到球，同时要提防传给进攻队员⑤的高吊球。最终形成如图2-5-70所示的落位。

【场地器材】篮球场；篮球。

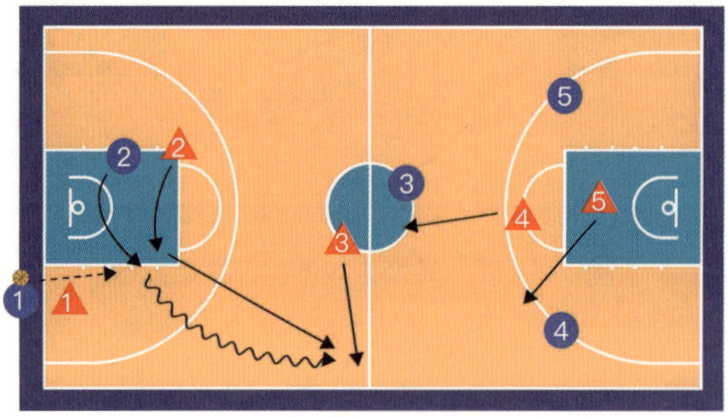

图2-5-69　全场人盯人紧逼防守战术

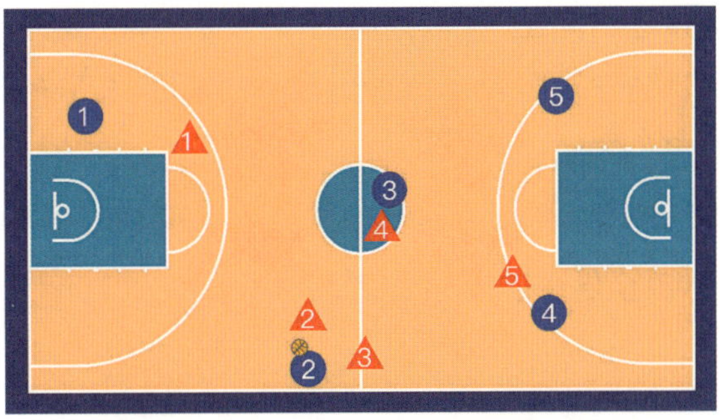

图2-5-70　全场人盯人紧逼防守战术

【练习要求】压迫进攻队员沿边线运球突破，中路夹击迅速及时，最低位置的队员应提防篮下的高吊球。

【拓展建议】变化夹击的方向，迫使对方用弱侧手运球。

练习6：进攻全场人盯人紧逼防守战术

【练习目的】提高进攻全场人盯人紧逼防守的能力。

【练习方法】进攻队员②接球后迅速回传给①，随后快速移动至中线，同时进攻队员①沿边路快速突破。（图2-5-71）在防守队员3上前夹击时，进攻队员要及时移动至中圈附近，随后形成如图2-5-72所示的落位。进攻队

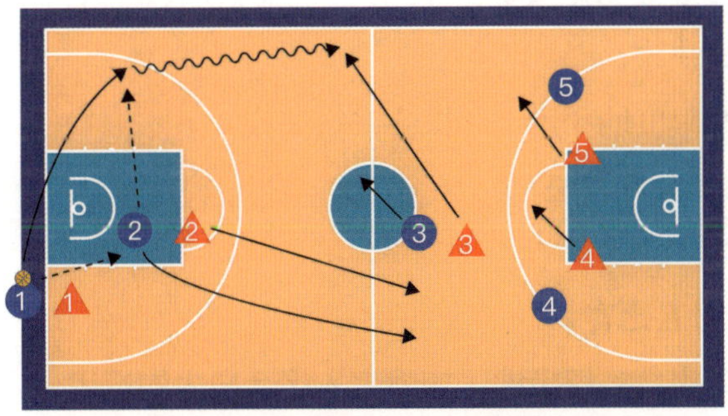

图2-5-71　进攻全场人盯人紧逼防守战术

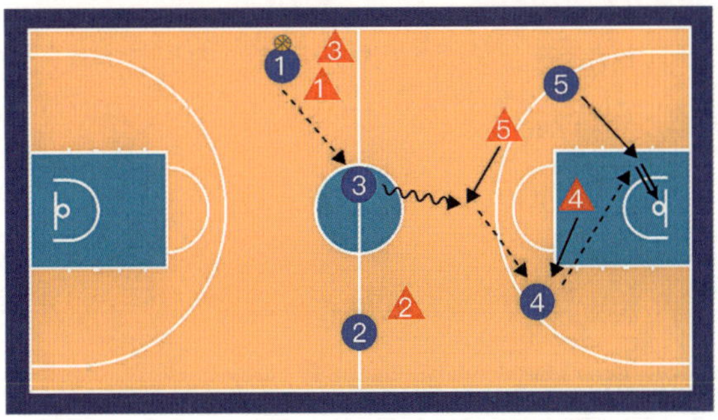

图2-5-72　进攻全场人盯人紧逼防守战术

员③接球后向篮筐移动，吸引防守队员5上提防守，随后将球传于④并吸引其防守队员。最后进攻队员⑤下沉，接④的传球投篮。

【场地器材】篮球场；篮球。

【练习要求】运球队员要提前预判中线的夹击，中圈的队员接应要及时。

【拓展建议】在6秒甚至更少的时间内完成进攻。

三 赛

（一）教学比赛设计思路

本单元主要学习了快攻战术。设计教学比赛时，教师应根据学生的篮球技能水平对组员进行划分，从而保证比赛时双方实力均衡。教学比赛的设计应从实战出发，使学生在真实的比赛情境下进行快攻战术配合。

（二）教学比赛方法与组织

比赛1：全场三攻三转进攻快攻三攻二

【比赛目的】增强学生进攻与防守基础配合运用的能力。

【比赛方法】在三对三的攻守中，当进攻方投中篮，或是防守方抢到篮板球后，转换进攻的队员要立即起动开始进攻。而这时，投中或是最后处理球的队员要立即触摸场外的立柱，进攻队员利用这个时间进行快速转换，形成快攻。

【注意事项】最大限度地利用这个机会进行快攻。

【场地器材】篮球场；篮球。

【拓展建议】增加人数。

比赛2：全场五对五比赛

【比赛目的】提高拼抢的积极性，加强个人组合技术的运用，强调快攻的重要性。

【比赛方法】教师根据学生的篮球技能水平将其平均分组进行全场五对五比赛，通过快攻得分为3分。

【注意事项】快攻可以得3分，要求进攻方在4秒内通过中线。

【场地器材】篮球场；篮球若干。

【拓展建议】增加每局的分值或时长。

四 评

（一）知识技能学习评价

学生能够说出该战术配合的方法与要领，能掌握两种（进攻）人盯人紧逼防守战术的练习方法并在比赛中进行运用。

（二）体能素质锻炼评价

学生具备较强的短距离冲刺能力和良好的身体对抗能力，能运用三种发展上、下肢力量的练习方法。

（三）情感品格培养评价

通过本单元的学习，学生不仅具有顽强拼搏的精神，而且还具备快速的临场应变能力，以及积极的团队协作意识与良好的竞争精神。

第六章 篮球模块六教学策略

本模块以篮球基础配合和全队攻防战术为主，注重情境式与实战化设计，加强个人技术的运用，提倡竞争精神的培养。本模块一共分为五个单元，建议用44课时左右完成。

第一节 单元一教学策略

单元目标

1. 知识技能学习目标：学生能熟练地完成篮球基本技术组合动作，具备一定技术创新能力。
2. 体能素质锻炼目标：学生的篮球专项体能充沛，速度、耐力、力量素质得到全面提高。
3. 情感品格培养目标：通过基本技术组合练习及比赛，学生进一步增强观察能力、预判能力、竞争意识。

一 学

（一）单元学习内容

篮球的投篮、突破、传接球、运球基本技术与组合技术

（二）单元学习方法

观察示范动作法：教师在示范上述组合技术之前，先告诉学生如何观察，并强调重点观察教师在示范时的衔接动作，明确各项技术动作方法和顺序。

体验感知动作法：教师组织学生进行动作模仿和体验，注重让学生体验上述组合技术动作的衔接。

二 练

（一）练习方法设计思路

本单元的练习方法设计应遵循超正常难度的原则，提高学生的练习难度，使之达到顶级层次的技术要求。本单元以多种形式的练习为主，通过比赛提高学生技术运用的自由度。

（二）练习方法与组织

组合技术练习

练习1：持球突破+跨步急停+跳起单手肩上投篮

【练习目的】提高持球突破+跨步急停+跳起单手肩上投篮组合技术的运用能力。

【练习方法】每人一球，持球站于三分线弧顶，持球突破运球1—2次后，随即收球跨步急停，完成跳起单手肩上投篮；自投自抢，随后移动至队尾，进行下一次练习。

【场地器材】篮球场；篮球。

【练习要求】动作准确、流畅，跨步急停体现出突然性，蹬地起跳有力。

【拓展建议】尝试不同方向或不同形式（交叉步、同侧步）持球突破。

练习2：持球突破+运球变向+行进间单手低手投篮

【练习目的】提高持球突破+运球变向+行进间单手低手投篮组合技术的运用能力。

【练习方法】每人一球，持球站于三分线弧顶，持球突破运球1—2次后，随即运球变向，进而行进间单手低手投篮；自投自抢，随后移动至队尾，进行下一次练习。

【场地器材】篮球场；篮球。

【练习要求】动作准确、流畅，突破重心低，运球有力，变向幅度大。

【拓展建议】尝试不同方向或不同形式（交叉步、同侧步）持球突破，尝试多种变向方式（体前、胯下、背后、后转身），尝试非惯用手的行进间低手投篮。

练习3：突破+运球+传球+行进间单手低手投篮

【练习目的】提高持球突破+运球变向+传球+加速跑+跳步急停接球+行进间运球+行进间单手低手投篮组合技术的运用能力，促进体能发展。

【练习方法】每人一球，持球站于端线内，一只手持球突破运球1—2次后，随即变向运球；另一只手运球1—2次后，将球传给中圈的教师，随即向前加速跑动，运用跳步急停接教师的回传球；随后行进间运球至对面球篮，完成行进间低手投篮；自投自抢，随后从另一边按同样练习路线返回。（图2-6-1）

图2-6-1　突破+运球+传球+行进间单手低手投篮

【场地器材】篮球场；篮球。

【练习要求】动作准确、流畅，突破重心低，运球有力，变向幅度大，传接球动作娴熟，急停急起具有突然性。

【拓展建议】在练习中尝试不同方式的持球突破、运球变向、传球方式。

练习4：行进间运球变向+对抗+自由运用

【练习目的】提高行进间运球+运球变向+行进间对抗低手投篮/急停单手跳起投篮的运用能力，以及真实比赛场景下技术运用能力。

【练习方法】学生从罚球线延长线与三分线交叉点处运球出发，至对面半场标志物处变向运球，随即在有防守的情况下行进间低手投篮；自投自抢，随后将球传于另一边待出发的学生。（图2-6-2）

图2-6-2　行进间变向运球+对抗+自由运用

【场地器材】篮球场；标志物两个。

【练习要求】动作准确、流畅，运球有力，变向幅度大，敢于主动对抗。

【拓展建议】尝试不同运球变向方式。

练习5：传球+跑动+接球+行进间投篮

【练习目的】提高传球+跑动+接球+行进间投篮组合技术运用能力，促进体能发展。

【练习方法】将学生平均分成四组，分别位于球场两端端线及边线的掷球入界点处。右侧端线球员①将球传给同侧边线球员②。随后球员②将球传给对面球员③进行上篮。之后，球员①移动至同侧边线队尾，球员②跑动至对面标志物处，绕过标志物并向右侧进行加速跑。左侧球员④接球员①上篮命中的球后，将球传给左侧边线球员⑤。球员⑤随即将球传于球员②上篮。如此往复。（图2-6-3）

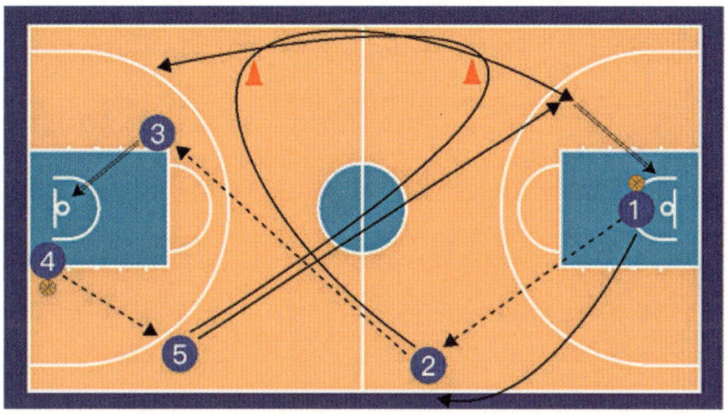

图2-6-3　传球+跑动+接球+行进间投篮

【场地器材】篮球场；篮球若干；标志物两个。

【练习要求】注意跑动路线，保证传球准确。

【拓展建议】尝试变换练习方向。

三 赛

（一）教学比赛设计思路

本单元以篮球技术组合练习为主，设计的教学比赛应强调个人组合技术的运用。在分组时，教师应根据学生的技术组合熟练度与水平对组员进行划分，从而保证比赛双方实力均衡。教学比赛应从实战出发，使学生在真实的比赛情境下运用所学技术组合。

（二）教学比赛方法与组织

组合技能比赛方法

比赛1：持球突破+行进间运球+行进间低手投篮/单手肩上投篮

【比赛目的】提升学生组合技术的熟练度。

【比赛方法】教师将学生按个人篮球基础分成两组，分别持球站位于中线。比赛开始时，学生将球传给中圈的教师，然后接回传球，持球突破至篮下上篮（根据学生人数确定命中总数）；自投自抢后返回队尾。随后学生突破运球，完成中距离投篮（根据学生人数确定命中总数）；最后突破运球至三分线外投篮（根据学生人数确定命中总数）。根据用时判定比赛胜负。

【注意事项】技术动作规范、流畅，学生遵守比赛规则。

【场地器材】篮球场；篮球。

【拓展建议】要求上篮时用非惯用手或采用跳投方式进行投篮。

比赛2：抢球全场一对一比赛

【比赛目的】提高拼抢的积极性，加强个人组合技术的运用。

【比赛方法】教师将学生按个人篮球基础平均分成两组，分别站位于同一半场端线处，并将球置于球篮正下方。鸣哨后，两组头名学生从端线处出发抢夺球。抢夺成功后，建立攻守关系，在全场范围内进行一对一形式的攻守，直至命中投篮或防守成功。下两名学生随即准备争夺球，依此顺序进行比赛。以进球总数确定哪一组获胜。

【注意事项】集中注意听教师的哨声抢夺球，迅速建立攻防关系，抢夺球时避免受伤。

【场地器材】篮球场；篮球若干。

【拓展建议】可以增加一对一进攻的回合数，可以增加比赛人数，如三对三甚至五对五，其中一人抢球一人接应。

四 评

（一）知识技能学习评价

学生能够说出不同技术组合的方法与要领，能掌握三种组合技术的练习方法。

（二）体能素质锻炼评价

学生具备较强的核心力量，进一步提升速度、灵敏性、无氧耐力，能运用三种发展力量、速度、耐力的练习方法。

（三）情感品格培养评价

学生具有敏捷的思维与应变能力，且具备了积极的拼搏与竞争精神以及强烈的团队意识。

第二节　单元二教学策略

单元目标

❶ 知识技能学习目标：学生能知晓进攻与防守技术的运用常识，能在真实的比赛场景中运用进攻及防守基础配合。

❷ 体能素质锻炼目标：学生具备充沛的篮球专项体能，全面提高速度、耐力、力量素质。

❸ 情感品格培养目标：通过进攻与防守基础配合练习及比赛，学生提升决策能力、领导能力以及培养大局意识、竞争精神。

一　学

（一）单元学习内容

篮球进攻与防守基础配合的组合

（二）单元学习方法

观察示范动作法：教师在示范基础配合之前，先告诉学生从何处、如何观察，并强调重点观察教师示范时的决策选择，明确各基础配合的基本方法及步骤。

体验感知动作法：教师组织学生进行基础配合体验和演练，强调学生根据防守的具体情况进行决策。

二　练

（一）练习方法设计思路

本单元应继续提高练习难度，使练习达到顶级层次的技术要求。本单元以多种形式的练习为主，通过比赛提高技术运用与战术执行能力。

（二）练习方法与组织

❶ 进攻基础配合

练习1：突分与掩护配合

【练习目的】提高突分与掩护配合的运用能力。

【练习方法】两人一组，分别站位于45度方向三分线位置。其中一人持球突破，至篮下后将球传给同伴，随后上前进行掩护。同伴借掩护运球至篮下，做投篮假动作后传给跟进的同伴上篮。（图2-6-4）

【场地器材】篮球场；篮球。

【练习要求】要把握掩护时机，待同伴接到球后突然上前掩护，注意掩护后的转身挡人。

【拓展建议】尝试不同方向的掩护方式，持球人可尝试直接上篮，掩护人可尝试外弹接球投篮。

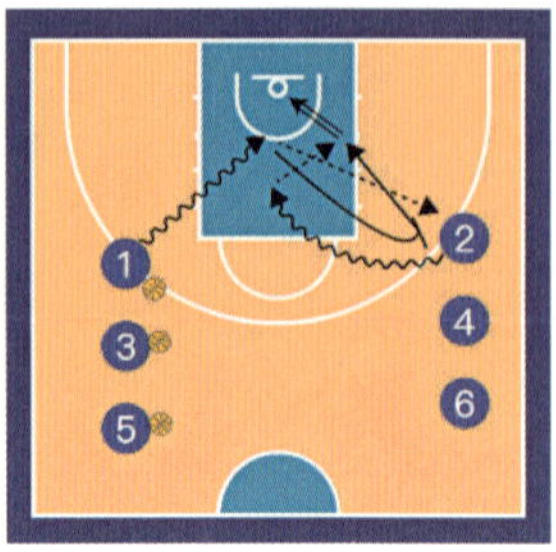

图2-6-4　突分与掩护配合

练习2：连续传切配合

【练习目的】提高连续传切配合的运用能力。

【练习方法】两人一组，分别站位于45度方向三分线位置。其中一人持球并将球传于同伴，待同伴接到球后快速切入，至篮下位置要球。此时，外线同伴立即摆脱切入，接回传球上篮。（图2-6-5）

【场地器材】篮球场；篮球。

【练习要求】要把握好切入时机，切入要迅速。

【拓展建议】加入1名防守队员。

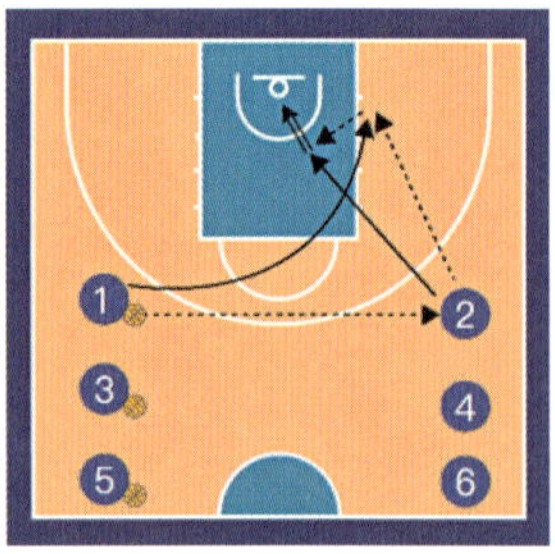

图2-6-5　连续传切配合

练习3：策应、空切、掩护配合

【练习目的】提高策应、空切、掩护配合的运用能力。

【练习方法】队员①持球，站位于左侧罚球线与三分线中间处；队员②站于底角；队员③与④分别站于右侧45度方向近三分线处。练习开始后，队员②先向上线移动，绕过队员③后突然沿弧线空切篮下，随后返回底角。队员④面向队员③，为其做无球掩护。队员③借掩护移动至三分线外，接队员①的传球投篮。（图2-6-6）

【场地器材】篮球场；篮球。

【练习要求】空切要迅速，掩护要扎实，传切要及时。

【拓展建议】在练习中加入防守队员。

图2-6-6　策应、空切、掩护配合

练习4：策应、空切、掩护、突分配合

【练习目的】提高策应、空切、掩护、突分配合的运用能力。

【练习方法】队员①持球，站位于左侧罚球线与三分线中间处；队员②站于底角；队员③与④分别站于右侧45度方向近三分线处。练习开始后，队员②先向上线移动，绕过队员③后突然沿弧线空切篮下，随后返回底角。队员④面向队员③，为其做无球掩护。（图2-6-7）队员③借掩护移动至三分线外，接队员①的传球后，持球突破至罚球线附近。与此同时，队员①向左侧移动，接队员③的突破分球投篮。（图2-6-8）

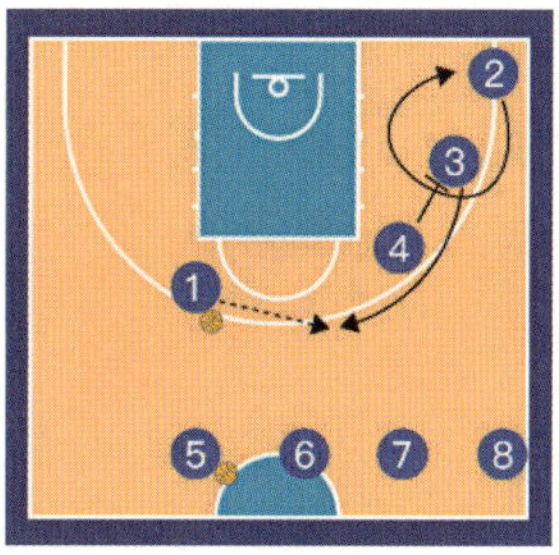

图2-6-7　策应、空切、掩护、突分配合

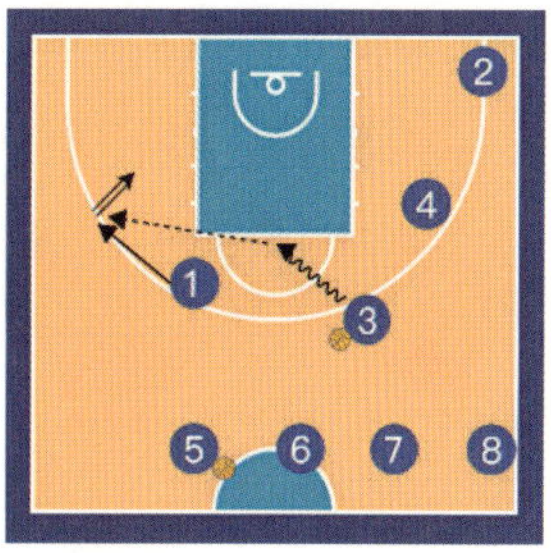

图2-6-8　策应、空切、掩护、突分配合

【场地器材】篮球场；篮球。

【练习要求】空切要迅速，掩护要扎实，传切要及时，突破后传球要坚决。

【拓展建议】在练习中加入防守队员。

练习5：突分、策应、空切、掩护配合

【练习目的】提高突分、策应、空切、掩护配合的运用能力。

【练习方法】队员①借队员④的掩护加速突破至罚球线，随后将球回传给队员④，并移动至底角。队员④将球传给左侧队员③后，随即向右侧移动。（图2-6-9）队员①先向上线移动，绕过②后突然沿弧线空切篮下，随后返回底角。队员④面向队员②，为其做无球掩护。队员②借掩护移动至三分线外，接队员③的传球后投篮。（图2-6-10）

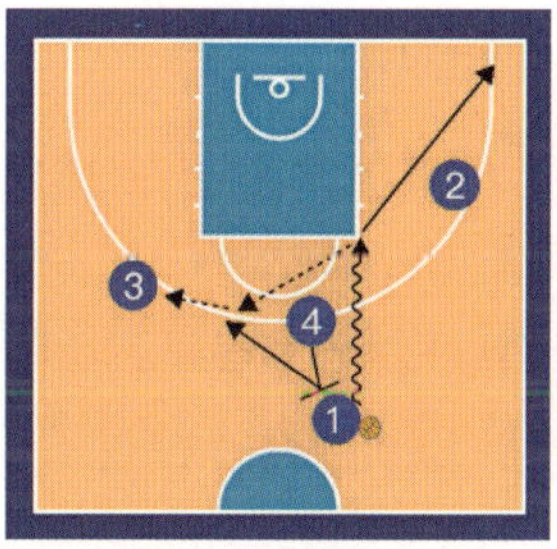

图2-6-9　突分、策应、空切、掩护配合

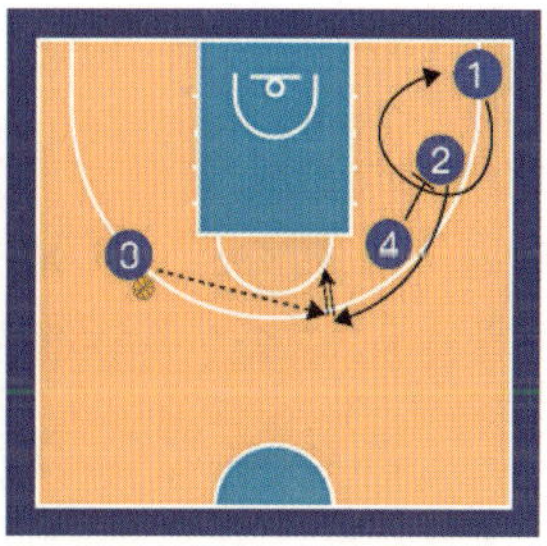

图2-6-10　突分、策应、空切、掩护配合

【场地器材】篮球场；篮球。

【练习要求】空切要迅速，掩护要扎实，传切要及时，突分要坚决。

【拓展建议】在练习中加入防守队员。

② 防守基础配合

练习1：防掩护基础配合（挤过、绕过）

【练习目的】提高防掩护基础配合的能力。

【练习方法】将标志物按下图位置摆放，持球人依次从一边运球向另一边移动。将标志物当成掩护队员，防守队员滑步接近标志物时，依次进行挤过、穿过、绕过练习，直至场地另一边（图2-6-11）。

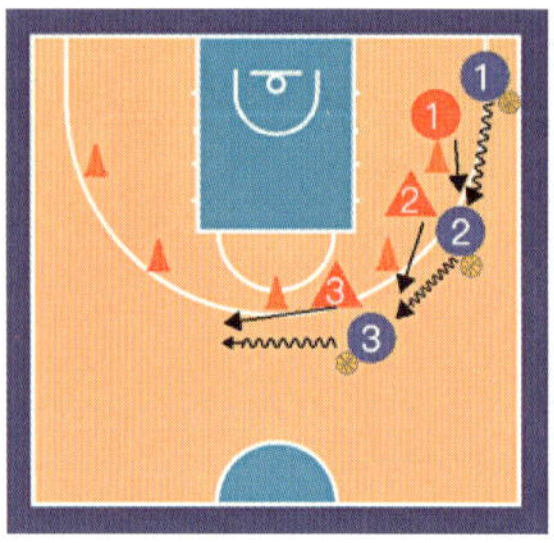

图2-6-11　防掩护基础配合（挤过、绕过）

【场地器材】篮球场；篮球。

【练习要求】把握好挤过、绕过的时机，避免犯规。

【拓展建议】加入掩护队员。

练习2：二对二防掩护基础配合（挤过、绕过、穿过、交换）

【练习目的】提高防掩护基础配合的能力。

【练习方法】两人一组，半场二对二，使用掩护配合。防守人以挤过、绕过、穿过、交换形式进行防守。（图2-6-12）

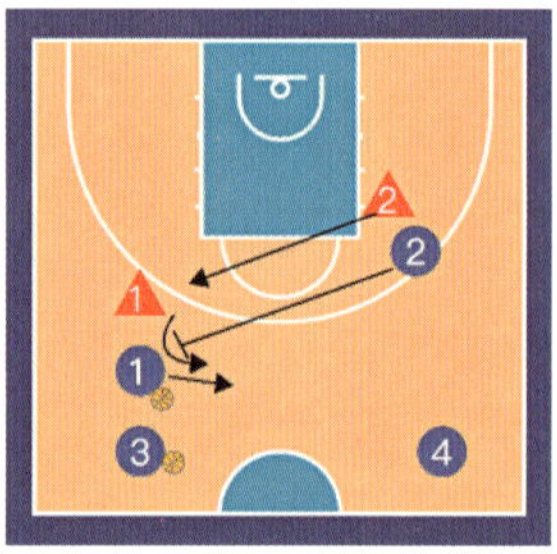

图2-6-12　二对二防掩护基础配合（挤过、绕过、穿过、交换）

【场地器材】篮球场；篮球。

【练习要求】把握好挤过、绕过、穿过、交换的时机，避免犯规。

【拓展建议】进攻队员连续进行掩护。

练习3：三对三防掩护基础配合（挤过、绕过、穿过、交换）

【练习目的】提高防掩护基础配合的能力。

【练习方法】三人一组，半场三对三对无球人进行掩护。进攻球员①将球传于②后，向左侧移动，为队员③做无球掩护。3号防守球员以挤过、绕过形式进行防守。（图2-6-13）

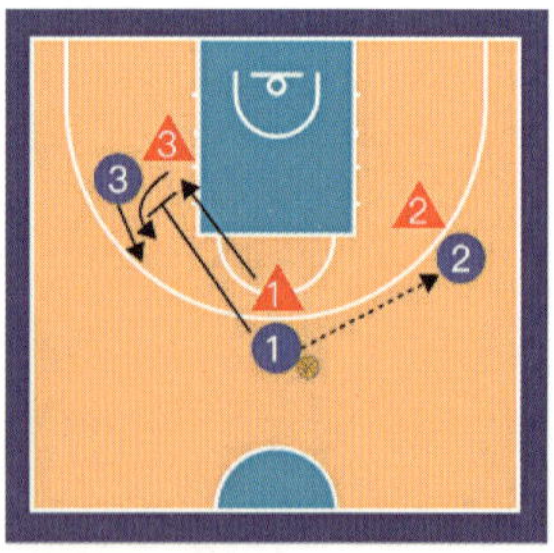

图2-6-13　三对三防掩护基础配合（挤过、绕过、穿过、交换）

【场地器材】篮球场；篮球。

【练习要求】把握好挤过、绕过、穿过、交换的时机，避免犯规。

【拓展建议】进攻队员连续进行掩护。

练习4：两人夹击配合

【练习目的】提高学生夹击的能力。

【练习方法】进攻队员①沿边线运球。当①过中线时，防守队员2号突然迎上去，迫使其停球。防守队员1协同夹击停球的①。随即攻防转换。（图2-6-14）

【场地器材】篮球场；篮球。

【练习要求】把握好夹击时机，避免犯规。

【拓展建议】防守队员连续进行防守。

图2-6-14 两人夹击配合

三 赛

（一）教学比赛设计思路

本单元主要学习了篮球进攻与防守基础配合，设计教学比赛时，应着重强调以攻守基础配合为主。在分组时，教师应根据学生技术组合熟练度以及战术运用能力对组员进行划分，从而保证比赛时双方实力均衡。教学比赛应使学生在真实的比赛情境下运用所学的进攻与防守基础配合。

（二）教学比赛方法与组织

比赛1：半场三对三比赛

【比赛目的】提高学生进攻与防守基础配合运用的能力。

【比赛方法】教师根据学生的篮球技战术水平将其平均分组，进行半场三对三比赛。进攻方必须使用任一进攻基础配合进攻，进攻成功（命中、造成犯规）则离场。若防守成功，则进攻方变为防守方，由下一组学生进攻。

【注意事项】基础配合运用正确、熟练，学生遵守比赛规则、避免受伤。

【场地器材】篮球场；篮球。

【拓展建议】要求必须在15秒内完成进攻。

比赛2：半场四对四比赛

【比赛目的】增强学生进攻与防守基础配合运用的能力。

【比赛方法】教师根据学生的篮球技能水平将其平均分组，进行半场四对四比赛。进攻方必须使用任一进攻基础配合进攻，进攻成功（命中、造成犯规）则离场。若防守成功，则进攻方变为防守方，由下一组学生进攻。

【注意事项】基础配合运用正确、熟练，学生遵守比赛规则、避免受伤。

【场地器材】篮球场；篮球。

【拓展建议】要求必须在18秒内完成进攻。

比赛3：全场五对五比赛

【比赛目的】提高学生在全场比赛情况下进攻与防守基础配合运用的能力。

【比赛方法】教师根据学生的篮球技能水平将其平均分组，进行全场五对五比赛。进攻方必须使用任一进攻基础配合进攻，11分为一局。

【注意事项】基础配合运用正确、熟练，学生遵守比赛规则、避免受伤。

【场地器材】篮球场；篮球。

【拓展建议】增加每局的分值或时长。

四 评

（一）知识技能学习评价

学生能够说出不同进攻与防守基础配合及其组合的方法与要领，能掌握三种基础配合及其组合的练习方法并在比赛中进行运用。

（二）体能素质锻炼评价

学生具有较强的身体对抗能力，进一步提升核心力量、速度与耐力素质，能运用三种发展力量、速度与耐力的练习方法。

（三）情感品格培养评价

学生具备一定的决策能力、领导及大局意识、竞争精神，同时具有较强的临场应变能力、敏捷的思维及良好的团队合作意识。

第三节　单元三教学策略

单元目标

1. 知识技能学习目标：学生能知晓快攻的基本形式，能高效率地执行快攻战术。
2. 体能素质锻炼目标：通过快攻练习和比赛，学生提升无氧耐力。
3. 情感品格培养目标：通过快攻与防守快攻练习及比赛，学生提升观察能力、预判能力、竞争意识、大局观。

一 学

（一）单元学习内容

❶ 篮球快攻战术

❷ 篮球防守快攻战术

（二）单元学习方法

观察示范动作法：教师可通过战术板、多媒体设备等向学生讲解快攻练习的形式、方法，强调快攻战术过程中各参与人的职责。

体验感知动作法：教师组织学生进行快攻战术配合试跑位，注重让学生体验与感知战术形式及个人技术的运用。

二 练

（一）练习方法设计思路

本单元的练习方法设计遵循超正常难度的原则，提高练习难度，使之达到顶级层次的技战术运用要求。本单元以多种比赛形式的练习为主，通过比赛提高学生技战术运用的自由度。

（二）练习方法与组织

练习1：全场二攻一快攻，半场追防快攻

【练习目的】提高快攻和防守快攻战术的运用能力。

【练习方法】两人平传球推进。当球过中场时，左侧的防守队员开始追防。此时进攻由二攻一转变成二攻二。进攻队员要尽量赶在追防到位前完成进攻。（图2-6-15）

【场地器材】篮球场；篮球。

【练习要求】进攻队员要利用最短的进攻时间进行攻击，利用多打少。

【拓展建议】尝试连续两个回合或进攻方必须得分。

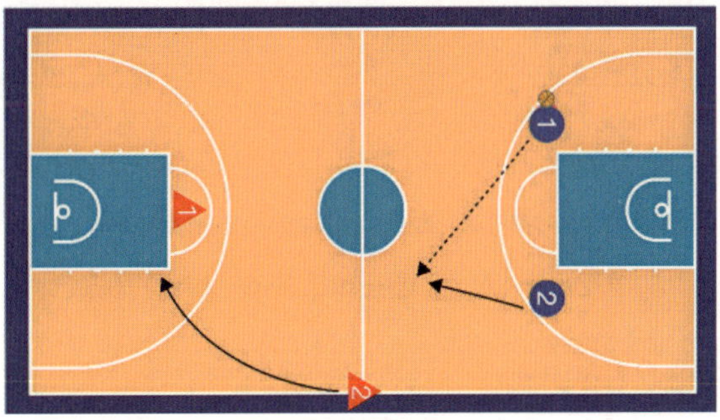

图2-6-15　全场二攻一快攻，半场追防快攻

练习2：二攻一、三攻二快攻

【练习目的】提高快攻和防守快攻战术的运用能力。

【练习方法】两人平传球，推进至对面半场二打一。随后防守队员变为进攻队员，三人平传，返回对面半场三打二。（图2-6-16）

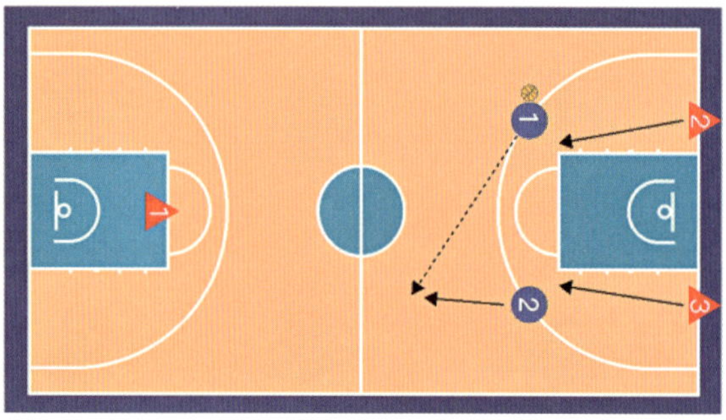

图2-6-16 二攻一、三攻二快攻

【场地器材】篮球场；篮球。

【练习要求】进攻队员要利用最短的进攻时间进行攻击，利用多打少。

【拓展建议】限定运球次数或进攻方式。

练习3：全场三攻二快攻，半场追防

【练习目的】提高快攻和防守快攻战术的运用能力。

【练习方法】三人平传球推进。当球过中场时，左侧防守队员开始追防。此时进攻由三攻二转变成三攻三。进攻队员要尽量赶在追防到位前完成进攻。（图2-6-17）

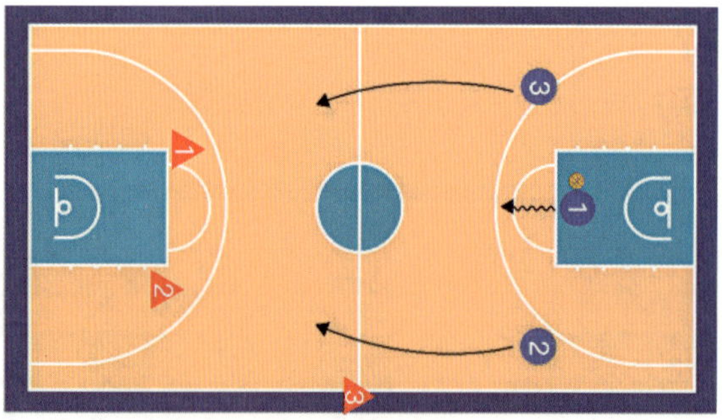

图2-6-17 全场三攻二快攻，半场追防

【场地器材】篮球场；篮球。

【练习要求】进攻队员要利用最短的进攻时间进行攻击。

【拓展建议】限定运球次数。

练习4：追防快攻

【练习目的】提高快攻和防守快攻战术的运用能力。

【练习方法】球员①接教师的传球后，将球长传给球员②快攻上篮。球员①跟进抢篮板。随即，球员③下快攻，球员①进行追防。球员②抢到篮板球后，将球传给教师。教师传球给球员④。球员④将球长传给球员③上篮。连续往返练习。（图2-6-18）

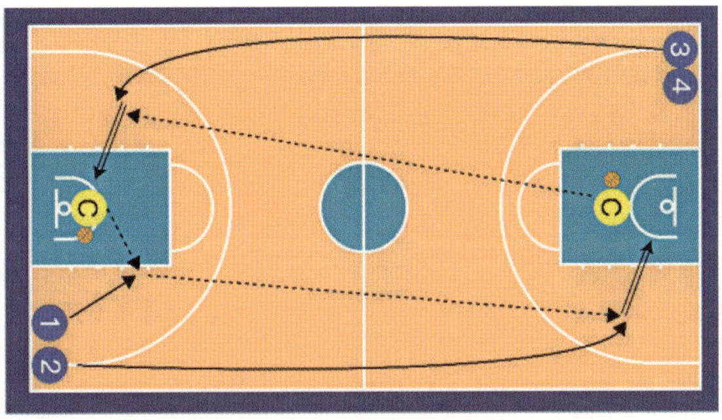

图2-6-18　追防快攻

【场地器材】篮球场；篮球。

【练习要求】长传要有提前量，球员快攻跑动要迅速。

【拓展建议】尝试不同运球变向方式。

练习5：转换进攻：四打二变四打四

【练习目的】提高快攻和防守快攻战术的运用能力。

【练习方法】进攻球员①与②在其后场发动进攻，防守球员1与2在中线进行防守，防守球员3与4从其前场端线处回追。待进攻球员①与②进入前场，进攻球员③与④从中线处参与进攻，变成四打四。（图2-6-19）

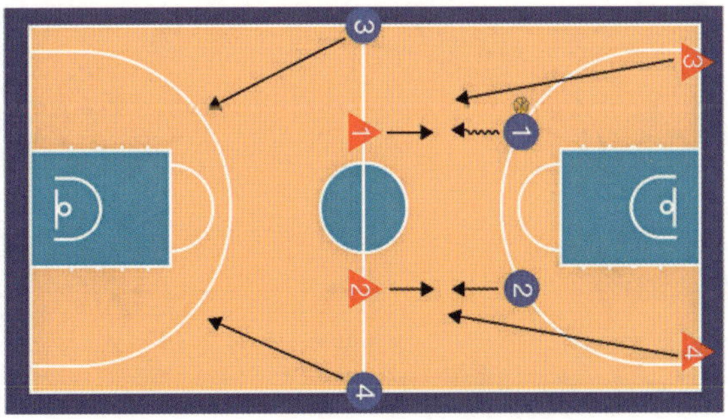

图2-6-19　转换进攻：四打二变四打四

【场地器材】篮球场；篮球。

【练习要求】尽量赶在追防队员防守到位前完成进攻。

【拓展建议】尝试增加球员数量。

练习6：插上接应—短传推进—快攻—投篮

【练习目的】提高快攻战术和投篮技术的运用能力。

【练习方法】⑥插中接⑤传球，接球后立即将球传给同时快下的④号。⑥传球后跑向对侧，接③传球投篮；④接球后，立即将球回传给快下的⑤上篮；④传球后向前跑，接①传球投篮。（图2-6-20）

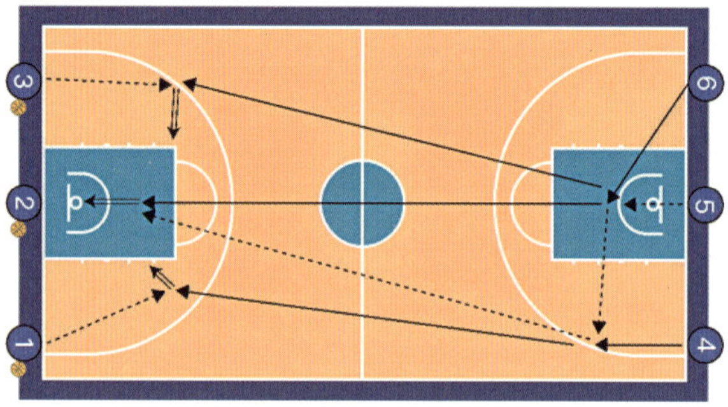

图2-6-20　插上接应—短传推进—快攻—投篮

【场地器材】篮球场；篮球。

【练习要求】跑动路线正确，传球及时，投篮动作规范。

【拓展建议】增加练习时间或要求投篮命中一定数量。

练习7：接应、推进快攻

【练习目的】提高快攻战术接应和推进的运用能力。

【练习方法】②接应①的传球，随即快速运球推进，然后传球给⑥上篮。⑤接应④的传球后运球推进，然后传球给篮下的③上篮。（图2-6-21）

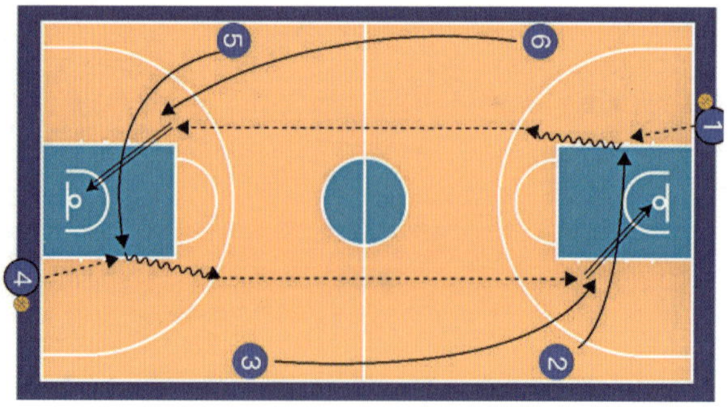

图2-6-21　接应、推进快攻

【场地器材】篮球场；篮球。

【练习要求】跑动路线正确，接应及时。

【拓展建议】增加练习时间或要求上篮命中一定数量。

练习8：传球—插上接应—长传—跟进上篮

【练习目的】提高接应、长传快攻战术的运用能力。

【练习方法】①传球给②后，立即插中接应②回传球。①接球后，立刻将球长传给③并迅速加速跑，接③回传球上篮。（图2-6-22）

图2-6-22　传球—插上接应—长传—跟进上篮

【场地器材】篮球场；篮球。

【练习要求】起动要快，传球要准。

【拓展建议】增加练习时间或要求上篮命中一定数量。

三 赛

（一）教学比赛设计思路

本单元内容以快攻和防守快攻战术为主。设计教学比赛时，应着重强调快攻战术与防守快攻战术的运用。在分组时，教师应根据学生的篮球技战术水平对组员进行划分，从而保证比赛时双方实力均衡。教学比赛力争设置正式比赛场景，使学生在真实比赛情境下进行快攻战术配合。

（二）教学比赛方法与组织

比赛1：半场三攻三转进攻快攻三攻二

【比赛目的】提高学生进攻与防守基础配合运用的能力。

【比赛方法】在三对三的攻守中，当进攻方中篮或防守方抢到篮板球后，转换进攻的队员要立即起动开始进攻。而这时，投中或最后处理球的队员要立即触摸场外篮球架的立柱，进攻队员利用这个时间进行快速转换，形成快攻。

【注意事项】最大限度地利用这个机会进行快攻。

【场地器材】篮球场；篮球。

【拓展建议】增加人数。

比赛2：全场五对五教学比赛

【比赛目的】提高拼抢的积极性，加强对个人组合技术的运用，强调快攻的重要性。

【比赛方法】教师根据学生的篮球技能水平将其平均分组，进行全场五对五比赛，并设定通过快攻得的分为3分。

【注意事项】快攻可以得3分，要求进攻队在4秒内通过中线。

【场地器材】篮球场；篮球若干。

【拓展建议】增加每局的分值或减少进攻时长。

四 评

（一）知识技能学习评价

学生能够说出不同快攻与防守快攻战术的配合方法与要领，能掌握三种快攻与防守快攻战术的配合方法并在比赛中进行运用。

（二）体能素质锻炼评价

学生进一步提升身体力量、速度素质，具备较强的冲刺速度，能运用三种发展力量、速度的练习方法。

（三）情感品格培养评价

学生具备了较强的自主锻炼意识与能力，对事物的变化具有敏锐的观察力，在处理事情过程中具有一定大局观和领导意识，注重团队与集体主义精神。

第四节　单元四教学策略

单元目标

1. 知识技能学习目标：学生能知晓人盯人及区域联防的形式，能高效率地执行防守及进攻战术。
2. 体能素质锻炼目标：通过人盯人与区域联防的练习和比赛，学生具备充沛的篮球专项体能，全面提高速度、耐力、力量素质。
3. 情感品格培养目标：通过以人盯人与区域联防为主要方式的练习及比赛，学生提升观察能力、预判能力、决策能力、竞争意识、大局观。

一　学

（一）单元学习内容

1. 人盯人防守战术
2. 进攻人盯人防守战术
3. 区域联防
4. 进攻区域联防

（二）单元学习方法

观察示范动作法：教师可通过战术板、多媒体设备等向学生展示与讲解人盯人及区域联防练习的形式、方法，强调战术执行过程中各参与人的职责。

体验感知动作法：教师组织学生进行人盯人与区域联防战术配合试跑位，注重学生对战术配合方法与个人技术运用的体验与感知。

二　练

（一）练习方法设计思路

本单元遵循高强度对抗的原则，持续提高练习难度，使练习达到顶级层次的技术要求。本单元通过比赛使学生提升技术运用与战术执行能力。

（二）练习方法与组织

❶ 人盯人防守练习

练习1：四点一防一（有球）

【练习目的】提高对持球人防守的能力。

【练习方法】队员两人一组，分成四组同时练习。防守队员将球传给进攻队员后，立即进行攻守练习。进攻队员可用外围投篮与突破上篮进攻。（图2-6-23）

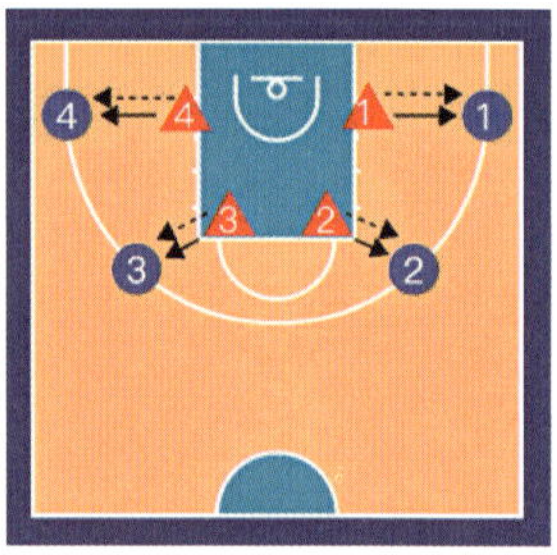

图2-6-23　四点一防一（有球）

【场地器材】篮球场；篮球。

【练习要求】防守队员应保持有利的防守位置，快速移动并合理利用身体、手臂，封盖、挡、堵对手。

【拓展建议】尝试连续多个回合后攻防转换。

练习2：防守有球与防守无球的选位

【练习目的】提高有球和无球的防守能力。

【练习方法】防守队员2传球给进攻队员①后，迅速上前防守，同时防守队员3上前防守进攻队员②。防守队员要贴身防守，阻断进攻队员①传球给②的路线。防守队员1则上提至罚球线，兼顾球的位置和防守进攻队员③。（图2-6-24）

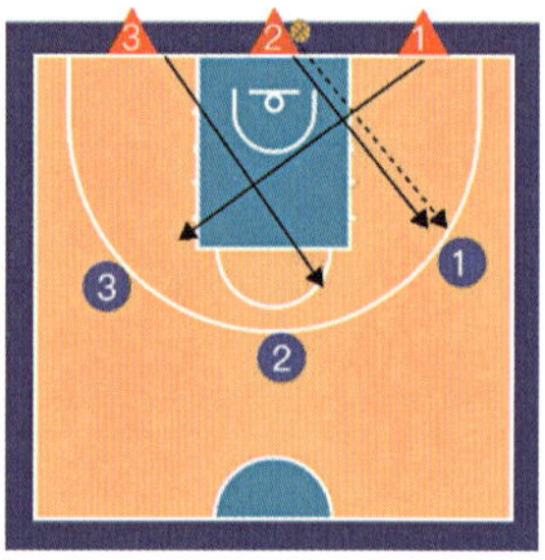

图2-6-24　防守有球与防守无球的选位

【场地器材】篮球场；篮球。

【练习要求】防守队员应保持有利的防守位置，快速移动并合理利用身体、手臂，封盖、挡、堵对手。

【拓展建议】尝试连续多个回合后攻防转换。

练习3：绕前防守

【练习目的】提高绕前防守能力。

【练习方法】进攻队员①运球至右侧45度方向时，准备将球传于低位的进攻队员②。此时，防守队员2绕前阻断向内的传球，防守队员3向无撞人半圆区移动，预防篮下的高吊球。（图2-6-25）

图2-6-25　绕前防守

【场地器材】篮球场；篮球。

【练习要求】绕前队员用身体干扰向内线的传球，避免犯规，远球区协防球员注重协防时机。

【拓展建议】增加进攻和防守的人数。

练习4：三人连续攻防

【练习目的】提高人盯人防守基础配合的能力。

【练习方法】三名进攻队员站于三分线外，三名防守队员分别对位。练习开始时，进攻队员连续在三分线外反复进行有球、无球掩护。防守队员注意调整防守位置，统一思想进行防守。

【场地器材】篮球场；篮球。

【练习要求】在发生掩护时，防守队员要大声喊出需要应对的防守方案，如挤过、交换等。

【拓展建议】尝试增加进攻与防守队员的人数，增加不同防守基础配合的方式。

练习5：半场人盯人防守，球在正面时的防守

【练习目的】提高球在正面时半场人盯人的防守能力。

【练习方法】球在弧顶偏右侧时，防守队员1逼近进攻队员①并扬手干扰其行动。进攻队员②与③位于近球区。防守队员2需错位防守，防止进攻队员②轻易地接到球，及时调整防守位置。防守队员3要随时了解进攻队员③的意图。进攻队员④与⑤位于远球区。防守队员4需靠近纵轴线接近进攻队员①，防止其从中路突破。防守队员5需靠近纵轴线接近进攻队员③的位置，防止③反切篮下。（图2-6-26）

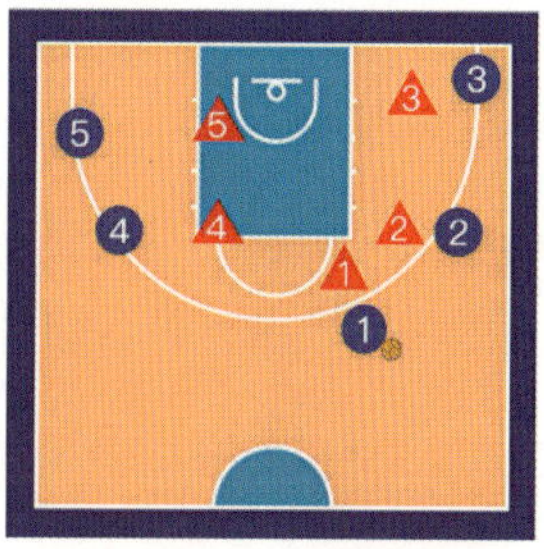

图2-6-26　半场人盯人防守，球在正面时的防守

【场地器材】篮球场；篮球。

【练习要求】防守队员要始终保持正确的防守位置，队员之间互相呼应，调整防守位置。

【拓展建议】尝试计分后进行攻防转换练习。

练习6：半场人盯人防守，球在侧面时的防守

【练习目的】提高球在侧面时半场人盯人的防守能力。

【练习方法】球在右侧45度方向靠近底线位置时，防守队员1逼近进攻队员①并扬手干扰其行动，防止①轻易地将球传入内线。防守队员2需错位防守，防止进攻队员②轻易地接到球，同时要防止其反切至篮下。防守队员3应移动至罚球区偏右位置，防止进攻队员①从中线突破。防守队员4应

向纵轴线靠近防守队员5的位置移动。（图2-6-27）

【场地器材】篮球场；篮球。

【练习要求】防守队员要始终保持正确的防守位置，队员之间互相呼应调整防守位置。

【拓展建议】尝试计分后进行攻防转换练习。

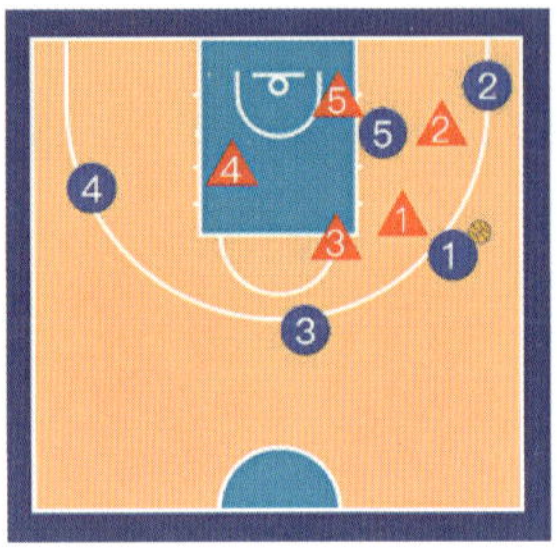

图2-6-27　半场人盯人防守，球在侧面时的防守

练习7：半场人盯人防守，球在底线时的防守

【练习目的】提高球在底线时半场人盯人的防守能力。

【练习方法】球在右侧靠近底线位置时，防守队员1逼近进攻队员①并扬手干扰其行动，干扰其向内线的传球。防守队员2需错位防守，防止进攻队员②轻易地接到球，同时要防止其反切至篮下。防守队员3应移动至罚球区偏右下的位置。防守队员4应向纵轴线靠近防守队员5的位置移动。（图2-6-28）

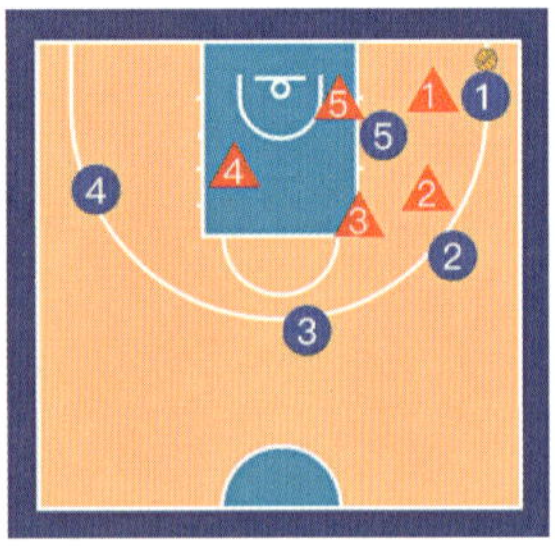

图2-6-28　半场人盯人防守，球在底线时的防守

【场地器材】篮球场；篮球。

【练习要求】防守队员要始终保持正确的防守位置，队员之间互相呼应，调整防守位置。

【拓展建议】尝试计分后进行攻防转换练习。

❷ 进攻人盯人防守练习

练习1：“1-2-2”进攻人盯人防守

【练习目的】提高进攻人盯人防守的能力。

【练习方法】落位形式是大前锋④以及中锋⑤在罚球线两侧，得分后卫②和小前锋③在底线两侧。其发动形式主要是通过大前锋与中锋给得分后卫以及小前锋作掩护，掩护后组织后卫选择将球传向一侧。由于之前的掩护很有可能形成换防，此时变成外线的小打大，②或者③可以利用速度突破高大队员，制造进攻机会。（图2-6-29）

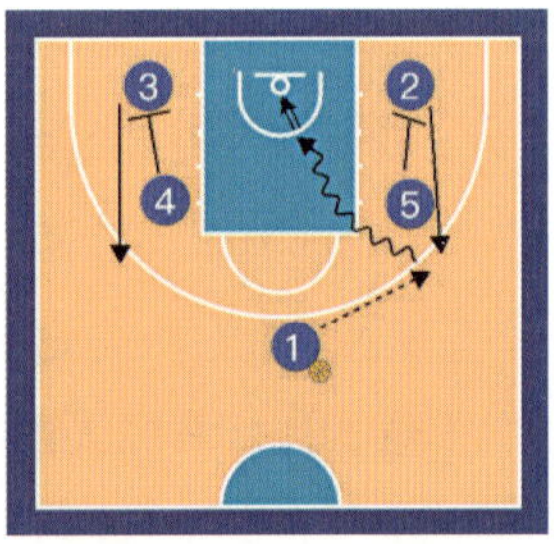

图2-6-29　“1-2-2”进攻人盯人防守

【场地器材】篮球场；篮球。

【练习要求】前锋与中锋掩护后，要倚靠防守人要球。后卫球员拿球后，需先观察

内线球员，随后投篮或突破。

【拓展建议】增加练习时间或要求进攻必须成功。

练习2："1-1-3"进攻人盯人防守

【练习目的】提高进攻人盯人防守的能力。

【练习方法】练习时，⑤站在罚球线，②站在⑤的下面，③④站在底角两侧。其发动形式为：⑤给②做掩护；②通过掩护出来接①传球；接着，⑤再给②做高位掩护；②持球进攻。这种打法的好处是将中间拉开，更方便持球突破进攻。（图2-6-30）

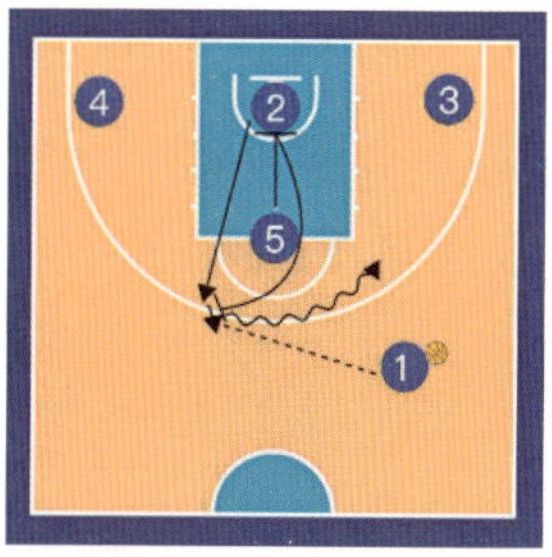

图2-6-30 "1-1-3"进攻人盯人防守

【场地器材】篮球场；篮球。

【练习要求】前锋与中锋掩护后，要注意倚靠防守人要球。后卫球员拿球后，需先观察内线球员，随后再投篮或突破。

【拓展建议】增加练习时间或要求进攻必须成功。

练习3："1-3-1"进攻人盯人防守

【练习目的】提高进攻人盯人防守的能力。

【练习方法】④⑤站在罚球线两侧。②利用④及⑤连续两个掩护接①的传球。④⑤掩护完后，依次给底线的③再做连续的掩护。通过连续的掩护以及掩护后的切入，寻找直接进攻机会。（图2-6-31）

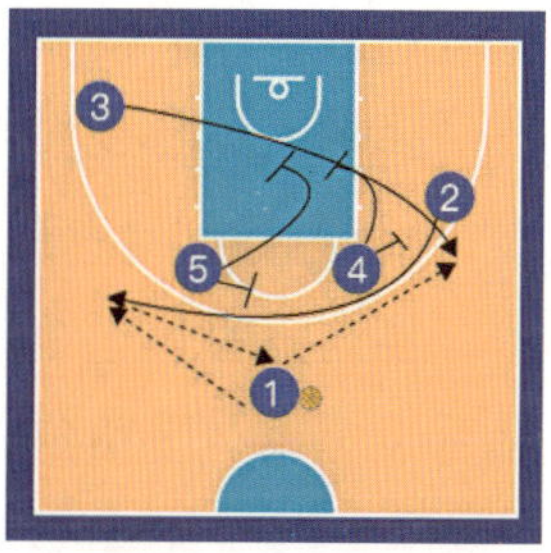

图2-6-31 "1-3-1"进攻人盯人防守

【场地器材】篮球场；篮球。

【练习要求】前锋与中锋掩护后，注意倚靠防守人要球。后卫球员拿球后，需先观察内线球员，随后再投篮或突破。

【拓展建议】增加练习时间或要求进攻必须成功。

练习4："2-1-2"进攻人盯人防守

【练习目的】提高进攻人盯人防守的能力。

【练习方法】①运球突破，传球给②后纵切。⑤下移，并给③掩护，同时④给①掩护。②可持球突破进攻，也可传球给③或①投篮。（图2-6-32）

图2-6-32 "2-1-2"进攻人盯人防守

【场地器材】篮球场；篮球。

【练习要求】前锋与中锋掩护后，注意倚靠防守人要球。

后卫球员拿球后，需先观察内线球员，随后再投篮或突破。

【拓展建议】增加练习时间或要求进攻必须成功。

❸ 区域联防练习

练习1：全队2-3联防防守（球在中间）

【练习目的】提高球队整体防守能力。

【练习方法】球在进攻队员⑤手中时，上线两名防守队员积极围守，并注意防弧顶及两侧进攻队员的空切。防守队员3与4适当收缩篮下，并注意进攻队员④的底线空切。当进攻队员④穿插空切时，防守队员3与4采用跟防、交换防守方法进行防守。（图2-6-33）

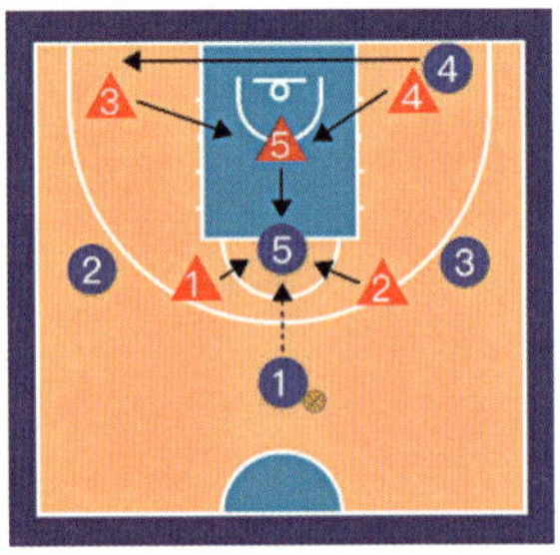

图2-6-33　全队2-3联防防守（球在中间）

【场地器材】篮球场；篮球。

【练习要求】采用“防突不防投”的原则，上线两名防守球员应积极滑步，扩大防守区域，防守外线三名进攻队员，防止球轻易传到罚球线区域。

【拓展建议】增加练习时间或要求防守必须成功。

练习2：全队2-3联防防守（球在两侧）

【练习目的】提高球队整体防守能力。

【练习方法】进攻队员③持球时，防守队员2向其移动，进行错位防守。防守队员1向纵轴线移动，避免进攻队员①轻易地接到③的回传球，同时要兼顾防守对罚球线区域的传球。防守队员4向上线移动，切断进攻队员③的突破路线，同时防止进攻队员④空切。当进攻队员④穿插空切时，防守队员3与4采用跟防、交换防守方法进行防守。随后，防守队员5向进攻队员⑤移动，防守队员3向罚球线区域移动。（图2-6-34）

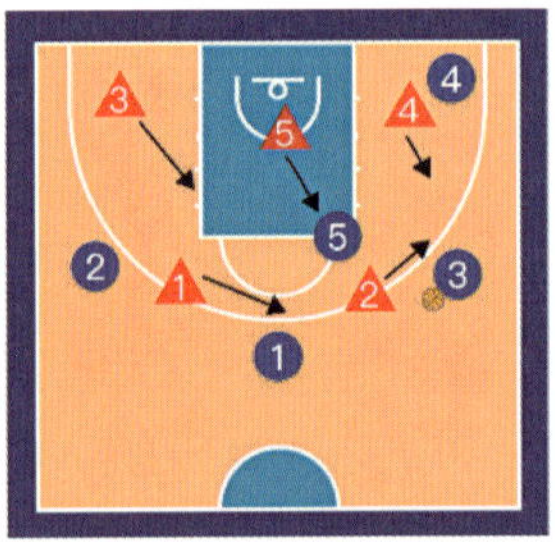

图2-6-34　全队2-3联防防守（球在两侧）

【场地器材】篮球场；篮球。

【练习要求】采用“防突不防投”的原则，上线两名防守球员应积极滑步，扩大防守区域，防守外线三名进攻队员，防止球轻易传到罚球线区域。

【拓展建议】增加练习时间或要求防守必须成功。

练习3：全队2-3联防防守（球在底线）

【练习目的】提高球队整体防守能力。

【练习方法】进攻队员④持球时，防守队员4向其移动进行防守。防守队员2向底线移动，防止进攻队员③轻易地接到回传球。防守队员1越过纵轴线，防止球回传给弧顶球员。防守队员5向进攻队员⑤移动。（图2-6-35）

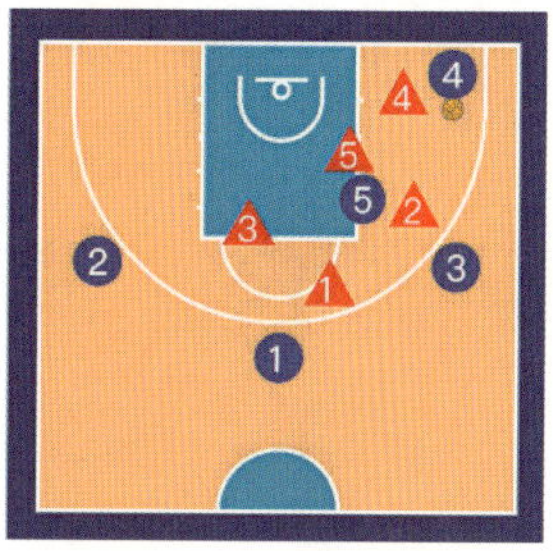

图2-6-35　全队2-3联防防守（球在底线）

【场地器材】篮球场；篮球。

【练习要求】采用“防突不防投”的原则，上线两名防守球员应积极滑步，扩大防守区域，防守外线三名进攻队员，防止球轻易传到罚球线区域。

【拓展建议】增加练习时间或要求防守必须成功。

练习4：全队3-2联防防守（球在上线）

【练习目的】提高球队整体防守能力。

【练习方法】进攻队员②持球时，防守队员1向其靠近，同时防守队员3向中线靠近，切断回传球给进攻队员①的路线并防止进攻队员②从中路突破。防守队员2向罚球线右侧角靠近，绕前防止进攻队员⑤轻易地接到球。防守队员5向罚球线靠近，防止对进攻队员⑤的吊球并注意进攻队员④向篮下的空切。（图2-6-36）

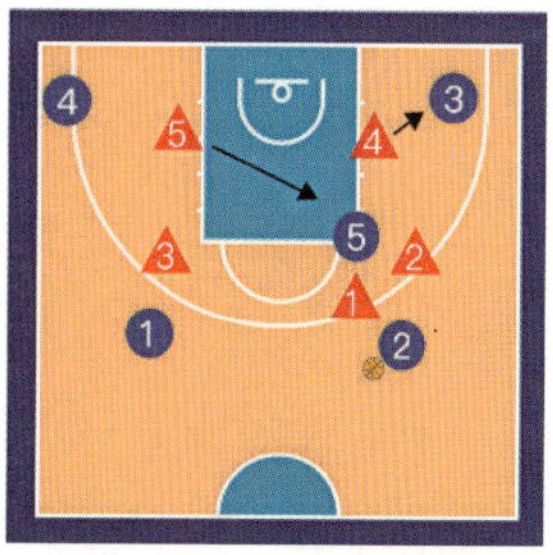

图2-6-36　全队3-2联防防守练习（球在上线）

【场地器材】篮球场；篮球。

【练习要求】采用“防突不防投”的原则，下线两名防守球员应积极滑步，扩大防守区域，防守两线及罚球线区域的三名进攻队员，防止球轻易传到底线区域。

【拓展建议】增加练习时间或要求防守必须成功。

练习5：全队3-2联防防守练习（球在下线）

【练习目的】提高球队整体防守能力。

【练习方法】当进攻队员③持球时，防守队员4对其主防。防守队员2和1对进攻队员⑤进行夹击，防止其轻易地接到球。防守队员5向篮下移动，进行协防并防止④的空切，同时防守队员3向罚球线移动，防守进攻队员①的空切。（图2-6-37）

图2-6-37　全队3-2联防防守（球在下线）

【场地器材】篮球场；篮球。

【练习要求】采用“防突不防投”的原则，下线两名防守球员应积极滑步，扩大防守区域，防守两线及罚球线区域的三名进攻队员，防止球轻易传到底线区域。

【拓展建议】增加练习时间或要求防守必须成功。

④ 进攻区域联防练习

练习1：进攻2-3区域联防（传导球）

【练习目的】提高球队进攻联防防守的能力。

【练习方法】进攻队员①与②反复传递球，调动防守球员，待防守球员5提到上线防守时，将球传给底线的进攻队员④。④若无进攻机会，则将球传给插中的进攻队员⑤。⑤若再无机会，则将球传给远球区下沉的进攻队员③进行投篮。按照此方法反复练习。（图2-6-38）

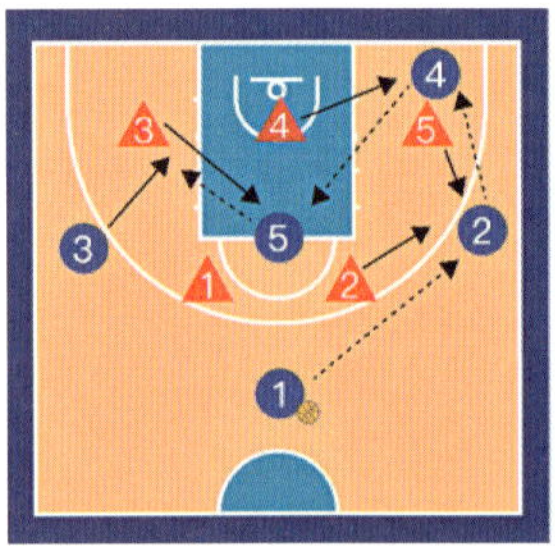

图2-6-38 进攻2-3区域联防（传导球）

【场地器材】篮球场；篮球。

【练习要求】进攻队员应保持耐心进行传球，若无机会则寻找下一点同伴，传球时应尽量使用击地传球。

【拓展建议】增加练习时间或要求进攻必须成功。

练习2：进攻2-3区域联防（掩护+传导球）

【练习目的】提高球队进攻联防防守的能力。

【练习方法】进攻队员⑤主动掩护防守队员2，同时进攻队员①将球传给进攻队员②，迫使防守球员5提到上线防守。②随后将球传给溜底线的进攻队员④。④若无进攻机会，则将球传给插中的进攻队员⑤。⑤若再无机会，则将球传给远球区下沉的进攻队员③进行投篮。按照此方法反复练习。（图2-6-39）

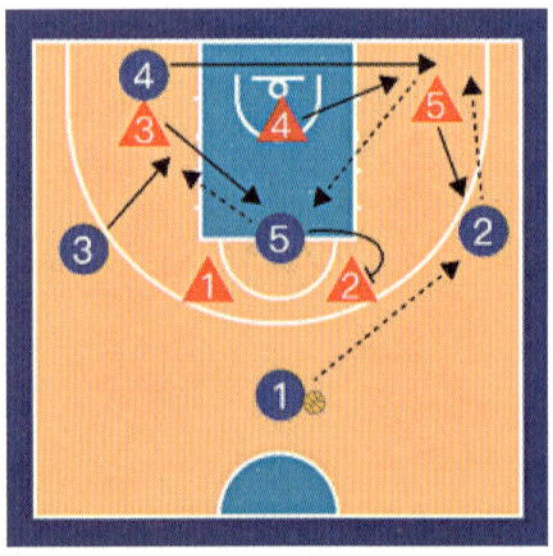

图2-6-39 进攻2-3区域联防（掩护+传导球）

【场地器材】篮球场；篮球。

【练习要求】进攻队员应保持耐心进行传球，若无机会则寻找下一点同伴，传球时应尽量使用击地传球。

【拓展建议】增加练习时间或要求进攻必须成功。

练习3：进攻3-2区域联防（传导球）

【练习目的】提高球队进攻联防防守的能力。

【练习方法】球在进攻队员①与②之间传递。进攻队员⑤从左侧突然插中，接②

的传球后可投篮，也可在防守队员上提防守时，将球传给底线的进攻队员④。（图2-6-40）

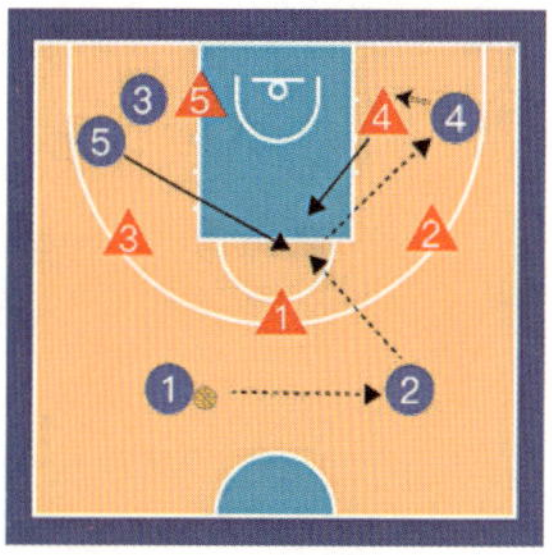

图2-6-40　进攻3-2区域联防（传导球）

【场地器材】篮球场；篮球。

【练习要求】进攻队员应保持耐心进行传球，若无机会，则寻找下一点同伴；插中球员要突然；传球时应尽量使用击地传球。

【拓展建议】增加练习时间或要求进攻必须成功。

练习4：进攻3-2区域联防（掩护+传导球）

【练习目的】提高球队进攻联防防守的能力。

【练习方法】进攻队员①将球传给②，同时进攻队员⑤从左侧向中间移动，掩护防守队员1。进攻队员②接传球后，向下线运球，吸引防守队员2的注意，随后将球传给进攻队员④。进攻队员⑤在掩护后，立刻转身向篮下移动。此时，⑤可接④的传球投篮。若防守队员5上提防守，则⑤可传球给进攻队员③进行投篮。（图2-6-41）

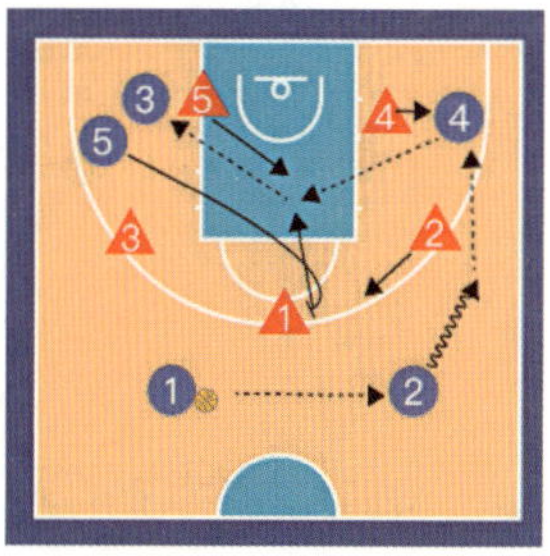

图2-6-41　进攻3-2区域联防（掩护+传导球）

【场地器材】篮球场；篮球。

【练习要求】进攻队员应保持耐心进行传球，若无机会，则寻找下一点同伴；插中球员要突然；传球时应尽量使用击地传球。

【拓展建议】增加练习时间或要求进攻必须成功。

三　赛

（一）教学比赛设计思路

本单元主要学习（进攻）人盯人防守及（进攻）联防防守战术。设计教学比赛时，应着重强调本单元所练习内容的运用。在分组时，教师应根据学生的篮球技能水平对组员进行划分，从而保证比赛时双方实力均衡。教学比赛的设计应使学生在真实的比赛情境下进行人盯人、联防的攻守配合。

（二）教学比赛方法与组织

比赛1：半场五对五比赛

【比赛目的】提高人盯人、区域联防攻守能力。

【比赛方法】教师根据学生的篮球技能水平将其平均分组，进行半场五对五比赛，记录进攻或防守的成功率。

【注意事项】只能通过战术配合完成进攻。

【场地器材】篮球场；篮球若干。

【拓展建议】增加每局的分值或时长。

比赛2：全场五对五比赛

【比赛目的】提高人盯人、区域联防攻守能力。

【比赛方法】教师根据学生的篮球技能水平将其平均分组，进行全场五对五比赛，记录进攻或防守的成功率。

【注意事项】只能通过战术配合完成进攻。

【场地器材】篮球场；篮球若干。

【拓展建议】增加每局的分值或时长。

四 评

（一）知识技能学习评价

学生能够说出不同人盯人防守（进攻）战术和区域联防防守（进攻）战术的配合方法与要领，能掌握四种（进攻）人盯人防守战术和（进攻）区域联防防守战术的配合方法并在比赛中进行运用。

（二）体能素质锻炼评价

学生在篮球比赛中具备充沛的体能，全面提升力量、耐力、速度素质，能运用三种发展力量、速度、耐力素质的练习方法。

（三）情感品格培养评价

学生应具备敏锐的观察能力、精准的预判能力、强烈的竞争意识、良好的团队合作精神，同时，还应展现出一定的领导能力和大局观意识。

第五节 单元五教学策略

单元目标

1. 知识技能学习目标：学生能了解人盯人紧逼攻守的形式，能高效率地执行防守及进攻战术。
2. 体能素质锻炼目标：通过人盯人紧逼攻守的练习和比赛，学生具备充沛的篮球专项体能，全面提高速度、耐力、力量素质。
3. 情感品格培养目标：通过以人盯人紧逼攻守为主要方式的练习及比赛，学生提升观察能力、预判能力、决策能力、竞争意识、大局观。

一 学

（一）单元学习内容

1. 人盯人紧逼防守战术
2. 进攻人盯人紧逼防守战术

（二）单元学习方法

观察示范动作法：教师可通过战术板、多媒体设备等向学生展示与讲解人盯人紧逼攻守练习的形式、方法，强调战术配合过程中各个参与人的职责。

体验感知动作法：教师组织学生进行人盯人紧逼攻守配合试跑位，注重让学生体验战术形式及个人技术运用的要求。

二 练

（一）练习方法设计思路

本单元的练习遵循循序渐进原则，分步骤进行，先是局部的紧逼，再到全场的紧逼。防守过程中，提倡竞争性和勇敢精神。本单元以多种形式的练习为主。学生通过对战术要领加强理解并实践运用，更好地掌握本单元的内容。

（二）练习方法与组织

1. 人盯人紧逼防守战术练习

练习1：全场人盯人紧逼

【练习目的】提高全场人盯人紧逼防守能力。

【练习方法】进攻队员和防守队员如图2-6-42所示落位。当进攻队员①掷端线球时，防守队员1要尽可能地干扰其掷球行动；靠近罚球线的防守队员2要切断进攻队员②的接球路线并迫使其向端线移动；在中场附近的防守队员3、4则要随时准备抢断高吊传球；最后一名防守队员5一方面要注意抢断对方的长传球，另一方面还要阻止进攻队员⑤切向中场接应传球。

图2-6-42 全场人盯人紧逼

【场地器材】篮球场；篮球。

【练习要求】防守队员应保持有利的防守位置，快速移动并合理运用身体、手臂进行封盖，挡、堵对手的移动接球，注意反跑和空切。

【拓展建议】尝试连续多个回合后攻防转换，规定必须防守成功。

练习2：全场人盯人紧逼（补防）

【练习目的】提高全场人盯人紧逼防守能力。

【练习方法】防守队员2迫使进攻队员②沿边线运球。在②刚过中线时，防守队员4快速迎上堵截，迫使其停球，造成二夹一的局面。此时，防守队员5迅速向进攻队员④的方向移动，防守队员3向防守队员5的方向移动，防守队员1兼防进攻队员①和③。（图2-6-43）

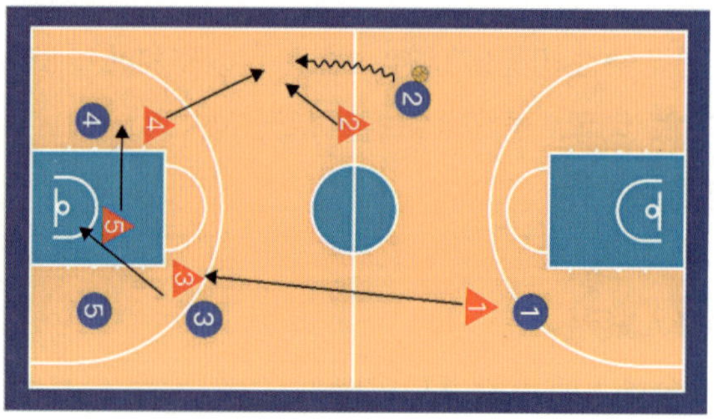

图2-6-43 全场人盯人紧逼（补防）

【场地器材】篮球场；篮球。

【练习要求】防守队员应保持有利的防守位置，快速移动并合理运用身体、手臂进行封盖，挡、堵对手的移动接球，注意反跑和空切。

【拓展建议】尝试连续多个回合后攻防转换，规定必须防守成功。

练习3：攻转守

【练习目的】提高攻转守期间队员全场人盯人紧逼防守能力。

【练习方法】从半场比赛开始，当进攻队投中或罚中篮以后，采用固定找人的方法转入防守；如果投篮或罚球不中，对方抢到篮板球时，就采用就近找人的方法转入防守。在半场比赛过程中，教师可任意宣判进攻违例，以便增多攻转守练习次数；可采用记分或奖惩的办法，提高学生的练习积极性。（图2-6-44）

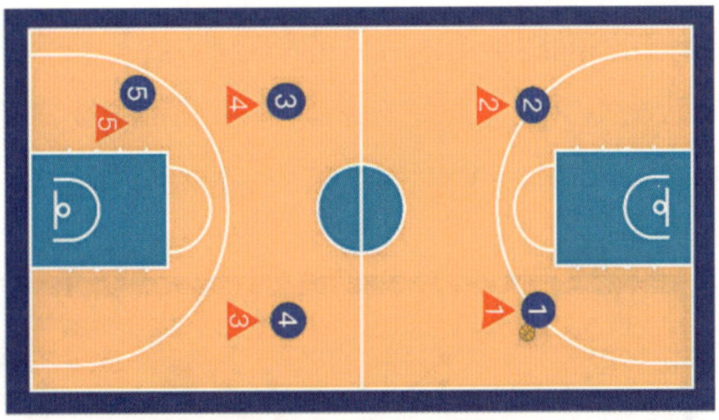

图2-6-44　攻转守

【场地器材】篮球场；篮球。

【练习要求】防守队员应保持有利的防守位置，快速移动并合理运用身体、手臂进行封盖，挡、堵对手的移动接球，注意反跑和空切。

【拓展建议】尝试连续多个回合后攻防转换，规定必须防守成功。

❷ 进攻人盯人紧逼防守战术练习

练习1：两人摆脱接球

【练习目的】提高进攻人盯人防守基础配合的能力。

【练习方法】防守队员1与2分别防守进攻队员①与②，干扰其接球。进攻队员运用假动作和突然起动摆脱防守接球，接球后，再把球回传给教练。连续摆脱三次后，开始进攻。（图2-6-45）

图2-6-45　两人摆脱接球

【场地器材】篮球场；篮球。

【练习要求】进攻队员的摆脱要突然。

【拓展建议】尝试增加进攻与防守队员的人数，规定防守的成功率。

练习2：两人掩护摆脱接球

【练习目的】提高进攻人盯人防守基础配合的能力。

【练习方法】进攻队员①主动跑到②的侧面进行掩护。进攻队员②利用同伴的掩护，摆脱防守队员2接球。（图2-6-46）

【场地器材】篮球场；篮球。

【练习要求】进攻队员的掩护要突然。

【拓展建议】尝试增加进攻与防守队员的人数，规定防守的成功率。

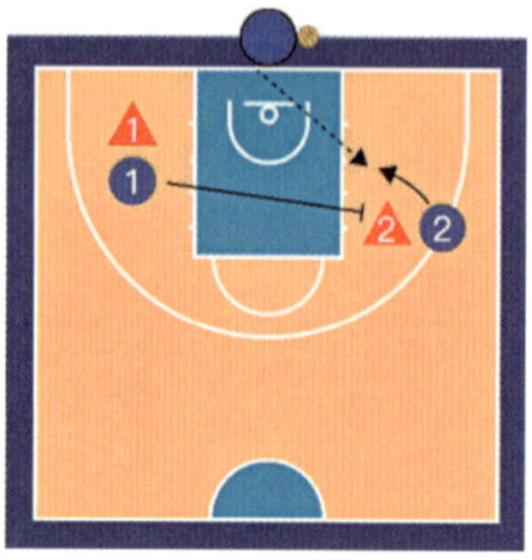

图2-6-46　两人掩护摆脱接球

练习3：三人配合破紧逼夹击

【练习目的】提高球在侧面时半场人盯人的防守能力。

【练习方法】进攻队员①②③分别站在后场的两侧和中场。进攻队员③突然起动向中路插入移动，接球后做突破或传球给摆脱的②。（图2-6-47）

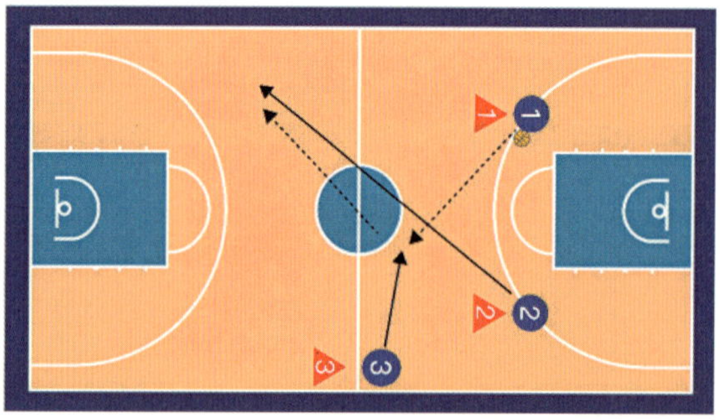

图2-6-47　三人配合破紧逼夹击

【场地器材】篮球场；篮球。

【练习要求】中线球员的插中策应要突然，摆脱球员起动要突然。

【拓展建议】尝试计分后进行攻防转换练习。

三　赛

（一）教学比赛设计思路

本单元主要学习（进攻）人盯人紧逼防守战术。设计教学比赛时，应突出（进攻）人盯人紧逼防守战术的应用。在分组时，教师应根据学生的篮球技能水平对组员进行划分，从而保证比赛时双方实力均衡。教学比赛的设计应能使学生在真实的比赛情境下进行人盯人紧逼的攻守配合。

（二）教学比赛方法与组织

全场五对五教学比赛

【比赛目的】提高人盯人紧逼攻守能力。

【比赛方法】教师根据学生的篮球技能水平将其平均分组，进行全场五对五比赛，记录进攻或防守的成功率。

【注意事项】只能通过战术配合完成进攻。

【场地器材】篮球场；篮球若干。

【拓展建议】增加每局的分值或时长。

四 评

（一）知识技能学习评价

学生能够说出不同（进攻）人盯人紧逼防守战术的配合方法与要领，能掌握两种（进攻）人盯人紧逼防守战术的配合方法。

（二）体能素质锻炼评价

学生全面提升力量、速度、耐力素质，具备高质量完成高强度篮球比赛的体能，能运用三种发展力量、速度与耐力素质的练习方法。

（三）情感品格培养评价

学生能够积极、勇敢地面对困难，并具有吃苦耐劳、顽强拼搏等优秀的意志品质，同时，在面对困难时能够充分发挥优良的团队作风，与队友、同伴积极合作。

第三部分

篮球教学资源

教学资源是为教学的有效开展而提供的素材等各种可被利用的要素，通常包括教材、案例、影视、图片、课件等，也包括教师资源、教具、基础设施、教育政策等内容。从广义上来讲，教学资源可以指在教学过程中被教学者利用的一切要素，包括支撑教学、为教学服务的人、财、物、信息等。从狭义上来讲，教学资源（学习资源）主要包括教学材料、教学环境及教学后援系统。在一体化体育课程体系建设政策引领与指导下，结合篮球运动项目特征，本部分主要从篮球教学准备与放松活动案例、篮球专项体能锻炼以及篮球教学规范教案与课例三个方面进行详细的阐述。

第一章 | 篮球教学准备与放松活动案例

准备活动是体育教学的重要环节之一，其实质就是让学生实现由相对静态向动态的成功转换；而放松活动则是使学生由动态向相对静态转换。随着篮球教学的不断改革与发展，当前教学准备活动与放松活动逐渐受到教师与学生的重视。因此，本章主要介绍篮球专门性准备活动与放松活动案例，为篮球教学实践提供较为科学、规范的指导。

第一节　篮球专门性准备活动

一体化篮球课程体系对篮球教学实践中的准备活动进行了重点设计，突出了篮球教学准备活动的专门性。这打破了传统篮球教学准备活动统一性、规定性与附属性的弊端，彰显了篮球教学准备活动技能化、个性化、韵律化和多样化等特点，为当前校园篮球教学实践提供了科学的指导依据。

一　篮球专门性准备活动设计思路与方法

教学中根据教学内容的特点，安排专门性准备活动，不仅可以为教材主要内容的学与练做好身体、技能的铺垫，缓解基本部分教学压力，还可以利用激趣、调动等手段激发学生的练习兴趣，调动学生的练习积极性，使整堂体育课首尾相接，协调顺畅，有效提高课堂教学质量。专门性准备活动可以整合和强化篮球专项基本动作模式，建立起神经系统和肌肉系统的有效反馈，并能提高运动的经济性，提高训练或比赛时的动作效率。篮球专门性准备活动围绕以下三个方面设计。（图3-1-1）

（一）拉伸

拉伸是提高机体柔韧性和灵活性的重要手段，主要作用于肌肉、韧带和关节，调整肌肉的张力以及提高关节的灵活度。准备活动中采用拉伸运动可以增强肌肉和肌腱弹性，提高运动效率，预防运动损伤，降低肌肉拉伤的可能性。常见的拉伸动作可分为静态拉伸和动态拉伸。教师可根据课堂主体内容、场地环境和天气状况，选择不同的拉伸动作搭配。

静态拉伸是指通过缓慢动作将肌肉、韧带拉长到一定程度时，保持静止不动状态的

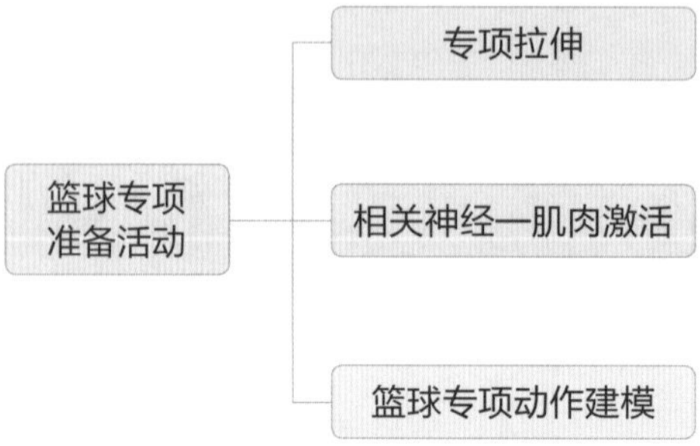

图3-1-1　篮球专项准备活动

活动方法，不需要自身肌肉参与活动。适当的静态拉伸可以转变运动状态，预防伤病。动态拉伸则是指在一定活动范围内让肌肉、关节重复同一动作的活动方法，需要自身肌肉参与活动。相比静态拉伸，动态拉伸更常被运用到准备活动中。动态拉伸更能引起肌肉的牵张反射，提高肌肉弹性，促进血液循环。

（二）神经—肌肉激活

运动表现是神经传递和肌肉反应的综合体现。提高与篮球运动相关肌肉神经的兴奋性，能够使机体快速、有序、协调、准确地做出动作，提高运动效率。在热身动作中采用稳定、不稳定、快速反应的动作进行活动，可以唤醒神经系统，激活肌肉中的本体感受器，从而使身体运动能力提高，为正式训练做好充分准备。

（三）篮球专项动作建模

篮球运动中常用的复杂连续的技术动作，被拆分为上肢、下肢单一动作或简单技术组合动作。在热身环节中进行整合、分解练习，建立起在神经支配下的动作模式，依靠痕迹效应可以更好地为基本部分所进行的主体训练做好准备，有利于提高学生的学习速度，提高课堂的练习效率。

专门性准备活动的设计原则有以下几个方面。

用时：一般性准备练习5—7分钟；专项准备练习8—12分钟。

强度：由静态到动态，由低强度到中高强度。

动作数目及练习次数：拉伸4—6个动作，每个动作进行4—6次拉伸（单侧）；神经—肌肉激活4—6个动作，持续10—20秒；专项动作建模4—6个动作，单边进行10—20秒。

动作的选择：在进行动作选择的时候，应同主体训练内容相联系，有针对性地组合技术动作。

二 篮球专门性准备活动案例与解析

（一）专门性准备活动案例1

❶ 并步、跨步、交叉步、滑步、防守训练课

【练习目的】身体预热，激活腿部肌肉及神经，激活膝、踝关节，为脚步移动技术学习做好身体和心理的准备。

【练习方法】

左右横向移动拉伸：利用弹力带完成并步、跨步、交叉步、滑步练习，进行肌肉激活。弹力带深蹲（图3-1-2）、弹力带横向走（图3-1-3），每组/侧10—15次。

图3-1-2　弹力带深蹲

图3-1-3　弹力带横向走

❷ 篮球专项动作建模

【练习方法】单脚体侧踩球半蹲，10—15次/组；Z字形往返滑步，10秒/组。

【场地器材】篮球场地一块；一人一球；若干弹力带。

【练习要求】列队统一练习，避免碰撞。

内涵解析：在横向移动中，臀大肌、腿部肌肉将发挥重要作用。所以，选择的热身动作更侧重臀部、腿部肌肉的激活。在实际应用中，防守脚步移动技术动作对学生的反应速度、判断能力和移动速度有更高要求。因此，准备活动选择部分下肢的动作模式，建立和激活相应的神经反射。选择以上整套专门性热身动作进行活动，有利于学生在接下来的课堂中更好地调动身体机能，提高运动效率，减少伤病风险。

（二）专门性准备活动案例2

❶ 专项拉伸

【练习目的】身体预热，激活腿部肌肉及神经，激活膝、踝关节，手指、手腕，臀部、肩部、上胸部，为传球技术学习做好身体和心理的准备。

【练习方法】

（1）足踝环绕：单脚抬离地面，双手托住大腿，以踝为中心，最大范围绕圈。

（2）垫步抱臀：折叠一侧腿，双手抱紧膝盖紧贴身体，同时踮起脚尖，左右两侧交替运动。

（3）直腿跳跃步：一腿伸直向上踢，另一侧腿伸直踮起脚尖，上肢自然摆动，与脚尖相触。

（4）伟大拉伸：两腿弓步站立，一手撑地，一手屈肘触地，一侧手尽量向上伸直，视线与手指方向保持一致。

以上每个动作做8—10次即可。

❷ 篮球专项动作建模

【练习方法】在篮球上做俯卧撑，6—10次/组。

【场地器材】篮球场地一块；一人一球；若干弹力带。

【练习要求】列队统一练习，避免碰撞。

内涵解析：本节课的学习内容为全场行进间两人传球。在移动传球中，踝关节，手指、手腕，肩部、上胸部肌肉将发挥重要作用。所以，选择的专项热身动作更侧重踝关节，手指、手腕，肩部、上胸部肌肉的激活。在实际应用中，这些技术动作考查学生的反应速度、判断能力和移动速度。因此，准备活动选择协调性和上肢力量的动作模式，建立与相应神经的联系。选择以上整套专门性热身动作进行活动，有利于学生在接下来的课堂中更好地调动身体机能，提高运动效率，减少伤病风险。

第二节　篮球针对性放松活动

一　篮球针对性放松活动设计思路与方法

经过一段时间的练习，学生会出现机体疲劳和精神疲劳的现象。若得不到及时地放松，学生就会身体疲劳加剧，大脑兴奋降低，机体工作能力下降。这就会影响学生下次练习的积极性、准确性和协调性，甚至导致学生疲劳过度、运动损伤，影响身体正常发育，使学生产生厌烦心理，出现害怕上体育课的现象。

人体在运动之后，需要逐步恢复到相对安静的状态，缓解锻炼时心理的紧张。从心理学角度看，运动之后的放松活动可以帮助紧张心理得到恢复。而训练后有针对性地进行放松，可以促使身体迅速偿还“氧债”，促进身体技能恢复。运动时，身体需要大量的氧气供代谢使用。在代谢过程中产生的大量的废气（如二氧化碳）会随呼吸排出体外。由于运动激烈，氧气一时供不上，这就使身体欠下“氧债”，体内二氧化碳也会因为不能及时排出体外而堆积。如果在剧烈运动后2—3分钟，待身体机能进入平稳状态后做相应的放松活动，使呼吸保持一定强度，就可以及时吸入氧气，呼出二氧化碳，保持身体酸碱平衡，消除疲劳。同时还可以帮助梳理肌筋膜，促进血液、淋巴回流，重新使肌肉恢复到正常形态。这对提高下一阶段学习效率有重要意义。

内容与流程：如图3-1-4所示。

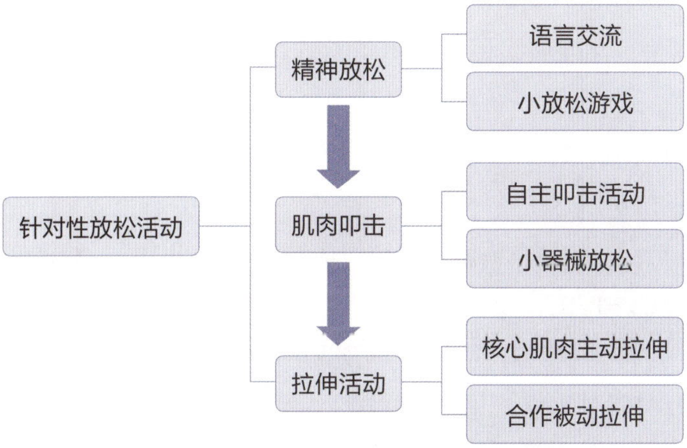

图3-1-4 针对性放松活动内容与流程

二、篮球针对性放松活动案例与解析

（一）案例1

案例名称：针对全场行进间两人传球（双手胸前、单手肩上传球，击地传球、背后传球，低手传球、头上传球）上篮的放松活动。

针对性放松活动内容，如表3-1-1所示。

表3-1-1　针对性放松活动内容

序号	放松内容	动作选择	次数/时间
1	精神放松	总结点评 冥想回顾	30—60秒
2	拉伸活动	牵拉髋部屈肌肌群 伸展背阔肌 伸展比目鱼肌和腓肠肌 伸展腘绳肌和小腿 伸展臀大肌和外部斜肌	20秒/组 2组

动作举例：

❶ 髋部屈肌伸展　伸展腰大肌和股四头肌。初始动作为半跪姿势，慢慢地把臀部向前，同侧手抓握同侧脚背，尽量向臀部按压。（图3-1-5）

❷ 婴儿式　伸展背阔肌。手肘挨地面，呈跪趴式，然后慢慢伸直双臂，直到额头在地板上，拱上背部和肩膀，旋转伸展背阔肌和胸肌。（图3-1-6）

❸ 站姿小腿伸展　伸展比目鱼肌和腓肠肌。轻轻旋转脚踝，积极伸展小腿肌肉。（图3-1-7）

❹ 前劈叉　拉伸腰大肌和肌腱。以跪弓箭步姿势为初始姿势，有髋关节问题的避免做此动作。（图3-1-8）

❺ 坐姿向前折叠　伸展腘绳肌和小腿。坐着，把腿部伸直，双臂伸直触脚尖，注意膝盖不要弯曲。（图3-1-9）

❻ 鸽子式　拉伸前腿的臀部肌肉。初始动作为双腿伸直平坐，慢慢地把腿扳向胸部，旋转臀部，保持脊柱笔直。（图3-1-10）

❼ 站立小腿拉伸（墙壁辅助）　锻炼腓肠肌。开始以弓箭步姿势立住，双手扶墙，

图3-1-5　髋部屈肌伸展

图3-1-6　婴儿式

图3-1-7　站姿小腿伸展

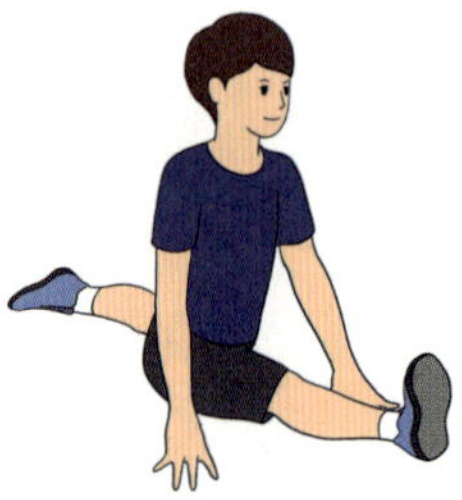

图3-1-8　前劈叉

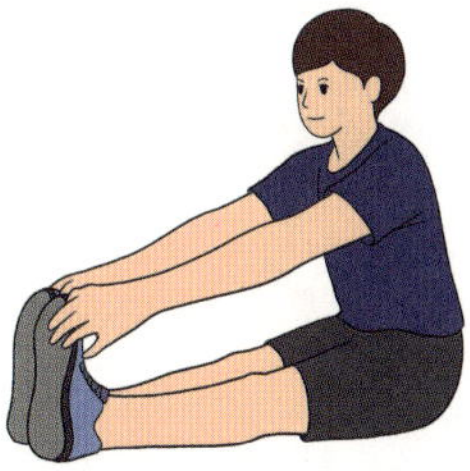
图3-1-9　坐姿向前折叠

图3-1-10　鸽子式

图3-1-11　站立小腿拉伸

图3-1-12　卧脊柱扭转

图3-1-13　协助胸部伸展

伸展小腿肌肉。（图3-1-11）

⑧ 卧脊柱扭转　伸展臀大肌和外部斜肌。平躺，使一条腿穿过身体，往相反的方向慢慢旋转上半身。（图3-1-12）

⑨ 协助胸部伸展　伸展胸部和背阔肌。躺在地板上，手掌朝上。同伴可以呈深蹲姿势，帮助向上拉伸双臂。（图3-1-13）

解析：全场行进间两人传球上篮运动强度较大，对放松有更高的要求。首先，通过师生语言互动评价、练习动作回顾，缓解紧张情绪。然后，采用拉伸方法对课堂中刺激较大的肌群进行主动的放松。最后，通过相互合作或使用辅助器械对肌肉进行深层次的放松，达到梳理肌筋膜、血液回流、释放乳酸的效果，使肌肉重新恢复到正常形态。

（二）案例2

案例名称：针对正式比赛的放松活动。

针对性放松活动内容，如表3-1-2所示。

表3-1-2　针对性放松活动内容

序号	放松内容	动作选择	次数/时间
1	精神放松	总结点评 冥想回顾	30—60秒
2	拉伸活动	拉伸腹直肌和腹外斜肌 拉伸内收肌群 伸展腰大肌和股四头肌 伸展三角肌 伸展斜方肌 伸展背阔肌 伸展比目鱼肌和腓肠肌 拉伸腰大肌和肌腱 伸展腘绳肌和小腿 伸展你的臀大肌和外部斜肌 拉伸外部斜三角肌 伸展胸部和背阔肌 拉伸前胫骨	20秒/组 2组

动作举例：

❶ 体侧面拉伸

拉伸髋部外侧、肋骨。双脚打开约2个髋的长度，脚趾朝外，屈膝，膝盖不超过脚尖，双手合十，保持20秒。

站起来伸直双腿，左手举过头顶身体向右侧倾斜，感受左侧的拉伸，保持20秒。然后回到初始状态，保持20秒，再换另外一侧。至少做2组。（图3-1-14）

❷ 大腿内侧拉伸

拉伸股四头肌、外展肌、臀肌。双脚打开约1.2米的长度，左脚向前，右脚内扣，左脚跟对准右足弓，弯曲左膝，左大腿和地面平行，双手侧平举，看左手指尖，保持20秒。

伸直左腿，脚掌离地，弯曲右膝，双手撑在右膝上方，保持20秒，再换另外一侧练习。至少做2组。（图3-1-15）

图3-1-14　体侧面拉伸

图3-1-15　大腿内侧拉伸

③ 大腿外侧拉伸

拉伸阔筋膜肌。站立，弯曲右膝，右脚掌踩在左大腿内侧，靠近大腿根部，双手合十于胸前，保持20秒。

右脚落在左脚外侧，右膝微屈，双手放在右大腿前侧，保持20秒，然后换另外一侧。至少做2组。（图3-1-16）

④ 胸腔拉伸

拉伸胸大肌。站立，双脚和膝盖并拢，双手合十，稍微屈膝，膝盖不超过脚尖，保持20秒。

然后抬起脚跟，同时双手触后脑勺两侧，手肘往两侧打开，保持20秒。至少做2组。（图3-1-17）

⑤ 髋部拉伸

拉伸髂腰肌、股四头肌。先做斜板式，保持20秒。

然后左脚往前到左手外侧，右腿伸直，左膝盖贴左肩膀，髋部下沉，保持20秒，再换另外一侧。至少做2组。（图3-1-18）

图3-1-16　大腿外侧拉伸

图3-1-17　胸腔拉伸

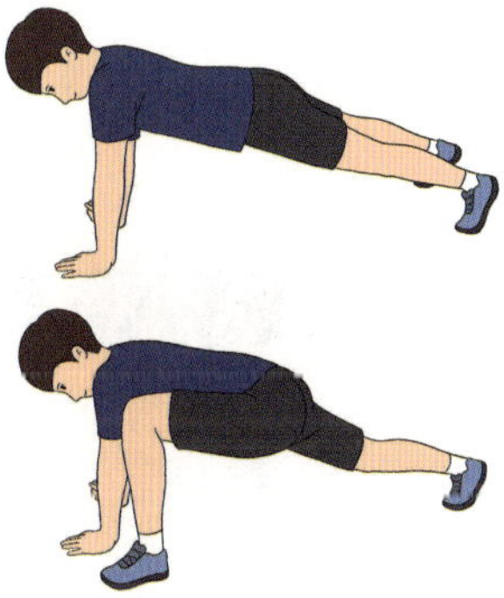

图3-1-18　髋部拉伸

⑥ 后背拉伸

拉伸背阔肌、大圆肌。先做四脚板凳式，膝盖在臀部正下方，双手在肩膀正下方，脚背贴地，保持20秒。

然后转动脊柱，收肚脐、弓背，看肚脐，保持20秒。

左手右腿往前后伸直、抬高，与地面平行，保持20秒，然后换另外一侧。至少做2组。（图3-1-19）

图3-1-19　后背拉伸

⑦ 后背和胸腔拉伸

拉伸三角肌前束、胸大肌、小圆肌。趴在垫子上，双手在胸腔两侧撑地，手肘内夹在肋骨两侧，肩膀抬高，下巴离地，保持20秒。

双手伸直往下推，胸椎往上延展，肩膀外旋下沉，保持20秒。

臀部贴左脚跟，双手伸直，前额着地，婴儿式放松，保持20秒。（图3-1-20）

图3-1-20　后背胸腔拉伸

⑧ 大腿后侧和下背部拉伸

拉伸肌二头肌、胭伸肌。坐在垫子上，双腿伸直并拢，双手往前去抓脚趾，若抓不到，保持在脊柱延展的位置即可，保持20秒。

屈右膝，右脚到左膝盖外侧，左手肘抵住右膝盖外侧，右手来到身后点地，往右侧扭转，保持脊柱往上延展，看后方，保持20秒，然后换另外一侧练习。至少做2组。（图3-1-21）

⑨ 髋部和下背部拉伸

拉伸髂腰肌和腰方肌。躺在垫子上，弯曲膝盖，脚掌踩地，右脚踝来到左膝盖上方，双手在身体两侧撑地，抬起臀部，左大腿和身体保持一条直线，保持20秒。

把臀部落下来，双手抱住右小腿，把膝盖往胸腔的方向拉，肩膀下沉，保持20秒，然后换另外一侧练习。至少做2组。（图3-1-22）

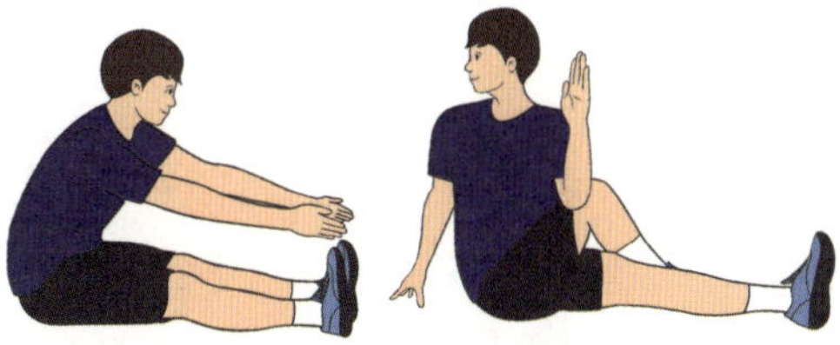

图3-1-21　大腿后侧和下背部拉伸

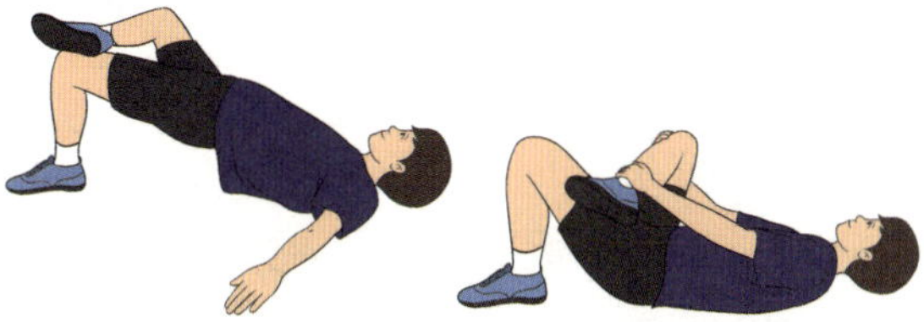

图3-1-22　髋部和下背部拉伸

⑩ 髋部、腿后侧和下背部拉伸

拉伸髂腰肌、股二头肌、腰方肌。从下犬式开始，右脚往前，膝盖小腿着地，左腿伸直贴地，双手在臀部前方两侧，脊柱往上延展，保持20秒，然后换另外一侧。

坐下来，弯曲右膝盖，左腿伸直。双手往前去抓左脚趾，如果抓不住，保持在脊柱延展的位置即可，保持20秒，然后换另外一侧。至少做2组。（图3-1-23）

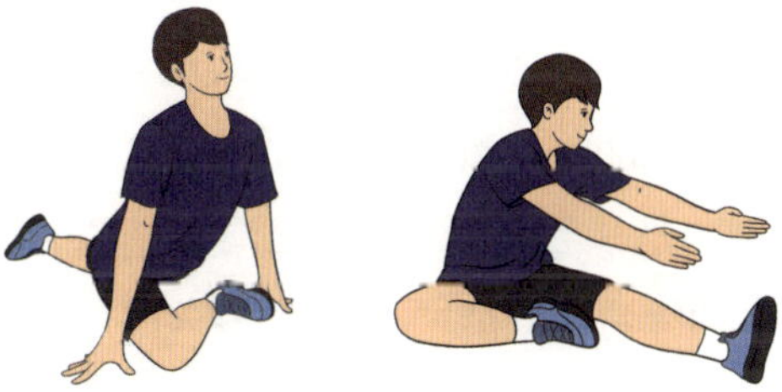

图3-1-23　髋部、腿后侧和下背部拉伸

解析：对抗练习赛的运动强度较大，对放松有更高的要求。首先，通过师生语言互动评价、比赛场景回顾，缓解比赛的紧张情绪。然后，采用拉伸方法对课堂中刺激较大的肌群进行主动的放松。最后，通过相互合作或使用辅助器械对肌肉进行深层次的放松，达到梳理肌筋膜、血液回流、释放乳酸的效果，使肌肉重新恢复到正常形态。

第二章 篮球专项体能锻炼

专项体能是指运动员在运动中承受负荷与适应环境变化的能力，是运动员身体形态、身体功能、运动素质和健康水平诸方面专项化的综合体现。篮球教学实践以改善学生身体形态、提高学生运动素质和健康水平为主要目的。本章首先从专项体能设计原理出发，为篮球课的专项体能设计提供了思路；其次，从实践出发，设计了篮球专项技术体能的初级、中级和高级水平的锻炼方法；最后，为初级、中级和高级水平的专项体能锻炼提供了组合锻炼案例。

第一节 篮球专项体能锻炼设计思路与方法

篮球运动属于技能类同场对抗项目，需要结合技巧、速度、灵敏和反应。场上队员必须具有良好的运动素质、形态条件和娴熟的技术。比赛中，运用多方向的跑动、运球、传球、接球、跳跃和投篮等技术动作，经过激烈的近身攻防和对抗拼抢获取成功。在日常训练中，除注重技术训练外，还应根据项目运动强度大、能量消耗大的特点，科学合理安排专门的体能训练。因此，应结合对运动员的力量、速度、耐力、灵敏、柔韧等运动素质特点和身体情况，从易到难，从简单到复杂，循序渐进地安排专项体能锻炼内容，以提高学生的篮球专项综合运动能力。（表3-2-1）

表3-2-1 专项体能锻炼要素

素质 要素	肌力/肌耐力	心肺耐力	柔韧性	灵敏	协调	平衡	速度	爆发力
负荷	√	√						√
重复次数	√	√					√	√
变速		√		√			√	
移动方向（前、侧、后）		√		√	√		√	
视觉方向						√		
不稳定因素	√					√		
+/-阻力臂	√							

续表

要素 \ 素质	肌力/肌耐力	心肺耐力	柔韧性	灵敏	协调	平衡	速度	爆发力
距离		√		√			√	
动作幅度		√	√			√		√
动作复杂程度		√			√			

专项体能锻炼的动作设计分为初、中、高三个级别，分别与专项技术的六个模块相对应。(表3-2-2)每个训练动作可根据学生自身体能的情况及锻炼强度的需求进行进、退阶调整，以达到有效锻炼。

表3-2-2　专项体能级别与专项技术模块对照表

专项技术	专项体能
模块一 模块二	初级
模块三 模块四	中级
模块五 模块六	高级

第二节　篮球专项体能锻炼案例

一　篮球专项体能锻炼单项案例

(一)初级水平

动作1

【动作名称】熊爬

【锻炼目的】篮球运动对身体的控制能力要求非常高，通过协调性及核心激活练习，锻炼身体各部位之间的平衡与协调，提高肌肉对身体的控制能力和平衡力。

【动作要领】双手双脚撑于地面，收腹挺胸，下颚微收。从侧面看，耳肩髋在一条直线上，像是婴儿爬行的姿势，双膝不跪地。前进时异侧边手脚同时移动（右手左脚一起动），前进力量主要放在双脚推进，手仅作平衡用，不必太刻意出力，全程保持自然均匀呼吸。

【安全提示】核心收紧，避免腰部损伤；不要耸肩，避免肩颈损伤。

【频次及强度】10次/组，完成3组；间歇30—45秒；60%—70%最大心率。

【场地及器材】安全的平地或场馆内。

【进退阶方法】进阶：手部与脚部距离增大。

退阶：手部与脚部距离减小；膝关节弯曲角度增加，接近直膝。

动作2

【动作名称】十字跳

【锻炼目的】针对篮球专项攻防过程中脚步的快速移动技术迅速、多向、灵活、多变的特点，发展核心肌群和髋关节对身体的控制能力。

【动作要领】画两条相互垂直的交叉线，形成四等份，并标明1、2、3、4四个区。身体直立，两手叉腰。听到口令后，由起跳点用双脚跳入1区并连续依次跳至2、3、4区。收紧核心，保持身体稳定，以最快速度完成十字跳动作。保持自然呼吸。

【安全提示】落地时注意缓冲，防止踝关节损伤。

【频次及强度】30秒/组，3组；间歇45—60秒；70%最大心率。

【场地及器材】安全的平地或场馆内；秒表一块。

【进退阶方法】进阶：逆时针、顺时针方向交替循环十字跳。

退阶：任意两区间的跳跃，如前后、左右、斜线；增加口令。

动作3

【动作名称】波速平衡半球锻炼

【锻炼目的】针对篮球攻防中跳起争抢球权的特点，通过波速平衡半球专项锻炼，提高身体核心力量及平衡能力。

【动作要领】一条腿微屈，另一条腿自然悬垂。目视前方，收紧核心，保持身体稳定，站立于波速平衡半球上。控制身体平衡，保持自然均匀呼吸。

【安全提示】注意收紧核心，保持身体稳定，防止踝关节损伤。

【频次及强度】45—60秒/组，3组；间歇30秒；60%最大心率。

【场地及器材】安全的平地或场馆内；波速球、篮球、哑铃。

【进退阶方法】进阶：单腿瑜伽树式站立；增加负重；增加传接球动作。
退阶：双腿平行站立。

动作 4

【动作名称】绳梯进出滑步

【锻炼目的】针对篮球技术的攻防滑步动作，锻炼机体核心力量，提高灵敏性、协调性、平衡和反应能力。

【动作要领】采用两点站姿，开始站于绳梯侧面，面对梯子。用左脚向正前方一步，进入第一格。右脚随之进入第一格。左脚沿对角线退一步，落在第二格的前面。右脚跟随，落在第二格的前面。重复这个步骤，完成整条绳梯。每只脚都要到达每个格子。以最快速度完成该项动作。保持自然均匀呼吸。

【安全提示】移动时目视前方，膝关节微屈，收紧核心，保持身体稳定。不要弯腰弓背，防止腰背的损伤；不要耸肩，防止肩颈损伤。手脚协调配合。

【频次及强度】8—10秒/组，4组（起始脚左、右各2组）；间歇45秒；65%—70%最大心率。

【场地及器材】安全的平地或场馆内；绳梯。

【进退阶方法】进阶：加速；增加其他技能训练，如传球。
退阶：减速。

（二）中级水平

动作 1

【动作名称】宽距俯卧撑

【锻炼目的】针对篮球攻防技术中对抗性强的特点，通过俯卧撑练习，提高上肢及核心力量。

【动作要领】俯卧，两脚并拢，踩实地面，收腹挺胸，腰背挺直。双手采用宽距俯撑，收腹挺胸、下颚微收，大小腿自然伸直。从侧面看，耳肩髋膝踝一条直线。起始由上至下，还原由下向上。向下时肘关节和肩关节同高，向上时肘关节自然伸直。向下

2—4秒，向上2—4秒。呼吸时向下吸气，向上呼气。

【安全提示】收腹时保持身体核心稳定，防止腰椎损伤；不要耸肩，防止肩颈损伤；向上时肘关节不要超伸，防止肘关节损伤。

【频次及强度】8—12次/组，3组；间歇45—60秒；70%—80%最大重复次数。

【场地及器材】安全的平地或场馆内。

【进退阶方法】进阶：T字俯卧撑；单腿支撑俯卧撑；抬高脚俯卧撑。

退阶：跪姿俯卧撑；高手位俯卧撑。

动作 2

【动作名称】仰卧两头起

【锻炼目的】针对篮球跳起投篮动作技术特点，通过核心力量、协调性的锻炼，提高跳起投篮身体姿态的稳定性。

【动作要领】仰卧在瑜伽垫上，双腿伸直并拢，收腹挺胸、下颚微收，双手举过头顶并伸直。向上时，以骨盆为支点，收紧核心，将腿和手臂同时向上抬起，保持膝关节自然伸直，并在最高点手脚触碰；向下时，手脚同时向下至接近地面而不触碰地面，保持核心肌群的张力。向上1—2秒，向下2—4秒。呼吸时向上呼气，向下吸气。

【安全提示】背部挺直，避免在运动中腰部损伤及肩颈因压力过大而损伤。

【频次及强度】8—12次/组，共2—3组；间歇60秒；70%—80%最大心率。

【场地及器材】安全的平地或场馆内；瑜伽垫。

【进退阶方法】进阶：增加上肢阻力。

退阶：仰卧屈膝两头起。

动作 3

【动作名称】药球俄罗斯旋转

【锻炼目的】针对篮球持球突破的特点，通过药球—快速伸缩复合锻炼—俄罗斯旋转综合锻炼，提高旋转躯干动作力量和爆发力。

【动作要领】双人配合，一人持药球站在练习者侧面。练习者坐在垫子上，双腿屈髋屈膝，收腹挺胸、下颚微收，躯干稍向后倾，双手屈肘做好接球准备，躯干向同伴方向旋转，目视同伴手持的药球。练习时，同伴将药球掷向练习者，练习者双手抓住药球的同时，躯干顺势向身体的另一侧旋转，将药球快速拉至另一侧腰部；当动作达到最大幅度时，练习者迅速且尽力地旋转躯干将药球推还给同伴，通过腹部两侧发力，带动肩部、手臂将药球抛出。以最快速度完成动作，全过程保持自然呼吸。

【安全提示】腰背挺直，保持躯干稳定，防止腰椎受伤。

【频次及强度】左右各15—20次/组，4组；间歇60秒；70%—80%最大心率。

【场地及器材】药球一个；同伴一位。

【进退阶方法】进阶：双脚抬离地面，加快给球速度。

退阶：单人持球俄罗斯旋转。

动作 4

【动作名称】折返跑

【锻炼目的】针对篮球专项素质的功能特点，通过速度耐力练习，提高中级水平专项体能的专项耐力。

【动作要领】听到口令后，从端线跑至罚球线，再返回端线；从端线跑至中线，再返回端线；从端线跑至对面罚球线，再返回端线；从端线跑至对面端线，再返回起点。（注：脚踩线即到达）折返时，降低重心，前脚掌着地，侧蹬，紧急制动。然后身体和胯迅速转身，反方向起动加速跑，冲刺到底线。注意身体重心转移，速度加减衔接流畅。以最快速度完成练习，运动过程保持自然呼吸。

【安全提示】移动过程中，降低重心；急行急停过程中，保持膝关节弯曲状态，避免损伤；保持核心稳定，避免腰部损伤。

【频次及强度】每组30秒以内完成，3组；间歇60秒；75%—85%最大心率。

【场地及器材】篮球场；秒表1块。

【进退阶方法】进阶：折返跑动路线顺序颠倒（从远到近）。

退阶：半场等距4次往返跑。

动作 5

【动作名称】绳梯—Z字形交叉滑步

【锻炼目的】针对篮球专项素质特点，通过灵敏性和协调性锻炼，提高步伐速度以及变向能力。

【动作要领】呈双脚并立直立姿势，双手置于身体两侧。从绳梯左侧开始，使用交叉步，左脚在右脚前面，进入第一格。将右脚放在左脚后面、第一格的右侧。左脚横跨一步，到第一格的右侧外面。交叉步伐，右腿在左腿前面，进入第二格。将左脚放在右脚后面第二格的左侧。右脚横跨一步，到第二格的左侧外面。重复此训练模式。以最快速度完成练习，过程中保持自然呼吸。

【安全提示】收紧核心，保持身体稳定；落地注意缓冲，防止踝关节损伤。

【频次及强度】8—10秒/组，4组（起始脚左右各2组）；间歇45秒；65%—70%最大心率。

【场地及器材】在安全的平地或场馆内；绳梯。

【进退阶方法】进阶：提高速度；在骨盆处增加弹力带，以增加核心稳定。

退阶：降低速度。

（三）高级水平（可参照初、中级进阶动作）

动作1

【动作名称】站姿哑铃肩上推举

【锻炼目的】针对原地跳起单手投篮技术，通过协调性和爆发力的锻炼，提高原地跳起投篮的能力。

【动作要领】自然站立，双手正握哑铃，双臂外展屈肘90度，小臂垂直地面，掌心向前，腕关节保持中立位。双手向上，让哑铃在头上方接近而不发生触碰（避免张力消失），肘关节自然伸直，然后双手向下还原至初始位置。运动速度以向下2—4秒、向上2—4秒完成单程动作。运动过程中呼吸为向下吸气，向上呼气。

【安全提示】保持核心稳定，避免腰部因压力过大而损伤；向上时肘关节保持自然伸直，不超伸，避免因压力过大而损伤；腕关节始终保持中立位，避免手腕受伤。

【频次及强度】8—12次/组，3组；组间休息30—60秒；70%最大重复次数。

【场地及器材】在安全的平地或场馆内；哑铃（建议重量在0.5—2kg之间）。

【进退阶方法】进阶：增加阻力；增加下肢蹲，如深蹲或弓箭步蹲，以提高上下肢配合。

退阶：减小阻力。

动作 2

【动作名称】跳深的多方向练习

【锻炼目的】针对篮球攻防中对身体稳定性和协调性要求较高的专项特点，通过跳深的专项锻炼，提高机体离心、向心收缩转换能力及多方向性变化能力。

【动作要领】呈单脚运动姿势站于跳箱上，侧向栏架，双臂微屈于髋部两侧，背部平直，腹部收紧。练习时，侧向跳下跳箱。落地时，屈髋屈膝落地缓冲，同时双臂下摆至髋部两侧。起跳前，脚掌着地，脚后跟略微离开地面，做好快速起跳的准备；落地后，双臂向上快速摆起，以手臂带动身体快速伸髋伸膝，起跳脚蹬离地面，身体逆时针旋转90度跳跃，跳过栏架。第二次落地时，另一侧脚着地，屈髋屈膝落地缓冲，同时双臂下摆至髋部两侧，呈异侧单脚运动姿势站立，保持1—2秒。运动过程中保持自然呼吸。

【安全提示】收紧核心，保持身体稳定。落地时注意膝关节与踝关节缓冲，防止损伤。

【频次及强度】8—12次/组，左右脚各2组；间歇60秒；70%—80%最大心率。

【场地及器材】在安全的平地或场馆内；跳箱及栏架5—6个，篮球1个或哑铃1副。

【进退阶方法】进阶：增加跳箱高度；增加栏架高度；增加阻力，如手持哑铃。
退阶：降低跳箱高度；降低栏架高度。

二 篮球专项体能锻炼组合案例

专项体能锻炼组合主要应用于每节训练课中的体能锻炼环节，锻炼时间大约10分钟。动作的组合可依据课程的专项技术所涉及的体能素质类型来安排，同时要根据不同学生的身体素质情况，选择动作进退阶，保证学生在安全有效的情况下完成锻炼，避免运动损伤。运动器材的选择可以根据学校器材的实际情况进行调整。例如，波速球可以用平衡板、泡沫砖、拔河大绳等不稳定器材来替代，壶铃可以用其他负重形式来替代，药球可以用其他球类替代等。教学组织可以在个人完成的基础上，通过双人配合、小组接力、竞速等方式完成锻炼，提高学生的锻炼兴趣。

篮球专项体能锻炼初、中、高级组合，分别详见表3-2-3、表3-2-4、表3-2-5。

表3-2-3　篮球专项体能锻炼初级组合

动作名称	锻炼目的	教学组织（队形）	教学方法	练习方法
波速平衡半球训练	提高机体的平衡力、协调性、稳定性	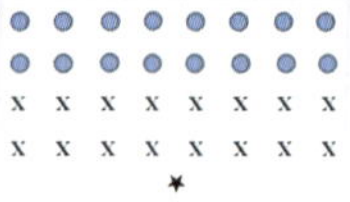	讲解法 动作示范法 领会教学法	循环练习法 小群体练习法
绳梯进出滑步	提高机体的灵敏度、协调性、平衡力	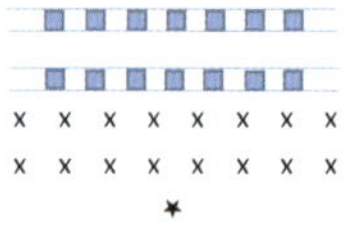	讲解法 动作示范法	完整练习法 分组练习法 重复练习法

表3-2-4　篮球专项体能锻炼中级组合

动作名称	锻炼目的	教学组织（队形）	教学方法	练习方法
药球俄罗斯旋转	提高机体的核心力量协调性、平衡力	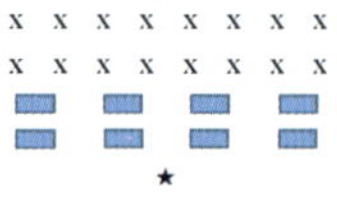	讲解法 动作示范法	完整练习法 分组练习法 重复练习法
折返跑	提高机体快速移动及身体控制能力，提高有氧耐力	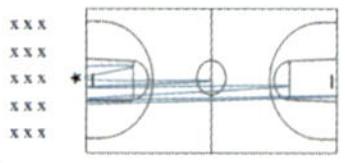	讲解法 动作示范法	完整练习法 分组练习法 重复练习法

表3-2-5　篮球专项体能锻炼高级组合

动作名称	锻炼目的	教学组织（队形）	教学方法	练习方法
站姿哑铃肩上推举	提高上肢力量和身体协调性	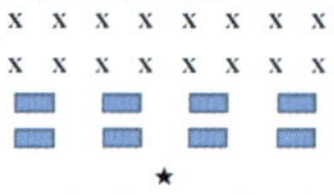	讲解法 动作示范法	完整练习法 分组练习法 重复练习法
跳深的多方向练习	提高下肢力量，发展机体协调性、平衡力及身体控制能力	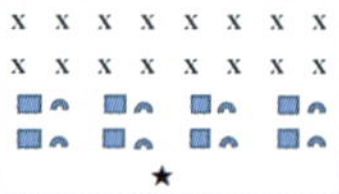	讲解法 动作示范法	完整练习法 分组练习法 重复练习法

第三章｜篮球教学规范教案与课例

本章从教学实践角度出发，分别设置了篮球教学六个模块的规范教案与课例。这些教案与课例的规范性已经得到全国体育教学领域内专家的确认，是当前不同篮球模块教学实践的示范性案例，对篮球教学实践具有一定的引领与指导作用。本章旨在通过对规范性教案与课例的研究与分析，为一线篮球教学实践提供理论借鉴与操作指引。

第一节　篮球模块一教案与课例

本课授课对象为小学四年级学生。该学段学生活泼好动，学习兴趣高，模仿能力较强，喜欢篮球运动。在前面的教学中，学生已初步掌握单个技能。根据这些特点，本课教学通过创设多种形式的游戏情境以及闯关活动，激发学生的学习兴趣，让学生在游戏中学与练，既产生愉悦的体验，又习得运动技能。同时，本课教学重视游戏比赛情境的创设，使学生获得成就感，建立自信心。学生能够做出篮球基本的运、传动作和简单的组合动作，并将之运用在游戏和比赛中。

本课通过运用“学、练、赛、评”的教学方式，明确它们之间的相互关系，明晰教学内容、教学目标，把握好每一环节与整体的关系，深化课堂学习。篮球模块一——运球、传球组合技术教学方式与内容安排如下表。

学练赛评内容分布表

教学方式	内容安排
学	四方运球；抢夺阵地；耍猴游戏
练	快速绕杆运球；运球绕杆后再传给指定目标；三人绕“8”字传球后形成二对一比赛；全场二对二攻防比赛
赛	“混合抢夺”
评	参与学练的兴趣，完成技术动作的姿势和质量，动作的协调，组合技术动作的配合衔接，体育品德情况

教案设计

湖南省长沙市高新区虹桥小学　龙克威
湖南省长沙市雨花区砂子塘启新小学　陆方中
湖南省长沙市开福区清水塘北辰小学　唐烨铭
广东省佛山市广东顺德德胜学校　付　爽　刘平辉　曾庆健

篮球一运球、传球组合技术教学

模块	一	单元	一	课时	1	
学段	小学	年级	四年级	班级		
班级人数	40人	性别	男生：20；女生：20	教师		
教学目标	1. **知识技能学习目标：**学生能够了解运球到不同方位时手触球的部位和力量的控制。通过学习，60%以上的学生能够熟练完成行进间运球，40%以上的学生具备行进间运球左右变向的意识。 2. **体能素质锻炼目标：**学生能够进一步发展身体协调性、灵敏性和上肢力量等体能素质，在多种形式的游戏和比赛中有效运用技能和体能。 3. **情感品格培养目标：**在学习正确的运球、传球组合技术的过程中，学生锻炼敢于挑战、不怕吃苦的精神，培养互相合作、相互鼓励的团队意识。						
教学内容	单一技术：行进间运球；组合技能：运传组合技术						
教学重点	正确的触球部位和力量控制		教学难点	自然流畅的运球变向			
课的结构	课的内容	教学过程与方法	组织与要求（组织图，要求与学法指导）	时间(分)	次数	强度
准备部分	一、课堂常规 1. 师生问好。 2. 老师宣布本课内容，提出本课要求。 3. 队列练习：原地踏步走——立定，原地三面转法。	1. 师生问好。 2. 教学动员，提出本课学习要求。	组织：如图1。 教法：教师组织进行。 学法：学生认真进行。  图1	2	2	低
	二、准备活动 活动一："警察抓小偷"游戏 学生每人一球，在场地内踩线进行运球追逐，追逐者为"警察"，被追者为"小偷"。"警察"和"小	1. 教师讲解游戏规则。 2. 全体学生在规定的区域内进行运球追踪的游戏。	组织：如图2。 教法：教师示范并语言提示，学生模仿练习。 要求：合理利用身体护球，充分活动身体。	4	3	中

续表

课的结构	课的内容	教学过程与方法	组织与要求（组织图，要求与学法指导）	时间(分)	次数	强度
	偷”在场地内必须踩线进行追逐。“警察”先由老师扮演，后面则由学生扮演。可以通过增加人数逐渐增大难度。	3. 游戏运球过程中，学生失误掉球不超过3次，且能踩线运球。	 图2			
准备部分	活动二：脚步热身 利用篮球进行脚步热身练习（前后碎步、前后移步、左右移步、原地碎步+左右脚探步）。	1. 学生做脚步练习，活动各个关节。 2. 学生掉球不超过两次，脚步要快、重心平稳。	组织：如图3。 教法：教师讲解规则和方法。 要求：态度积极，认真观察老师的动作。  图3	2	1	中
基本部分	一、“四方运球”游戏 所有同学边运球边看老师的手势，进行前后左右的移动。后面可以逐渐增加难度，让学生根据老师的手势做反方向的运球移动。	1. 学生通过观察老师的手势，迅速做出反应。 2. 在练习过程中积极思考怎样运球才能够快速地完成游戏。 3. 学生掉球不超过两次，找到正确触球部位。	组织：如图4。 教法：教师讲解游戏规则和方法。 要求：积极游戏，认真观察老师的手势。  图4	4	4	高
	二、抢占阵地 在场地内放置20个小标志圈，两人一组面对面站立。当听到教师的口令后，学生运球并抢占标志圈。每一轮看看哪个同学能最终获得胜利。（在抢占标志圈的时候，运球人必须双脚站在	1. 提问：同学们，经过刚刚进行的游戏学习，你们觉得怎样才能顺利地完成游戏？在游戏中我们采用哪种运球方法可以快速地到达阵地，并且保证球不被对方断掉？	组织：如图5。 教法：教师示范，学生观察后开始练习。 要求：运球时合理地利用身体护住球，并且时刻观察队友的位置。	5	3	中

续表

课的结构	课的内容	教学过程与方法	组织与要求（组织图，要求与学法指导）	时间(分)	次数	强度
基本部分	圈里；在抢球过程中，可以打掉对方的球，也可以用身体进行对抗，把对方挤出圈外）	2. 两人一组，看谁运球稳、不掉球、懂得利用正确方式护球。	 图5			
	三、“耍猴”游戏 一人传球控制方向，另一人根据球的方向移动身体。被抢到球的同学要进去进行交换。要求反应速度快。	1. 教师讲解示范游戏方法。 2. 引导五人一组进行练习，提醒学生传接球时机和传球方向。 3. 学生每人成功完成两次以上传接球。	组织：如图6。 教法：教师示范动作，并且引导学生通过观察及时传球。 要求：传球时观察队友的位置，注意随时变化传球的方向。  图6	6	5	中
	四、分四个区域进行比赛 A区域：快速绕杆运球；B区域：运球绕杆后再传给指定目标；C区域：进行三人绕“8”字传球后形成二对一比赛；D区域：进行二对二攻防比赛。	1. 学生通过分区域的方式进行不同的练习，将篮球运、传、赛结合起来。 2. 教师给出具体的评价和指导。 3. 教师观察：A/B区域，学生运球时，能找到正确触球部位，控制好传球方向；C/D区域，学生走位正确，掌握传球时机，运、传配合流畅。	组织：如图7。 教法：教师示范动作，并且引导学生通过观察积极练习。 要求：运球时注意触球部位，控制好力度；传球时注意传球时机，随时变化运球的方向。  图7	8	4	高

续表

<table>
<tr><th>课的结构</th><th>课的内容</th><th>教学过程与方法</th><th>组织与要求（组织图，要求与学法指导）</th><th>时间(分)</th><th>次数</th><th>强度</th></tr>
<tr><td>基本部分</td><td>五、“混合抢夺”（课课练）游戏
所有学生在场地内进行运球抢球，比比谁抢掉对方球的次数最多。</td><td>1. 教师讲解游戏规则。
2. 引导学生积极参与到游戏中，强调如何用身体和辅助手去护球。
3. 游戏中掉球不超过3次，且能正确用身体部位护好球。</td><td>组织：如图8。
教法：教师示范动作，并且引导学生通过观察积极参与到游戏中。
要求：运球时观察队友的位置，注意随时保护好自己的球。

图8</td><td>7</td><td>2</td><td>高</td></tr>
<tr><td>结束部分</td><td>一、放松活动
二、本课小结
三、宣布下课
四、收还器材</td><td>1. 引导调整呼吸，放松肌肉。
2. 积极评价，总结归纳。</td><td>组织：如图9。

图9</td><td>2</td><td>1</td><td>低</td></tr>
<tr><td>安全防范</td><td colspan="6">1. 安全隐患：容易踩到同伴的球而摔跤。
2. 防范措施：提醒学生随时注意观察场地情况和同伴的控球方向。</td></tr>
<tr><td>场地器材</td><td colspan="6">篮球40个</td></tr>
<tr><td>练习密度</td><td>63%</td><td>心率曲线</td><td colspan="4">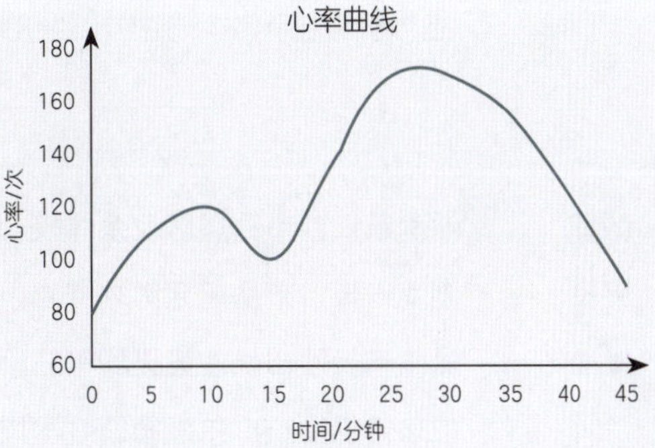
</td></tr>
<tr><td>教学反思</td><td colspan="6">本节课的各个环节都以游戏为核心，用不同的游戏要求一一突破教学内容的重难点。在课的开始与准备部分，为了让学生快速掌握与巩固运球技能，为后面的实战演练做好基础准备，设计了“警察抓小偷”的运球游戏，让学生进行预热。在最后的组合练习中，如果加入有人防守，学生在二对一、二对二中进行游戏或活动，就更接近篮球比赛的本质。通过游戏与篮球教学的结合，学生在体验游戏活动的同时，一定程度上迁移和拓展了篮球的各方面技能。</td></tr>
</table>

第二节　篮球模块二教案与课例

本课授课对象为小学四年级学生。该学段学生模仿能力、好奇心、表现欲特别强烈，已经具备一定的自我约束能力。在模块一的教学中，学生已初步掌握运球、传球技能，但在对抗条件下的技术运用还有欠缺。本课将技能学习渗透在游戏、比赛中，通过启发式教学促进学生主动思考，积极探索体验，帮助学生学以致用，从而突破重难点，达成教学目标。在教学中，教师应该注意男女生的生理差异。女生上肢力量较弱，不如男生的力量，有些动作无法做到位。有小部分学生特别是女生，对练习有消极情绪。根据学生的身心特点，在教学中应分层次进行练习，充分发挥学生的主体作用和教师的主导作用；对学生要适时多关注、多肯定、多鼓励、多表扬，增强他们学习的信心。

本课通过运用“学、练、赛、评”的教学方式，明确它们之间的相互关系，明晰教学内容、教学目标，把握好每一环节与整体的关系，深化课堂学习。篮球模块二——运球、传球组合技术教学方式与内容安排如下表。

学练赛评内容分布表

教学方式	内容安排
学	游戏：运球找线、喊数“造型”、“找朋友”
练	1．两人一组，面对面进行原地多种形式传球 2．两人一组，行进间运球，互换位置后传球 3．两人一组，运球10次后进行相互抢拍球
赛	“最长的绳子”游戏
评	各组学生展示传接球动作，评价熟练与准确程度

教案设计

湖南省长沙市岳麓区业余体校　吴从斌
湖南省长沙市岳麓区博才咸嘉小学　龙　胜
湖南省长沙市长沙县天华第二小学　易　准
广东省佛山市广东顺德德胜学校　曾文俊　刘平辉　曾庆健

篮球—运球、控球、传球组合技术教学

模块	二	单元	一	课时	1	
学段	小学	年级	四年级	班级		
班级人数	40人	性别	男生：20；女生：20	教师		
教学目标	**1. 知识技能学习目标：** 学生能够理解在运球的过程中不断抬头观察的重要性。通过学习，60%的学生能够熟练完成不看球的移动运球，40%以上的学生能够一边观察一边移动运球变向。 **2. 体能素质锻炼目标：** 通过练习和比赛，学生能够提高身体协调性、灵敏性和下肢力量等体能素质，在多种形式的游戏和比赛中有效运用技能和体能。 **3. 情感品格培养目标：** 在运球找线、喊数"造型"、"找朋友"等游戏活动中，学生乐于和同伴参与篮球运动，培养互助合作、团结友爱的优良品质。						
教学内容	单一技术：运球控球；组合技能：运传组合技术					
教学重点	随时抬头观察		教学难点	观察过程中运球变向协调自然		
课的结构	课的内容	教学过程与方法	组织与要求（组织图，要求与学法指导）	时间（分）	次数	强度
准备部分	一、课堂常规 1. 师生问好。 2. 老师宣布本课内容，提出本课要求。 3. 队列练习：原地踏步走——立定，原地三面转法。	1. 师生问好。 2. 教学动员，提出本课学习要求。 3. 教师进行队列队形的示范及讲解，让学生共同操练完成。	组织：如图1。 教法：教师组织进行。 学法：学生认真进行。  图1	3	1	低
	二、准备活动 1. 运球找线。 学生每人一球，在规定的场地内自由运球练习。听到教师喊出场地的线（边线、底线、三分线、中线等）后，学生迅速到线上原地运球。	1. 运球热身游戏。 2. 学生在规定的区域内进行，听到老师喊出不同的场地线后，迅速运球到指定的线。	组织：如图2。 教法：教师讲解游戏规则和方法。 要求：积极游戏，观察队友的位置。  图2	3	3	中

续表

课的结构	课的内容	教学过程与方法	组织与要求（组织图，要求与学法指导）	时间（分）	次数	强度
准备部分	2. 牵拉活动。 利用篮球进行牵拉：用头写自己的名字；用肩膀画一个圆；用臀部写自己班级；用膝关节写数字“8”；用脚写自己的生日。	做拉伸操，活动各个关节。	组织：如图3。 教法：教师示范，并语言提示，学生模仿练习。 要求：合理利用身体护球，充分牵拉。  图3	1	1	低
基本部分	一、喊数“造型”游戏 组织学生在场地内散点、安全地用手运球，通过喊数（如1或2）、变换手势、加减法等方式，给学生提供游戏信号。	1. 学生通过观察老师的手势、听老师的声音以及回答问题，迅速找到与自己相应数字的同伴，并且进行造型。 2. 在练习过程中积极思考用什么样的部位触球能够快速地完成游戏。 3. 以小组为单位，看哪组体前变向跨步最有效、跟进快、不掉球。	组织：如图4。 教法：教师讲解游戏规则和方法。 要求：积极游戏，观察同伴的位置。  图4	4	5	中
	二、巩固运球技术 “找朋友”游戏——对照儿歌“找朋友”，一只手运球的同时，另一只手找同伴完成“敬礼、握手、再见”等动作，并做到手运球、不掉球。	提问：同学们，经过刚刚进行的游戏学习，你们觉得怎样才能顺利地完成游戏？在游戏中我们采用哪种运球方法可以快速地找到“人”和“线”？	组织：如图5。 教法：教师示范，学生观察后开始练习。 要求：运球时合理地利用身体护住球，并且时刻观察队友的位置。 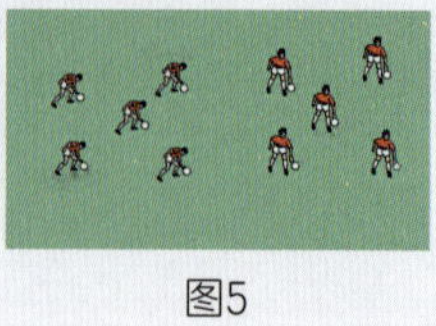 图5	4	1	高

续表

课的结构	课的内容	教学过程与方法	组织与要求（组织图，要求与学法指导）	时间（分）	次数	强度
基本部分	三、运传组合技术练习 （一）学生两人一组，在原地运球5次后，将球传给对方。 （二）学生行进间运球，互换位置后，将球传给对方。 （三）两人一组，运球10次，听到哨声后通过运球抢对方的球。	1. 学生可以采用多种传球方式，单手、双手均可。 2. 引导学生在运球过程中注意观察同伴的位置及其运球的速度，通过一定的呼喊、眼神、手势积极进行交流。 3. 教师观察学生运球熟练程度、传球的准确度以及运球与传球衔接熟练度。	组织：如图6。 教法：教师示范动作，并且引导学生观察后及时传球。 要求：运球时观察队友的位置，注意随时变化运球的方向。  图6	8	4	高
	四、体能练习 绳梯脚步练习： 学生分成8人一组，进行循环绳梯脚步练习。	学生分组，依次进行侧向剪刀步、正向滑步练习。	组织：如图7。 教法：教师示范，学生观察后开始练习。 要求：在动作规范的基础上，尽可能加快脚下频率。 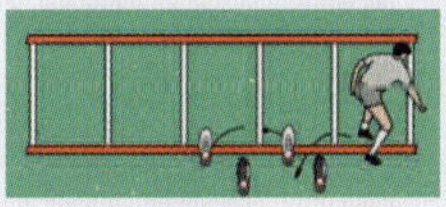 图7	7	4	高
	五、“最长的绳子”（课课练）游戏 学生运球到达位置后，通过不同形式的传球进行游戏。	1. 学生通过“劈叉”接力的方式进行游戏（一次只能跑一人，到了位置后第二个人才能继续接力）。 2. 可以通过多种形式的传球进行接力。教师可以根据人数的不同，调控每次跑的人数。	组织：如图8。  图8	8	1	高

续表

课的结构	课的内容	教学过程与方法	组织与要求（组织图，要求与学法指导）	时间（分）	次数	强度
结束部分	一、放松活动 二、本课小结 三、宣布下课 四、收还器材	1. 引导调整呼吸，放松肌肉。 2. 积极评价，总结归纳。	组织：如图9。  图9	2	1	低
安全防范	1. 安全隐患：场地不平整，有尖锐物体，可能导致学生受伤；在游戏活动时，学生容易相互碰撞。 2. 防范措施：课前检查场地，确保场地无尖锐物体；准备活动充分，练习时提示学生与同伴保持适当距离。					
场地器材	小篮球：40个；绳梯：4条					
练习密度	65%	心率曲线	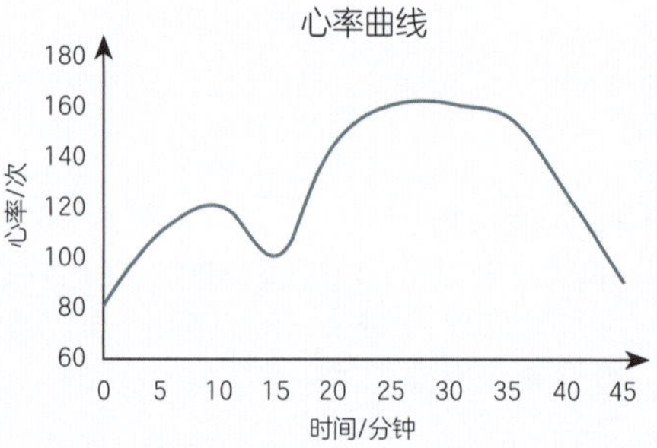			
教学反思	本课通过贴近生活的情境游戏“找朋友”，发展学生的控球能力，一手运球一手完成“敬礼、握手、再见”的动作。在一只手做运球动作的同时，通过眼睛观察，另一只手要做相应的动作，在原地运球、移动运球的基础上，进一步提高手控制球的能力。双手并用，提高游戏难度，加大非运球手的动作难度，同时提高运球时身体的移动速度。在课的基本部分，通过两人一组不同形式的传球游戏，变换传球方式以及运球、抢球，让学生进一步接近实战练习。本堂课要求教师具有较好的教学组织能力。如果部分同学不能做好所要求的动作，教师要及时调整并指导他们解决问题。					

第三节 篮球模块三教案与课例

本课授课对象为七年级学生。该学段学生活泼好动，学习兴趣高，模仿能力较强；男生十分喜欢篮球运动，女生对于篮球处于了解阶段。该学段学生之间存在个体差异，篮球团队意识不强，对比赛的身体对抗不能理解，女生掌控球的能力稍弱并对身体对抗有畏惧情绪。在前几个模块的教学中，学生已初步掌握运球、传球技能，但在比赛中对身体对抗条件下的技术运用还有欠缺。本课将技能学习渗透在游戏和比赛中，通过启发式、实践式教学促进学生主动思考，积极探索体验，让学生能够学以致用，从而掌握重点、突破难点，达成本课的教学目标。

本课通过运用“学、练、赛、评”的教学方式，明确它们之间的相互关系，明晰教学内容、教学目标，把握好每一环节与整体的关系，深化课堂学习。篮球模块三——运球摆脱、传球投篮组合技术教学方式和内容安排如下表。

学练赛评内容分布表

教学方式	内容安排
学	小区域内持球5秒；小区域内持球5秒后投篮；小区域内持球3秒后传球（可利用一只脚作为中枢脚旋转）
练	区域内二对二控传（传球时及时观察，接球时积极跑位）
赛	区域三对三比赛（运球过线）
评	在比赛中学生传接球动作熟练与准确程度，完成动作的质量，传接球时的默契及配合；学生参与学练的积极性，篮球规则、礼仪及体育品德情况

教案设计

湖南省长沙市开福区北雅中学　　姜伟平　漆利君　成　贤
广东省佛山市广东顺德德胜学校　　唐立锋　刘平辉

篮球：运球摆脱、传球投篮组合教学

模块	三	单元	一	课时	2
学段	初中	年级	七年级	班级	
班级人数	40人	性别	男生：20；女生：20	教师	
教学目标	1. **知识技能学习目标：** 学生能够理解在运球中利用身位卡位和脚的移动进行巧妙的摆脱。85%的学生能够通过学练充分利用身体将球保护好；40%以上的学生能够通过观察不断调整脚的方位，进行运球和摆脱。 2. **体能素质锻炼目标：** 通过练习和比赛，学生能够提高身体协调性和下肢力量等体能素质，能够在多种形式的游戏和比赛中有效运用技能和体能。 3. **情感品格培养目标：** 在练习和比赛过程中，学生能够加强传球和跑位的意识，提高沟通交流的能力，培养相互合作、团结一致的优良品质。				
教学内容	单一技术：运球摆脱；组合技能：控传投结合				
教学重点	充分利用身位保护球和脚的移动摆脱对手		教学难点	观察同伴的方位和跑位，流畅地进行传球配合	

续表

课的结构	课的内容	教学过程与方法	组织与要求 （组织图，要求与学法指导）	时间（分）	次数	强度
准备部分	一、课堂常规 1. 师生问好。 2. 老师宣布本课内容，提出本课要求。 3. 队列练习：原地踏步走——立定，原地三面转法。	1. 师生问好。 2. 教学动员，提出本课学习要求。	组织：如图1。 教法：教师组织进行。 学法：学生认真进行。 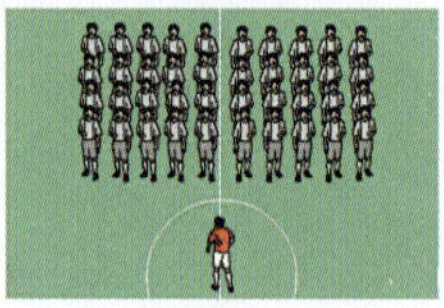 图1	2	1	低
	二、准备活动 1. “剪刀石头布”运球。（双脚合拢是“石头”，双脚左右分开是“布”，双脚前后分开是“剪刀”）	1. 全班学生分为两组，分别站在两个区域与附近的同学进行“石头剪刀布”。输了的学生运球到下一个区域进行活动，赢了的学生再重新寻找附近的同学继续进行活动。 2. 共分为4个区域。 3. 提醒及时躲避。	组织：如图2。 教法：教师讲解游戏规则和方法。 要求：积极游戏，观察队友的位置。  图2	4	1	中
	2. 牵拉活动。	做拉伸操，活动各个关节。	组织：如图3。 教法：教师示范，并语言提示，学生模仿进行。 要求：充分牵拉。  图3	2	1	低
基本部分	一、小区域内持球、运球5秒（护球时重心下降）	1. 两人一组，一人持球并护球5秒，5秒后可运球5秒，再定点护球5秒，（成功一次得一分）连续进行3次；另外一人触碰到球，就可得一分。	组织：如图4。 教法：教师讲解游戏规则和方法。 要求：积极参加游戏。  图4	6	5	中

续表

课的结构	课的内容	教学过程与方法	组织与要求（组织图，要求与学法指导）	时间（分）	次数	强度
基本部分		2. 在规定时间内看谁得分最多，并且不碰到场地内不同的障碍物。 3. 教师时刻观察学生动作并及时表扬学生。				
	二、小区域内持球5秒后投篮	1. 两人一组，一人持球（或运球）并护球5秒，5秒后进行摆脱防守投篮，投进得一分，投不进不得分。然后互换角色，进行活动。 2. 在规定时间内看谁得分最多。 3. 教师观察学生摆脱、投篮技术动作，提醒学生遵守篮球规则。	组织：如图5。 教法：教师讲解游戏规则和方法。 要求：积极参加游戏，有效利用运球、控球、摆脱等技术完成投篮，投中后进行交换。 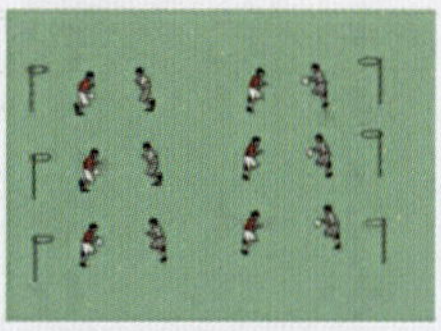 图5	6	5	高
	三、小区域内持球控球3秒后传球（可利用一只脚作为中枢脚旋转）	1. 三人一组，一人持球（或运球）并护球3秒，在3秒内将球传给搭档；另外一人触碰到球，就可得一分。 2. 搭档需要通过及时的跑位来接到同伴的球。 3. 教师观察学生动作的灵活性及配合程度。	组织：如图6。 教法：教师示范，学生观察后开始练习。 要求：运球时合理地利用身体护住球并时刻观察队友的位置。  图6	7	5	高
	四、区域内二对二控传（传球时及时观察，接球时积极跑位）	1. 四人一组，两人一组搭档，进行持球、运球、传球。 2. 看哪一种形式控球的时间最长。	组织：如图7。 教法：教师示范动作，并且引导学生观察后及时传球。 要求：运球时观察队友的位置，注意随时变化运球的方向。	8	4	高

续表

课的结构	课的内容	教学过程与方法	组织与要求（组织图，要求与学法指导）	时间（分）	次数	强度
			 图7			
基本部分	五、区域三对三比赛（运球过线）	1. 六人一组，三人一组搭档，进行护球、运球、传球。 2. 持球后运球到对方一端，得一分。	组织：如图8。 教法：教师示范，学生认真观察。 要求：传接球过程中快速转换，遵守篮球规则。  图8	8	5	高
结束部分	一、放松活动 二、本课小结 三、宣布下课 四、收还器材	1. 引导调整呼吸，放松肌肉。 2. 积极评价，总结归纳。	组织：如图9。 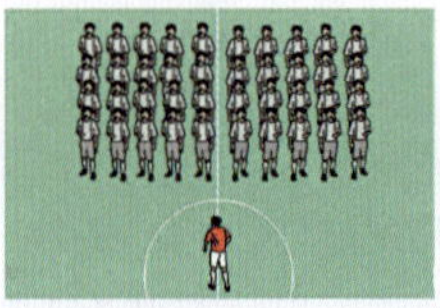 图9	2	1	低
安全防范	1. 安全隐患：在进行抢断球时，容易发生恶意冲撞。 2. 防范措施：提前讲解身体合理冲撞的规则。					
场地器材	篮球40个；标志盘40个					
练习密度	65%	心率曲线	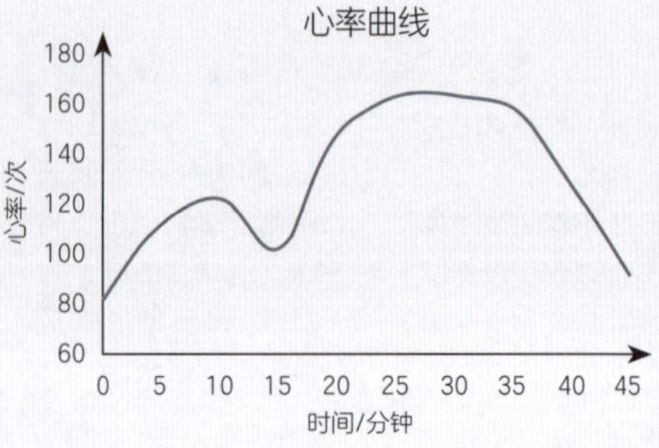			

续表

教学反思	本课的教学程序分为三个情境游戏。首先，第一个情境游戏让学生以手运球的方式活动开身体，同时熟悉动作，观察上课场地，建立规则。其次，第二个情境游戏让学生以控球游戏的方式，合理利用自己的身体以及不同形式的变向，为下一步的传球投篮做准备。最后，第三个情境游戏以“比赛”为情境，通过改变规则、降低难度的比赛，让学生能够比较灵活地使用所学的技术（即控球、传球、投篮等）。情境游戏注重技能结构化及其运用，为学生在多变的环境下进一步灵活运用并掌握动作技能打下基础。本节课已经逐步向篮球实战技术靠近，在教学过程中教师应该有意识地运用篮球专业术语引导学生，使课堂游戏情境化、真实化。

第四节　篮球模块四教案与课例

本课授课对象为八年级学生。该学段的学生活泼好动，学习兴趣高，模仿能力较强，热爱篮球运动。但学生存在个体差异，篮球意识不强和对比赛的理解较差，女生掌控球的能力稍弱。在前面模块的教学中，学生已初步掌握运球、传球技能，但还需要提高在对抗条件下的技术运用能力。本课将技能学习渗透在游戏、比赛中，通过启发式教学促进学生主动思考，积极探索体验，帮助学生学以致用，从而突破技术的重难点，达成教学目标。

本课通过运用“学、练、赛、评”的教学方式，明确它们之间的相互关系，明晰教学内容、教学目标，把握好每一环节与整体的关系，深化课堂学习。篮球模块四——运球、传球组合技术教学方式和内容安排如下表。

学练赛评内容分布表

教学方式	内容安排
学	贴身运球，利用急停急起（节奏上的变化）摆脱防守
练	控运传（积极看、听，判断对手和同伴的空间位置）
赛	区域五对五比赛
评	在比赛中传接球动作熟练与准确程度等；学习态度、情感表现等

教案设计

湖南省长沙市雅礼实验中学　周志运
湖南省第一师范学院第二附属小学　黄　鑫
湖南省长沙市天心区明德天心中学　赵　波
广东省佛山市广东顺德德胜学校　李庆帮　刘平辉　唐立锋

篮球—运球、传球组合技术教学

模块	四	单元	一	课时	3	
学段	初中	年级	八年级	班级		
班级人数	40人	性别	男生：20；女生：20	教师		
教学目标	**1. 知识技能学习目标：**学生能够理解在被贴身防守时需要及时摆脱或将球传出。85%的学生能够通过急停急起的节奏变化进行摆脱；40%以上的学生能够在摆脱前观察同伴的位置，在摆脱时及时将球传出。 **2. 体能素质锻炼目标：**通过练习和比赛，学生能够提高身体协调性、灵敏性等体能素质，进一步提升技能的熟练度。 **3. 情感品格培养目标：**在练习和比赛的过程中，学生与同伴之间进行配合和交流，培养合作品质，充分展示个性并相互补充，积极地建立共同目标。						
教学内容	单一技术：急停急起运球；组合技能：运控传投结合					
教学重点	充分利用运球的方向和节奏进行摆脱		教学难点	观察同伴的空间位置，找准时机和角度，协调自然地传球		
课的结构	课的内容	教学过程与方法	组织与要求（组织图，要求与学法指导）	时间（分）	次数	强度
准备部分	一、课堂常规 1. 师生问好。 2. 老师宣布本课内容，提出本课要求。 3. 队列练习：原地踏步走——立定，原地三面转法。	1. 师生问好。 2. 教学动员，提出本课学习要求。	组织：如图1。 教法：教师组织进行。 学法：学生认真进行。  图1	2	1	低
	二、准备活动 1.“剪刀石头布”运球绕碟游戏。（提醒学生运球时注意躲避） 2. 牵拉活动。	1. 全班学生分为两组，分别站在两侧边线，一手运球一手与同侧附近同学进行“石头剪刀布”，输方运球绕过场中不规则摆放	组织：如图2。 教法：教师示范，并语言提示，学生模仿进行。 要求：充分活动身体。	6	2	中

续表

课的结构	课的内容	教学过程与方法	组织与要求（组织图，要求与学法指导）	时间（分）	次数	强度
准备部分		的蝶盘，到对面寻找同学进行猜拳运球游戏，赢方重新寻找附近同学进行游戏。 2. 做拉伸操，活动各个关节。	 图2			
基本部分	一、贴身运球，利用急停急起（节奏上的变化）摆脱防守 （用身体感受对方空间位置）	1. 两人一组，一人原地运球，另外一人通过不同的身体部位（头、手、膝关节、脚内侧等）触碰对方的后背。 2. 控球人不断地说出对方用什么部位在触碰。如果说错，两人进行交换。 3. 提问：同学们，经过刚刚进行的游戏学习，你们觉得怎样才能在背身运球的过程中了解对方的位置？	组织：如图3。 教法：教师讲解游戏规则和方法。 要求：积极游戏，感受触碰。  图3	8	5	中
	二、侧背贴身摆脱防守 （合理地利用身体和运球方向拉开与对手的距离）	1. 两人一组，一人原地运球，通过合理的身体碰撞和运球方向与对手拉开安全距离；另外一人通过身体紧贴运球人。 2. 运球人需要在10秒内摆脱防守并进行投篮。 3. 教师观察学生摆脱防守的熟练度与灵活度，观察防守队员的灵活性与积极性。	组织：如图4。 教法：教师示范，学生观察后开始练习。 要求：运球时合理地利用身体护住球，并且通过合理碰撞与运球拉开到安全距离。  图4	9	5	高

续表

课的结构	课的内容	教学过程与方法	组织与要求（组织图，要求与学法指导）	时间（分）	次数	强度
基本部分	三、运传组合（积极看、听，判断对手和同伴的空间位置）	五人一组，两人进行运球、传球练习；防守队员三人中，两人在线上进行移动防守，另外一人在区域内进行自由防守。	组织：如图5。 教法：教师示范动作，并且引导学生通过观察及时传球。 要求：运球时观察队友的位置，注意随时变化运球的方向。  图5	9	5	高
	四、区域五对五比赛	五人一组，防守方同时最多四人在后场防守，另外一人在前场底线持移动球筐；进攻方同时最多三人在前场，球传导到己方移动球筐即可得分。一旦攻防转换，上一次攻方其中两名队员需快速回防（局部三打四）。	组织：如图6。 教法：教师示范，学生认真观察。 要求：传接球过程中快速转换，遵守篮球规则。  图6	9	5	高
结束部分	一、放松活动 二、本课小结 三、宣布下课 四、收还器材	1. 引导调整呼吸，放松肌肉。 2. 积极评价，总结归纳。	组织：如图7。  图7	2	1	低
安全防范	1. 安全隐患：传球时力度过大，同伴来不及接或躲避而被砸伤。 2. 防范措施：传球时根据同伴的位置控制好力度。					
场地器材	篮球40个；标志盘40个					

续表

练习密度	60%	心率曲线	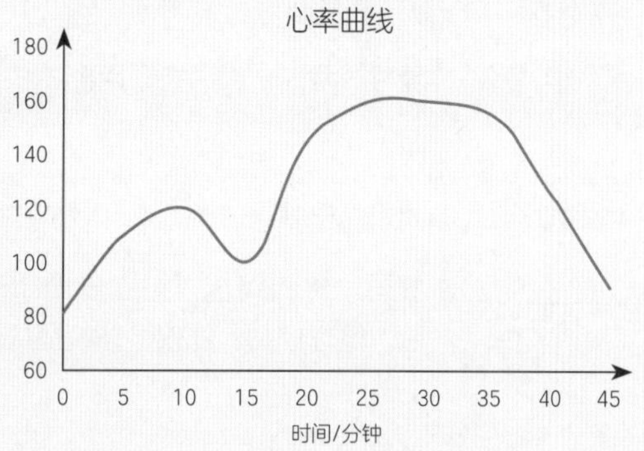
教学反思	本课的教学过程分为两个情境游戏。首先，第一个情境游戏——运球绕碟，让学生以多种形式活动开身体，熟悉动作又初步学习了急停急起技术。准备部分的活动兼有体能准备的作用，呼应了基本部分的学练。其次，第二个情境游戏，以小组传球、控球游戏进一步结合真实比赛情境，为比赛奠定了基础。本课将情境游戏与教材内容巧妙地融合在一起，让学生在游戏的过程中不自觉地将技术动作融入游戏中，教师的每一个提醒和提问都体现了“先学后教，以学定教”的理念。游戏、练习和比赛都遵循了从实战出发这一原则，活跃了课堂氛围，发展了学生体能。		

第五节　篮球模块五教案与课例

本课授课对象为高一年级学生。该学段学生已经掌握了一定的篮球技能，但学生个体差异较大，对篮球规则的认识和比赛的理解等参差不齐。此外，极个别男生和部分女生掌控球的能力稍弱，学习中会有畏难情绪。为了缓解学生的畏难情绪及调动学生的学习积极性，本课将运球突破技术分为模拟没有篮筐的运球突破、模拟具有移动篮筐的运球传投、有真实篮筐的运球突破投篮、四对四比赛，循序渐进地将技术渗透在游戏、比赛中，通过不同的情境升级，促进学生主动思考，积极探索体验，帮助学生学以致用，从而突破重难点，达成教学目标。

本课通过运用“学、练、赛、评”的教学方式，明确它们之间的相互关系，明晰教学内容、教学目标，把握好每一环节与整体的关系，深化课堂学习。篮球模块五——运球突破教学方式和内容安排如下表。

学练赛评内容分布表

教学方式	内容安排
学	复习：两人一组，拉开距离，快速突破；三人一组，突破投传
练	两人一组，运球突破投篮
赛	四对四比赛
评	参与学练的兴趣，完成技术动作的姿势和质量，动作的协调，组合技术动作的配合，篮球规则、礼仪、体育品德等情况

教案设计

湖南省长沙市雅礼洋湖中学	张毅夫
湖南省长沙市岳麓区望月湖第二小学	陈　滔
湖南省长沙市长沙县松雅湖小学	李　露
湖南省长沙市望城区高塘岭实验小学	何　平
广东省佛山市广东顺德德胜学校	赵李超　刘平辉　唐立锋

篮球—运球突破教学

<table>
<tr><td>模块</td><td>五</td><td>单元</td><td>一</td><td>课时</td><td>5</td></tr>
<tr><td>学段</td><td>高中</td><td>年级</td><td>高一</td><td>班级</td><td></td></tr>
<tr><td>班级人数</td><td>40人</td><td>性别</td><td>男生：30；女生：10</td><td>教师</td><td></td></tr>
<tr><td>教学目标</td><td colspan="5">1. 知识技能学习目标：学生能够理解在运球突破后把握时机快速向前运球或传球的重要性。85%的学生能够通过学习运球突破，把握机会及时进行投篮；40%以上的学生能够根据具体情况，做出投篮和传球的正确判断。
2. 体能素质锻炼目标：学生能够通过练习和比赛，在身体协调性、灵敏性和上下肢力量协调发力等体能素质方面有深刻的实践体验，根据自身体能素质的不足进行科学的、有针对性的课外自主练习，在多种形式的任务要求中，更加有效地完成技术动作。
3. 情感品格培养目标：在练习和比赛的过程中，通过体验突破后传与投的时机感，学生能够充分展示自己的个性，培养勇敢、果断、敢于拼搏的精神，增强自信心。</td></tr>
<tr><td>教学内容</td><td colspan="5">单一技术：突破过人；组合技能：持球突破投篮</td></tr>
<tr><td>教学重点</td><td colspan="2">突破过人时控制好自身重心</td><td>教学难点</td><td colspan="2">突破后把握好传球或投篮的时机</td></tr>
</table>

续表

课的结构	课的内容	教学过程与方法	组织与要求（组织图，要求与学法指导）	时间（分）	次数	强度
准备部分	一、课堂常规 1. 师生问好。 2. 老师宣布本课内容，提出本课要求。 3. 队列练习：原地踏步走——立定，原地三面转法。	1. 师生问好。 2. 教学动员，提出本课学习要求。	组织：如图1。 教法：教师组织进行。 学法：学生认真进行。  图1	2	1	低
	二、准备活动 1. 运球抢碟接力。（提醒学生运球时注意躲避） 2. 牵拉活动。	1. 全班学生分为八组，通过运球的方式找到一个标志碟，快速将碟放在另外一条边线上后接力往返。 2. 做拉伸操，活动各个关节。	组织：如图2。 教法：教师示范，并语言提示，学生进行模仿。 要求：充分活动身体。  图2	5	1	中
基本部分	一、复习：拉开距离，快速突破 （突破时迅速降低重心或做假动作）	1. 两人一组，一人原地运球，通过合理的身体碰撞和变化运球方向与对手拉开安全距离，并迅速进行左右突破；另外一人用身体紧贴运球人，如已拉开距离，避免被突破。 2. 运球人拉开距离突破后，迅速运球到对手身后的边线上。 3. 提问：同学们，经过刚刚的游戏学习，你们觉得怎样才能够更好地快速突破？	组织：如图3。 教法：教师示范，学生观察后开始练习。 要求：运球时合理地利用身体护住球，并且通过合理碰撞、运球与对手拉开安全距离。  图3	6	1	中

续表

课的结构	课的内容	教学过程与方法	组织与要求 （组织图，要求与学法指导）	时间（分）	次数	强度
基本部分	二、突破、传球、投篮组合 （突破时迅速降低重心或做假动作）	1. 三人一组，一人原地运球，通过合理的身体碰撞和变化运球方向与对手拉开安全距离，并迅速进行左右突破，突破后将球传给同伴；另外一人用身体紧贴运球人，与之保持一定距离，避免被突破。 2. 持球人拉开距离突破后，迅速传球给同伴。 3. 教师观察学生持球突破的熟练程度以及传球时机。	组织：如图4。 教法：教师示范动作，并引导学生观察后及时传球。 要求：运球时观察队友的位置，注意随时变化运球的方向。  图4	7	1	中
	三、运球突破投篮 （突破后把握好投篮机会）	两人一组，一人原地运球，通过合理的身体碰撞和变化运球方向与对手拉开安全距离，并迅速进行左右突破，突破后迅速进行投篮；另外一人用身体紧贴运球人，与之保持一定距离，避免被突破。	组织：如图5。 教法：教师示范动作，并引导学生观察后及时传球。 要求：运球时观察队友的位置，注意随时变化运球的方向。  图5	10	1	高
	四、区域四对四比赛 （运球过线）	1. 八人一组，组内分成两队，四人一队搭档（其中还有一名穿黄色衣服的自由人，哪一队拥有球权，哪一队就拥有自由人），进行护球运球传球。 2. 持球后运球到对方一端得一分，投进篮得两分。	组织：如图6。 教法：教师示范，学生认真观察。 要求：传接球过程中快速转换，遵守篮球规则。  图6	12	1	高

续表

课的结构	课的内容	教学过程与方法	组织与要求（组织图，要求与学法指导）	时间（分）	次数	强度
结束部分	一、放松活动 二、本课小结 三、宣布下课 四、收还器材	1. 引导调整呼吸，放松肌肉。 2. 积极评价，总结归纳。	组织：如图7。  图7	3	1	低
安全防范	1. 安全隐患：传球时力度过大，同伴来不及接或躲避而被砸伤。 2. 防范措施：传球时根据同伴的位置控制好力度。					
场地器材	篮球40个；标志盘40个					
练习密度	63%	心率曲线	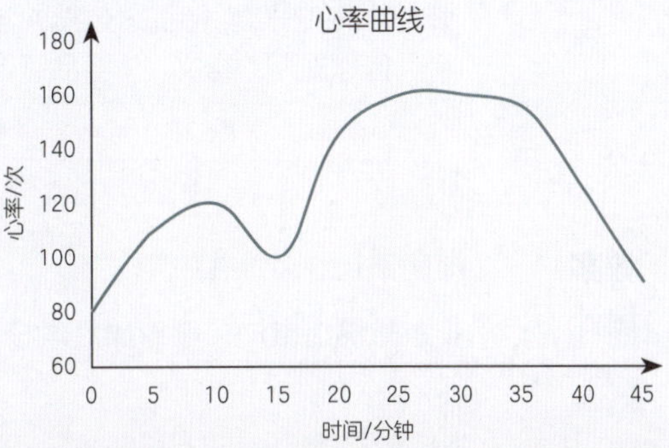			
教学反思	本篇教案设计主要是针对上一篇教案的拓展巩固，利用不同的要求与体验，通过规则限制来加大难度，用任务的要求来创设衔接投篮的情境。首先，从交叉步突破传球到突破投篮的过程中，突破是基础，也是学生学习篮球的兴趣点所在。在一对一突破投篮游戏中，设置移动球筐，这既保证了投篮的成功率，也加强了学生的团队配合。其次，通过不同的情境升级，将一对一变成和比赛类似的多对多，将运球突破、传球、投篮等技术应用到复杂的游戏中，使学生深度“卷入”课堂，最终实现多元目标达成。基本技术是篮球运动的基础，但是单纯的技术学习会降低学生的学习兴趣。本堂课将游戏与技术动作有机融合，再通过改变规则的比赛让学生在降低难度的情况下全员参与，既保证技术动作的学习，还能够在不同的练习中有效解决本课的重难点。					

第六节　篮球模块六教案与课例

本次课的授课对象为高二年级学生。该学段学生的心智趋向成熟，具有强烈的表现欲望，有一定的自我约束能力，喜欢合作探究和展示自我，具备了独立思考、判断、概括等能力，对篮球运动十分喜爱。该学段学生在篮球技术基础能力上存在个体差异。女生的球性和意识尚未成熟，不敢对抗，但对篮球具有浓厚的兴趣，渴望通过该课程的学习提高自身篮球水平。为了突破以上存在的问题，本节课以单个技术、组合技术、两人对抗到多人对抗进行教学，从易到难，循序渐进；以比赛的形式让学生学以致用，掌握实用的比赛技巧，充分挖掘每个学生的潜在能力，更好地促进学生完成教学目标。

本课通过运用“学、练、赛、评”的教学方式，明确它们之间的相互关系，明晰教学内容、教学目标，把握好每一环节与整体的关系，深化课堂学习。篮球模块六——运球、传球组合技术教学方式和内容安排如下表。

学练赛评内容分布表

教学方式	内容安排
学	两人一组，运传练习；三防二练习；增加难度的三防二练习
练	行进间运球（五人一组，运球、传球游戏）；二对二运传练习；二防三练习
赛	“接球得分”比赛
评	参与学练的兴趣，完成技术动作的姿势和质量，动作的协调，组合技术动作的配合，篮球规则、礼仪、体育品德等情况

教案设计

湖南省长沙市雅礼中学　杨伯群　曹　健　刘柏青

广东省佛山市广东顺德德胜学校　吴显诚　刘平辉　唐立锋

篮球—运球、传球组合技术教学

<table>
<tr><td>模块</td><td>六</td><td>单元</td><td>一</td><td>课时</td><td>6</td></tr>
<tr><td>学段</td><td>高中</td><td>年级</td><td>高二</td><td>班级</td><td></td></tr>
<tr><td>班级人数</td><td>40人</td><td>性别</td><td>男生：20；女生：20</td><td>教师</td><td></td></tr>
<tr><td>教学目标</td><td colspan="5">1. 知识技能学习目标：学生能简要描述出运球传球等同伴间配合练习的方法。80%以上的学生能在多种情境游戏中（一对一、二对三、二对二、四对四等）合理地完成运球、传球组合技术，并且能结合接球的位置、速度准确地将球传出；60%以上的学生能在改变规则、降低难度的比赛中合理使用控球、传球技术以及简单的以多打少的战术。
2. 体能素质锻炼目标：通过练习和比赛，学生发展身体协调性、灵敏性和上肢力量等体能素质，掌握科学的体能锻炼方法，提高身体素质，促进心理健康发展，在多种形式的游戏和比赛中有效运用技能和体能。
3. 情感品格培养目标：在正确掌握传接球时机的基础上，学生培养果断、敢于挑战的精神，在一对一、二对三、二对二、四对四等游戏活动中，乐于和同伴参与篮球运动，培养互助合作、团结友爱的优良品质。</td></tr>
<tr><td>教学内容</td><td colspan="5">单一技术：传接球、行进间运球；组合技能：传运结合</td></tr>
<tr><td>教学重点</td><td colspan="2">传接球速度、位置、时机</td><td>教学难点</td><td colspan="2">同伴间配合默契</td></tr>
</table>

续表

课的结构	课的内容	教学过程与方法	组织与要求（组织图，要求与学法指导）	时间（分）	次数	强度
准备部分	一、课堂常规 1. 师生问好。 2. 老师宣布本课内容，提出本课要求。 3. 队列练习：原地踏步走——立定，原地三面转法。	1. 师生问好。 2. 教学动员，提出本课学习要求。	组织：如图1。 教法：教师组织进行。 学法：学生认真进行。  图1	3	1	低
	二、准备活动 1. 运球找线。 2. 牵拉活动。 3. 游戏（你运我跑）。	1. 学生在场地里自由运球，当老师喊到篮球场上的某线（如三分线）时，所有同学快速运球到相应的线。 2. 做拉伸操，活动各个关节。 3. 两人一组，在规定的区域内进行一人运球一人追踪的游戏。	组织：如图2。 教法：教师示范，并语言提示，学生模仿练习。 要求：合理利用身体护球，充分活动身体。  图2	4	1	低
基本部分	一、一攻一防传接球游戏	1. 两人一组，听教师口令进行各种传接球（双手胸前传球、双手头上传球、双手击地传球、行进间传球等）。 2. 持球人可以在场地内运球移动，接球人与持球人保持一定距离。 3. 教师观察学生传球动作和传球时机。	组织：如图3。 教法：教师讲解游戏规则和方法。 要求：积极游戏，观察队友的来球变化。  图3	5	1	中
	二、三防二游戏1 进攻队员两人一组位于场地的边线，防守队员三人牵手防守，位于场地的中线进行拦截。	1. 防守队员牵手在中线上移动进行拦截，一旦球高过头顶，可以松手跳跃进行拦截。 2. 教师观察进攻队员的配合程度。	组织：如图4。 教法：教师讲解游戏规则和方法。 要求：积极游戏，观察队友的来球变化。	5	1	中

续表

课的结构	课的内容	教学过程与方法	组织与要求（组织图，要求与学法指导）	时间（分）	次数	强度
基本部分			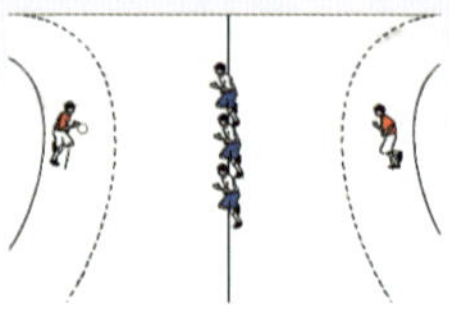 图4			
	三、三防二游戏2 进攻队员两人一组位于场地的边线，防守三人中一人可以进到区域进行抢球，其余两人在线上进行牵手防守。	1. 方法同上一个游戏一样，但是防守队员防守的范围发生了变化（一人自由抢，两人牵手防守）。 提问：同学们，经过刚刚进行的游戏学习，你们觉得怎样才能顺利地完成游戏？比赛中如果有防守队员抢球，我们应该怎样运球、传球？ 2. 教师观察进攻队员的配合程度及防守队员的灵活性。	组织：如图5。 教法：教师示范，学生观察后开始练习。 要求：运球时合理地利用身体护住球，并且时刻观察队友的位置。 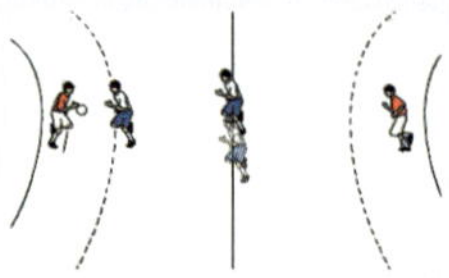 图5	5	1	中
	四、五人一组运球、传球游戏 （一）行进间运球，五人一组运球、传球游戏 要求降低重心，快速起动。 （二）五人一组传接球游戏 要求用以球领人的方式传球和跑动。	1. 四人围绕一个中心运球，一人在中心接球，当到达相应位置时，运球队员将球传给中间队员。 2. 可以采用多种传球方式（如双手传球、单手传球、击地传球等）。 3. 教师观察学生运球与传球的转换。	组织：如图6。 教法：教师示范动作，并且引导学生观察后及时传球。 要求：运球时观察队友的位置，注意随时变化运球的方向。 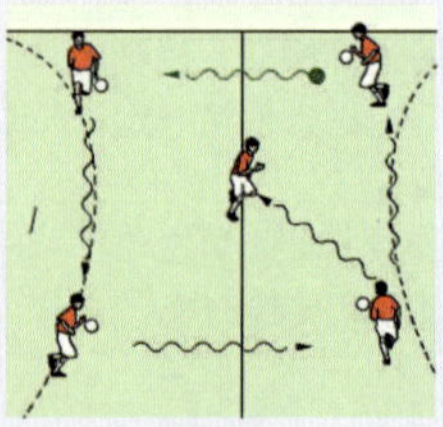 图6	5	1	高

续表

课的结构	课的内容	教学过程与方法	组织与要求（组织图，要求与学法指导）	时间（分）	次数	强度
基本部分	五、三对二游戏 进攻队员三人只能在边线和底线移动运球和传球（接球后要在手中控制球3秒或者运球5次才能将球传出）。	1. 五人一组，三人进行运球、传球结合练习。 2. 防守队员必须在指定的场地内进行防守。 3. 教师观察进攻队员传球时机、应变能力以及灵活性。	组织：如图7。 教法：教师示范，并且提示学生到达传球点后大声说出“传”。 要求：移动中判断接球的时机，接球不落地，循序渐进。教师可根据学生掌握程度及时调整练习频率。  图7	7	1	高
	六、“接球得分”比赛 在各自场地的底线有一名对方球员在线上左右踩线移动，当一方进攻时，将球成功地传给底线球员并且底线球员接住球得一分。在进攻或者防守时“找人”是篮球球员的核心技能。通过寻找移动的人发展学生篮球意识，通过呼喊、对眼神、肢体变化等提升学生在复杂比赛情境中解决问题的能力。	1. 四人一组，通过游戏进行各种传接球尝试（持球人可以在场地内运球移动，接球人只能在边线上移动接球）。 2. 防守队员在指定的场地内进行防守。 3. 教师观察学生之间的配合程度以及灵活应变能力。	组织：如图8。 教法：教师示范，学生认真观察。 要求：传接球过程中快速转换，遵守篮球规则。  图8	8	1	高
结束部分	一、放松活动 二、本课小结 三、宣布下课 四、收还器材	1. 引导调整呼吸，放松肌肉。 2. 积极评价，总结归纳。	组织：如图9。 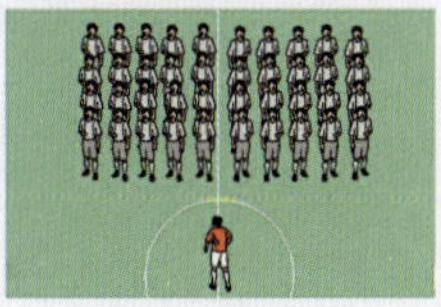 图9	3	1	低
安全防范	1. 安全隐患：在牵手环节中，如果牵手过紧后运动方向不一致，容易导致暴力拉扯而受伤。 2. 防范措施：提醒学生不要牵手过紧。					
场地器材	篮球40个					

续表

练习密度	68%	心率曲线	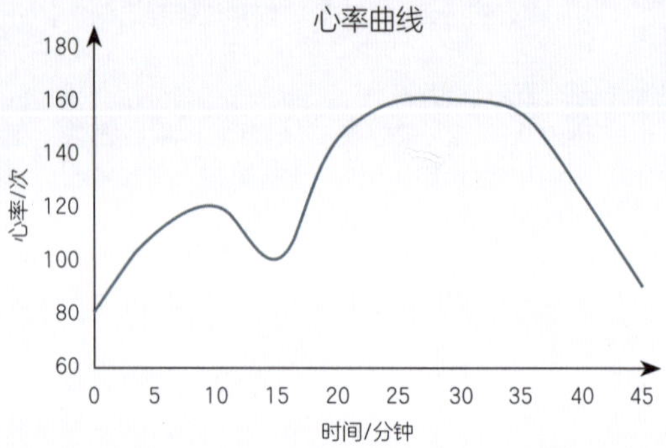
教学反思	本篇教案设计的各个环节都以游戏为核心，用不同的游戏要求一一突破教学内容的重难点。首先，在本堂课准备环节，利用可移动的手持篮筐积极鼓励学生用各种方式进行投篮展示，这看似是不同的投篮方式，实则是根据距离和具体情境体验不同的传接球方式。其次，在热身环节，充分利用篮球场的三分线、边线、底线等进行运球，使学生巩固运球技术，也进一步掌握篮球规则以及培养在运球过程中抬头观察的能力。本堂课用游戏贯穿始终，看似在玩，实际上是教师在玩中融入规则教学，学生在玩中体会不同规则下如何灵活运用所掌握的技术动作。可以改进的地方是：根据男女生特点进行针对性教学，或者在部分游戏环节设置女生的专门角色。		